本书是在作者的博士论文
《电视与西藏社会变迁中的乡村生活》
基础上修订完成的

本书系教育部人文社会科学重点研究基地重大项目
“西藏新闻传播与社会发展”研究成果
（10JJD860006）

本书由西藏民族大学赞助出版

媒介与社会书系（第三辑）

电视与西藏乡村社会变迁

泽玉 著

བོད་

中国传媒大学出版社

序言

西藏课题的研究与研究者之间，似乎有一个迫切需要解决的问题——谁来做？谁最有优势承担此类任务？的确，对于大多数其他地区的学者来说，西藏社会、藏族人的生活远离我们的经验世界。偏远、高寒、缺氧、酥油、糌粑、藏语、藏传佛教……有关西藏和西藏人的叙述常常与梦幻连在一起。这一切的一切可以用两个字来概括：陌生。陌生的高原生存条件、陌生的高原民族、陌生的语言、陌生的习俗、陌生的宗教、陌生的文化……除了青藏铁路，西藏和现代化生活少有连接点。人们出国一次不足称道，可进藏一次却常被视为传奇或冒险。

这时，我们遇到了泽玉。

泽玉的身世颇有些传奇色彩：她是西藏林芝尼洋河边土生土长的藏族孩子，母亲童年曾在西藏一个大庄园里当仆人。泽玉12岁到绍兴入读第一批西藏中学。大学毕业后，她在西藏电视台当了十年记者，常年奔波在西藏的高山深壑、乡村寺庙之间。她精通藏语，藏地人脉广泛，采访报道驾轻就熟。

毕业十年后，她放弃电视台的职位，迈进中国人民大学的校园，攻读硕士和博士学位。今天，泽玉博士已执教西藏高校。这种"课堂——实践——再课堂——再实践"的经典人生曲线，使她得以在西藏的城乡、电视新闻编辑室和高校科学研究的殿堂里自由穿梭。

泽玉的水平、能力、经验、专长与这个西藏课题有着高度的契合性。这些“硬件”使她很自然地成了这个分课题——《电视与西藏乡村社会变迁》最合适的领头人。

然而，与这个课题相适应的不仅仅是泽玉的“硬件”，还在于她对家乡的历史认知和对藏地生活深入骨髓的理解。可以说，泽玉是“懂”西藏的。

这种“懂”，使她得以立足“常识”，善辨真伪，秉持一个学者客观公正的态度。这种“懂”，在西藏研究中至关重要。

由于高寒缺氧难以抵达，由于语言不通难以沟通，西藏在世人面前总是呈现出一种隐隐约约的“神秘”形象。有关西藏的历史和现状，充斥着迷雾重重的腔调和声音。

面对种种论调，泽玉显示了她出色的辨识能力。

母亲终日食不果腹、贫病交加的血泪童年，使泽玉深知西藏农奴解放的意义。

泽玉的家人信仰藏传佛教，她常陪家人上寺院，还交了不少喇嘛朋友。她也常对朋友说：“作为藏族人，要理性地对待宗教生活，更要了解宗教给藏族带去的种种负面能量。谁能让最普通的老百姓有饭吃、有衣穿、有书读，谁才真正值得追随、值得信仰。”

面对这一群群风餐露宿、磕长头朝拜的藏族百姓，泽玉讲起自己苦命的外公外婆：一对从藏东地区不远千里向布达拉宫磕头朝拜而来的贫苦人，却死在朝佛的路上，丢下一双年幼的儿女，孤苦伶仃、无依无靠。

穿行在寺院的缕缕桑烟中，她会缓缓地讲述家乡人民笃信佛教的代价。

家乡老百姓对现代生活的期盼，使泽玉对西方人的西藏观嗤之以鼻：“那是因为他们不是藏族人，他们自己用着卫生间，每天能淋浴，却希望西藏人永远住牦牛毛帐篷来保持西藏的‘纯洁性’，这不公平！”

泽玉能获得西藏课题研究资格，更重要的是她对家乡那种血脉相连的情感，是她对建设西藏舍我其谁的强烈责任感。

在中国人民大学的课堂上，她是一个提问最多、求解最急切的学生，她的口头语是："为什么我们西藏那边……"

对家乡日新月异的进步，泽玉的欣喜之情溢于言表："我大学毕业时，连宿舍里的衣架子都带回家了，因为拉萨没有卖的，可是你看现在，什么都有了！"

当我们走在拉萨的大街小巷时，泽玉会随时指着一堵墙、一幢建筑，或一群老人向我们介绍说："这里原来是……"

她太在意这块土地了！为它流汗，为它流泪，为它急匆匆前行的蹒跚步履着急。

两年多的时间里，泽玉带着调研团队塌下心来，走访了多个藏族村落，一家一家地入户观察，用问卷、用访谈、用实验方法去了解和感受电视节目给西藏乡村政治、经济、文化、宗教、婚恋带来的变化，收集农牧民对各类电视节目的看法，倾听他们的收视诉求。集结在这本书中大量的第一手资料中，有数字、有背景，更多的是发生在农牧民家中一个个鲜活的故事。

作为导师，看到泽玉的成长我很欣慰。她脚踏实地的作风，呈现给我们的是一份西藏电视的乡村效果研究答卷。这个成果虽不完善，却很扎实，从中我们看到一个个真实的、演变中的西藏乡村，一个个真实的乡村电视传播图景，更看到一个藏族年轻学者的成长，看到她奔跑的速度和灿烂的笑容。

期待泽玉更多的研究成果。

张 征

2015年春，北京

前　言

对西藏人来说，自上世纪开始的社会变革，把每一个人都自觉或不自觉地卷入其中。这些鲜活生命的个体体验无法仅仅用枯燥、单调的数据以曲线或柱状图的方式让世人真切触摸。巨大的社会变革带给西藏人的既有经济发展、文明传播、教育进步等领域的喜悦，甚至是感恩；也有文化冲突背后的紧张、民族自我认知重构的焦虑和对社会经济急速发展引发的一系列问题的担心。

西藏自治区人口不足300万，土地面积达122.84万平方公里，农牧业人口占81.5%。农牧业人口的发展是整个西藏发展的关键。农牧民强烈的发展愿望被闭塞的交通、滞后的教育、恶劣的自然环境、传统的观念制约着。依据这一百多万平方公里不同的地域制定适宜的发展策略并加以实施，对任何政府来说，都是浩大、艰巨的工程，这几十年来国家对西藏发展不断投入人力、物力、财力，让西藏社会整体上摆脱了贫穷落后。现阶段，西藏的发展要迈上一个新台阶，需要整合力量，发现发展中积累的问题后不断调整措施。无论进行何种调整，人的思想和观念的变化，都是各种变化中一个关键的环节。观念、思想的变化往往需要两三代人的时间，在基础比较薄弱的条件下，媒介的替代功能是不可忽视的。

随着中国在国际地位上占据越来越显著的位置，西藏的种种问题也屡屡被放置于世人关注的焦点中。无论是以学术的视角关注西藏的政治问题、人权问题抑或是环保问题，还是闲谈散论中话及高原古域的变迁，若不单以统计数据为标准加以评述，而是能深入到农区牧家，以体验的方式了解藏家人生活中的多维度变化，无疑能更客观、准确地认识西藏半个多世纪的沧桑巨变。

西藏传媒的诞生原本就源于社会变革，依托于政府的扶持而急速发展。发展传媒业的目的之一是希望它能开拓人们的视野、传播知识、改变生活方式，促进政治、经济、文化的全方位发展。囿于各种媒介的传播特性和西藏农牧民的接受能力、喜好等原因，电视成为西藏农牧民最喜爱的媒介。尽管西方传播研究中有关于电视传播产生负效果的理论层出不穷，但在西藏乡村实际的发展中，电视传播产生的正能量远大于副作用，它已经深深根植于西藏乡村社会，与农牧民朝夕相伴。在海拔 4,000 多米的高山上，一群年轻人围坐在太阳能板带动的小电视机前，专注而欢乐的情景必然会打动人心。以往，这高山上，伴随他们的只有呼啸的风声和小鸟偶尔飞过时的鸣叫声，而今，电视机的声音可以让他们在雪山上放眼世界，我终究也是相信，这样的声音会让他们走出大山，去体验外面的生活。

我和母亲，两代藏族妇女，因成长的时代不同，生存环境差距巨大。母亲在不惑之年，用她辛苦攒下的钱买了第一台电视机，而我在不惑之年，已有从事电视媒体近二十年的工作经历。同一个媒体带给我们两代人的改变有同有异。在私人庄园中长大的母亲不识字，电视带给她太多的外部资讯，也让她有了打发时间的良方。当母亲迷信电视中反复宣传的某一事件时，我的解释常常无法压倒电视已在她心中树立起来的权威性。每每面临这样的境况，我都感受到在我们家庭中电视机在替代我们思考并作出了决定，家人往往忽视这些信息是幕后的工作人员秉承某种需求而做出的结果。更多的时候，我由衷地为母亲看电视时能获取快乐而感到高兴，她能有那么多的闲暇时间看电视，本身就是一种幸福。

切身感受到了电视的威力，我的工作也从电视节目制作转变成电视传播效果研究了，我最强烈的心愿是希望电视传播能发挥更大的影响，给人们带去更好的生活。不能不说,前辈研究中提到的电视传播负面效应或多或少是存在的,而在这一本书的论述中,我更多阐述和表达的是电视传播带来的正能量、发挥的正效应。并非视而不见种种负效应,只是发展对西藏来说是一个非常急切的问题——每当我翻越数座高山,停歇在某一个偏远的乡村时,那闭塞的环境、蒙昧的状态都让我不能自已地希望村民们掌握更多的知识,能过上更安全、更健康的生活。

如果有一个可以表述意见的平台,那么,最应该涉及的话题是:西藏电视媒介在发挥“喉舌”功能的同时,需要传播更多生产生活类的信息——普通百姓的富裕、幸福本身也会促进社会稳定。改变电视的话语,不仅仅是一个专业领域的问题,更是一个政治话语和实施管理的问题。

将数月调研的内容汇集于此,不为电视传播歌功颂德,只是希望读者多一个了解电视在少数民族地区传播效果的视角。从学理上来说,是诸多因素改变了农牧民的生活,电视只是其中的一个因素。电视传播者的专业技术、务实作风是推进和改善社会信息传播的有力武器,太多话题需要设计和展开,太多观念需要耐心细致地解说后再逐步树立新思想。需要在借鉴西方发达国家传播理论的基础上,发展本土化的传播学理论。研究西藏问题无法照搬西方理论,适宜于本地气候的研究才能解决本地的实际问题。

我惭愧自己做了十数年的电视节目,却没有全面了解受众的需求,尤其是农牧民受众的需求,有时仅为完成宣传任务而摄制新闻专题,有时甚至为了追求快捷和浅表的效果,不断接触“采访专业户”,还有很多时候节目中用大而空的话语表现“高度和深度”的内容 。限于学识、见识,有时了解了受众的某种需求,却不知怎样用更合适的方式去解决问题——整个电视从业过程中几乎没有培训、缺乏指导,孤独的从业路上不乏被“专业主义精神与现实教训冲突”敲击的时候。孑孑前行,不甘放弃,唯有通过一次次努力,获得更多力量的支持。

而今,回头看,也有无限欣慰的时候——古荣糌粑兄弟因出现在我们的镜头中，糌粑大卖；拉萨北郊粉尘漫天的水泥厂被我们频频曝光，终被关闭，这样的美好记忆让我感觉没有虚度光阴。受众的需求总是在那里，社会的发展也总是需要担当和勇气，任何时候，去实现"新闻理想"都不迟——现在的"新闻理想"便是收看到更多有助于农牧民生活改进的资讯节目，让他们思路更开阔、更有知识，靠自己的能力过上富裕的生活。

社会在矛盾和不断地变化中如同无法停歇的巨大机械，无论我们怀有怎样的感受和期盼，它都不会以人的意志而转移，它总是遵循事物发展的规律演进着。在这样的情态中，藏族中的每一个个体，都有强烈的自我意识和追求幸福、快乐生活的本能——将一个经济相对滞后的民族当作社会研究的样本，希望保存其固有的生活方式而不要改进，这是本位立场上的利己主义；而以发展和改进为目的，却不加以调适地施以外力，希望有加速度的奇迹发生，这本身也违背事物发展的基本规律。希望通过笔者展示和描述西藏在这半个多世纪中由于媒体介入发生的变化，理解西藏人民想过上美好生活的强烈愿望，理解他们时下因信息匮乏而产生的种种困扰，看到他们因为信息获取渠道的改变增加了对世界的理解，补充、更新了改变生活的方法。这一切变化将为西藏面貌的改变发挥极大的作用，为整个民族的进步、繁荣增添动力。

人生是一个不断修行和自我完善的过程，一本书、一个观点也是如此。尽管这本书还有许多未尽之言，也有许多可以再深入的地方，念及岁月尚长，就让自己再不断学习、持续思考，逐步加以补充、细化。

恳请师长、友人不吝赐教，帮助我，修正我不成熟的观点。

泽　玉

2014 年冬，西藏民族大学

目录

CONTENTS

第1章 绪言

1.1 研究背景和意义

在西藏发展的历程中，大众媒介在近60年中对社会的影响辐射到政治、经济、文化等诸多方面。

大众媒介在西藏的产生完全是从外部植入的。腐朽的旧西藏政府在上世纪中叶已经沦为完全和世界脱轨的状态，当时的世界包括电视在内的大众媒体已经深入到西方民众生活的方方面面，甚至在战争中充当说服者时，自诩为“喇嘛王国”的西藏依然用佛教的法力解决着领土纠纷。

1946年，西藏“民众大会”向南京“国民代表大会”递交了一份报告书，该报告书的第9条内容如下：

“当今世界有许多大国取得了空前的财富和权力，但是只有一个地方在致力于人类世界的幸福安宁，那就是实行政教合一制度的佛教乐土西藏。如果西藏的反对者和敌人不设障碍，不开战端，不再继续占领从前夺去的那些地区，凭借‘三宝’和佛教护法神的威力，世界各族就不可能受战争饥饿等灾难之苦。这对于个人和群体的和平幸福都是至关重要的。”①

回望历史，揣摩当年“西藏政府”官员郑重执笔写下的这段文字，一个自我美化、活在臆想中的“喇嘛王国”跃然而出。这个所谓“喇嘛王国”的执政

---

① 〔美〕梅·戈尔斯坦著，杜永彬译：《喇嘛王国的覆灭》，中国藏学出版社2005年版，第459页。

者似乎浑然不知普世的幸福安宁为何物，完全无视 95％的被奴役的人们的生存状态，大谈全人类的幸福，他们甚至装作不知雪域外的世界发生着怎样的变化——尽管他们已经多次派出访问团与其他地区乃至西方国家接触。在世界强国用武力争夺领土时，还寄望于用佛教护法的言论改变领土纠纷。他们沟通交流的语态已经和世界脱节，不在相同的话语情景和思维逻辑中。

彼时的世界和祖国发生着宗教王国难以想象和应对的改变。始于 18 世纪中叶的西方工业革命将人类的文明推至全新的发展高度，电报、电话、广播、电视、飞机等让人类拥有千里眼、顺风耳且能日行千里的神话变成了现实。凭借科技，人类对时间和空间的掌控和利用超越了人类历史的任何一个时期。

随着西方列强的入侵，封建清王朝的国门被打开了。一个羸弱的封建国家被生生地拖进了一次次力量悬殊的战争中。国人历经了王朝迭变、战火洗礼，苦难一波接着一波。东方强国的自诩早已消散，无数的仁人志士励志"为中华之崛起而读书"，以求国力强盛御外辱。

而此时，远在高原的"喇嘛王国"虽不曾饱经战火，但也与科技发展几乎毫无关系，直至 1937 年，根敦群培还在用"地球是圆的"说服他的老师①。这一时间前后，只有为数不多的人见过灵光一闪的电灯泡，用过将人像印刻在相纸上的照相机，听过会发声的广播，更多的民众在苦难生活的边缘只求生存。在这样的态势中，西藏的管理者却高调地宣称他们在"致力于人类世界的幸福安宁"，企图用高深的佛教理念换取政治上的利益，并不断拒绝社会的发展，意图存续"喇嘛王国"的统治，抵触社会变革。

依照学者梅·戈尔斯坦的分析，从 1910 年到 1994 年，西藏共有三次传统与变革之间潜在的转折点，每一次转折遭遇冲突后，西藏选择的都是"深深根植于传统制度和思想观念中的发展道路"②。寺院集团极其害怕任何变革会有害于寺庙的经济基础，也不利于西藏佛教的"价值"垄断。在这样的

---

① 根敦群培著，格桑曲批译：《根敦群培文论精选》，中国藏学出版社 2012 年版，第 164 页。

② 〔美〕梅·戈尔斯坦著，杜永彬译：《喇嘛王国的覆灭》，中国藏学出版社 2005 年版，第 715 页。

情态下，既没有大众媒体诞生的土壤，也没有大众媒介发展的空间，整个西藏和大众媒介快速发展的外部世界处于割裂状态。因地理因素之故，西藏和世界各地在交往通达上原本就有着种种障碍，信息不流通，致使这一片土地更加封闭，外人难以抵达，内部也鲜有改善、创新之能力。

1959年西藏和平解放后，西藏和祖国命运紧密相连，百万民众经历了民主改革带来的翻天覆地的喜悦，拥有了历史上不曾想象过的自由状态，苛捐重负都已成了记忆中的苦难。改革开放后，西藏与祖国其他地区同步进入到中国特色社会主义的建设进程中，谋发展、奔小康成为西藏社会前进的动力，成为千百万普通西藏人平实的中国梦。

在众多研究推进社会平稳发展的问题中，电视媒体的覆盖和传播成为一个特殊的研究场域——电视媒体既是推动西藏发展的有力工具，也是研究西藏变迁的对象，电视展示的西藏城乡发展面貌成为研究者考察西藏发展的重要内容。对于从宗教世界跨越到社会主义社会的广大民众而言，电视对他们思想观念的改变和牵引作用更是值得深入分析。即使是新媒体掀起阵阵尘嚣，最广大的西藏农牧区依然被电视媒体"统领"，呈现出独有而稳固的传播环境。

对电视作用于西藏发展的研究，既应该放置于国际、国内的大环境中考察，也不能忽略它独有的特殊情况。国际上，西方反华势力屡屡借助十四世达赖的种种活动向中国发难，多次拿西藏的人权、宗教自由等问题做文章，刻意忽视西藏的进步、繁荣和发展，对旧西藏的状况鲜有提及。十四世达赖集团也不断在利用西方的力量和自我培育的力量给我国政府制造事端和麻烦，让西藏的稳定问题屡屡和经济发展、社会进步等问题交锋碰撞，迫使西藏社会不时因维护稳定而耗费大量的人财物力，也使得广大农牧民不时会在思想上受到"不同声音"的干扰，而缺乏识别力的个别农牧民容易误入歧途，影响到正常的生产生活。同时，社会转型期的中国，经济快速发展，随之也引发了诸多的社会问题。西藏虽与外界高山相隔，但这些盘根错节、难以在短期内解决的社会问题同样也是西藏发展中面临的难点和障碍。更为特殊的是，在应对国际问题和社会发展问题的同时，西藏最具有个性的问题——宗教带来的特殊影响始终与人们的生活相生相伴。

在这样复杂的环境中，西藏电视在"守土有责、导向正确"的方针之下，要肩负政治传播、舆论引导、政策告知、社会安抚、娱乐大众等职责，既拥有极大的内容选择，也承担着莫大的社会责任。在某种程度上讲，西藏电视的内容传播在一定时间或区域内对受众的思想观念和生活方式的影响超越了我们能想见的任何一种传播方式。

现代的西藏人在多元的价值观冲突中不断自我调整，从全新的角度开启对世界的认知和理解之门，但受文化知识的限制，距离实现理性、客观认识世界的目标还有极其遥远的路程。新西藏社会秩序重建累积的经验使政府现在还没有来得及悉数总结，新的任务又开始了，只能不断"摸着石头过河"。在这个过程中，统一认识，减少摩擦，顺利展开经济建设，让人们过得富裕幸福是第一要务。实现这一要务就得落实邓小平早年提出的"两手抓，两手都要硬"思想，但要平衡两手的力量是一项极其复杂的社会管理工程，尤其是精神文明建设更是非常考验智慧的工作。各方人士都认识到，西藏从一个陈旧的社会制度跨越到另一个全新的社会制度，单纯的经济发展并不能给人们带去梦寐以求的理想社会，不同文化模式下的价值观对社会产生的作用力、对人们观念的塑造带来的影响与经济发展有着同等的重要性，而电视在影响思想、塑造观念上发挥着不可或缺的作用。

2002 年，党的"十六大"提出了构建和谐社会的奋斗目标，要建成和谐社会得处理好不同地域、群体、事物、文化、价值观之间的关系。要使各种关系"和谐"，电视传播在构建和谐关系中起到的纽带和桥梁作用不容忽视。

西藏大众媒介传播领域是随着新制度建立而发展起来的全新领域。电视在大众媒介中最为适应西藏的传播环境（这一传播环境包含传播条件、民众接受偏好、影响深度等方面）。相对来说，在西藏，信息传播、宣传教育、舆论引导、娱乐大众等媒介功能通过电视实现得更为充分。如今西藏人真实享受到的幸福在电视中有生动、客观的展现，他们的各种愿望和生活中的问题也会通过电视反映出去。为了让他们的生活更加富裕、愉悦、和谐，电视极力为他们提供各种政治、经济、文化信息和娱乐节目。

“喇嘛王国”的遗老曾经一再提及的“幸福安宁”只是画饼充饥，真实的幸福安宁在优越的制度下通过百姓的双手已然呈现在电视镜头里。

电视本身的出现在西藏就是制度变化后的产物，而通过电视传播的内容，人们得以实现更多地域、更大范围的幸福生活。

本研究以西藏社会变革、发展为背景，将目光投向西藏最为基层的乡镇生活，试图理解电视媒体作用于社会对人们价值观、宗教观、生活状态的影响和改变。

本研究通过田野考察，重点阐述以下几个问题：

1. 电视历经数年的发展已经根植于西藏民众的生活，它在人们对外界认知的态度、自我身份审定、生活方式、婚恋观念和宗教意识等方面产生了怎样的改变，从而实现了加速西藏乡村社会的发展。

2. 电视媒介该通过何种节目类型、如何展开话语表述来确立其宣传内容的重点；电视传播内容和乡镇民众的需求是否大致对等；如何确立电视传播内容和形态的改进方向；在电视传播过程中还有哪些难以处理的矛盾。

3. 针对乡村受众的需求和农牧民对国家、社会的认知状况，电视媒体从管理者到操作者应该从哪些方面进行深度调整。

这些问题是同一事物的几个方面，根本上是从“传者”和“受者”两个角度理解电视在西藏的传播目的和产生的传播效果。

如今最不引人注目却又与人们生活息息相关的媒介就是电视，研究电视是理解与大众传播中心问题有关的整个社会和文化进程的潜在关键。现代社会和以前社会之间有着深刻的差异，现代社会的特征之一，就是日常生活完全被图像和信息所包围，用费瑟·斯通的话来说，（人们）就是被“源源不断的、渗透当今社会日常生活结构的符号和图像”所包围。结果，现代社会的日常生活完全符号化，尽管人们对此多未察觉。[①]在西藏，近20年来，电视对人们生活的作用力如加了药物的“桑烟”[②]弥散挥发，经过时间的累积，

---

① 〔英〕尼古拉斯·阿伯克龙比著，张永喜、鲍贵、陈光明译：《电视与社会》，南京大学出版社2001年版，第1页。

② 桑烟：藏传佛教宗教活动仪式之一，通过熏香祈福、去污除秽。

在潜移默化之中已经起了改变思想、推进生产力的功效。

本研究的理论和现实意义在于：

1. 上世纪90年代开始，电视在西藏的农牧区逐渐开始普及，到现在，电视传播空白地带只剩下为数不多的偏远乡村。农牧民对电视的欢迎程度远超于其他媒体，电视对他们生活的影响也远胜于其他媒体。电视的传播特性研究已经是电视传播研究中的基础部分，但是，还需要针对不同传播对象的地域特性、民族特性进行细化研究。从实用角度来说，西藏农牧区受众的接受能力、节目偏好、内容价值判断都属于研究范畴。唯有将研究细化到这样的程度，才能更好地为这一部分受众服务。从理论角度来说，电视传播在少数民族地区的功用研究填补了传播学中少数民族电视传播研究的一个空白。

2. 本研究虽然限定于电视传播在农牧区的效果研究，但是，对传播内容的需求分析适用于任何一种媒体。

美国传播学者施拉姆在《大众传播媒介与国家发展：信息对发展中国家的作用》研究中指出："有效的信息传播可以对经济社会发展作出贡献，可以加速社会变革的进程，也可以减缓变革中的困难和痛苦。"他认为传播活动与创新扩散模式始终相随相伴。西藏农牧区社会在通向现代化的进程中，面临着许多生活方式、思维形态的变化和冲击，社会变革并不是一片坦途。各种传播方式渐进地出现在农牧区，比如说网络，在短短的两三年中，更多青年农牧民开始用手机上网，这一领域的媒介引导几乎刚刚被意识到。网络传播更为便捷，内容更加多样化，受众受信息影响，观念会发生变化，信息需求也会相应改变。针对这样的变化，媒体要传播的内容和方式是不是应该加以调整？电视媒体和新媒体之间的联动是不是有必要？现在电视媒体传播取得的效果和不足对其他媒体的发展是不是有参考价值？这一系列问题都值得以现在的研究为起点，深入思考。

3. 以实现西藏长治久安和跨越式发展为目标，检视西藏电视节目内容设定存在的现实问题，对提升电视内容的品质提出可供参考的意见。归根到底，电视要传播一个国家的主流意识形态，要统一思想，建立共有的价值观。农牧民生活的农区、牧场的安定是西藏社会稳定的一个重要基础。

西藏为了实现农牧区的安定发展，采取的策略是多管齐下：长远发展有基础教育的实施和强化，短期项目中有一次次展开的法制、科技培训，农家书屋的设立使乡村有了自己的图书馆，基层干部驻村工作的展开使得农牧民能实时接触到各种思想教育，电视覆盖延伸的触角是农牧民生活中不间断的“教育者”。这个“教育者”在农牧民的生活中每天都在发声，怎么才能让它发出的声音更加通俗易懂、更加符合国家主流意识、更加贴近农牧民的需求，就得深入研究传播内容的品质。

对于农牧民这一个信息接收的“端口”无疑采取两种策略：其一是净化信息源；其二是提高“端口”的信息识别能力，让“端口”自身逐渐具备分辨良莠信息的能力，作出明智的选择。电视信号覆盖只是物理上的抵达，内容设置的好坏事关信号抵达后传播效果的实现，内容本身是事关受众接触良莠信息的关键，但受众识别能力的提升是一项耗时工程。

本研究只是在前辈的理论基础上展开的局部、微观的研究。前半部分重点阐述变革的西藏乡镇社会中电视扮演的角色和起到的作用；后半部分基于前文的效果研究，笔者力图分析电视内容设置、传播语态、传播意图的表达对传播效果的影响。

之所以把研究视点放置于西藏乡村，那是因为无论是地域面积还是人口数量，乡村在西藏占有更大的比重。国家人口普查数据显示，西藏的农牧业人口数占其总人口数的81.5%。乡村人口生活的稳定度关系到整个社会的稳定，乡村的发展也是西藏整体发展中事关重大的一步棋。研究电视在农牧区的媒介作用和农牧民的媒介需求有利于调整媒介推广农业技术、普及卫生知识、扫除文盲、实施教育的方式方法，电视媒介传播也有利于民族文化融合，促进政府和民间沟通渠道的建立。

在研究传、受两者不同角度的理论基础上，结合西藏乡村的实际，研究电视作用于农牧区后产生的种种改变，并进一步分析受众逐渐接受现有的传播内容和方式后，大众传播媒体本身需要有哪些改进才能更好地让人们的生活与时俱进。

以往关于西藏传播的研究大多是从文本分析的角度出发，详述内容上的特点、优劣，缺乏对受众的了解，不熟悉西藏农牧区受众受电视媒体的影响后，生活中产生的多层面的改变。笔者在研究中，深入农牧民生活，更直观地体验到电视对他们生活的作用和影响。也正是因为电视对西藏乡村受众影响深远，才有必要深入探讨电视媒体存在的问题，并找出改进的方法。

1.2 文献综述

1.2.1 西藏热与西藏传播研究之冷

通常意义上我们提及的“西藏热”更多的是自然景观意义上的或文化意义上的。在这两种意义下，描写西藏的书籍不断出版。上世纪的《消失的地平线》《艽野尘梦》等加深了人们对神秘西藏的神往，马丽华的《西行阿里》《走过西藏》《藏北游历》等更是把西藏的风情丝丝入扣地送至读者眼前，也把许多普通人的生活推到了读者的眼前。同期让读者认识西藏的书籍还有廖东凡、张小平等老干部进藏后的作品。这些大量描写西藏人文风情地貌的书和索甲仁波切、多识仁波切等出家人撰写的《西藏生死书》《爱心中爆发的智慧》等传播佛教知识、颐养心灵的书在文字的世界里让人领悟西藏的“神秘”和“独特”，也见识了西藏在新制度下的蓬勃与发展，搭建了“故事中的西藏”“感悟中的西藏”的架子。

在这样的文化景观中，一些影视作品借用西藏的外景地，或干脆就演绎西藏历史的某一段。文学影视作品的艺术化宣传使得西藏在导游手册中越发显得很“热”。从《红河谷》到《茶马古道》，再到《西藏风云》，一个个历史片段通过影像的展现让西藏的历史、自然的景观、藏族的生活被截以数个纵、横切面，以拟态的状态展现在人们眼前——影视形象塑造超越文字的表述，原本应该更加生动，让人能够更了解某个地方的真实情态，但这些作品多因为历史性事件和风情描绘的题材铺叙，使现实中的西藏反倒离高原以外的人更远了，更加神秘了，以至于现在还有人问“西藏人吃什么?”“西藏人吃大米吗?”“西藏人是不是一生只洗三次澡?”这样的问题。

这个热度也体现在国内外专家学者对西藏历史和宗教典籍的研究上。在西藏史学和藏学领域，新中国成立以来取得了令人瞩目的成绩。一本《喇嘛王国的覆灭》①是许多西藏的学子或研究西藏的学者必读的书籍。更多的典籍和持续的研究已然使藏学研究渐变为一个研究“富矿”。

也就是说，西藏“热”已经充分体现在文学作品热、影视作品热和藏学、史学热中。这些作品和研究从不同角度展示了西藏的形象，让世人看到了立体的西藏。但不容忽视的是，在商业主义的浪潮下，部分形象的展示有太强的消费性，有的内容无法被藏族人民认同，还有些是西方社会故意打造出来的西藏形象，背离了历史的真相、损害了国家的声誉、混淆了民众的视听。如《昆顿》《西藏七年》②等（就影视作品中的西藏形象，《娱乐节目中的西藏形象创新策略》③一文中有详细的阐述）。

基于政治、文化、经济、宗教等因素，“西藏热”带来了传播西藏行为的高热度。与之相比，研究西藏传播的学术氛围要冷清许多。

输入关键词“西藏”进行学术搜索，在知网上就有近9万个条目，在关键词中加入“电视”，条目缩减到800多个，再增加“传播”，条目数变成6条。这些年西藏热的兴起和传播有莫大的关系，而对传播内容、传播行为展开的研究相对缺乏。

这些年西藏新闻史研究成果还颇为显著。白润生的《少数民族新闻史》中，西藏新闻史作为其中一个章节被概括阐述，周德仓的《西藏新闻传播史》在民族新闻传播史学领域已是大作。

对西藏传播的思考和探究仅有史的研究是远远不够的。这几年西藏新

---

① 《喇嘛王国的覆灭》作者：梅·戈尔斯坦（Melvyn C. Goldstein），国际知名藏学家，人类学家。1989年，其巨著《西藏现代史（1913—1951）——喇嘛王国的覆灭》（*A History of Modern Tibet, 1913—1951：The Demise of the Lamaist State*）获亚洲研究协会颁发的“20世纪中国最佳图书奖——约瑟夫·列文森奖”荣誉奖（提名）。英国广播公司（BBC）称其为“世界一流的西藏研究专家之一”，是西方藏学界的“西藏通”。

② 《昆顿》（kundun）是西藏人对达赖喇嘛的尊称之一，意为“有求即来”。《昆顿》是拍摄十四世达赖喇嘛的一部电影，《西藏七年》是美国1997年拍摄的涉藏电影，剧情中有大量违背真实历史的内容。

③ 见郑保卫等主编：《新闻学论集》第27辑，光明日报出版社2011年版。

闻传播研究的重点题目被政府研究机构列入相应的项目中，其重要性也逐渐被一些专家学者反复提及。这些专家、学者观点性的意见给西藏新闻传播研究以“点题式”的指引，如张小平的《民族宣传散论》中有不少精辟的观点，如对西藏宣传“左”的认识，再如对西藏形象宣传的论述：“这样一个民族，能够简单地把它描绘成一个‘落后、愚昧’的民族吗？显然不能，而长期占据人们头脑中的藏族形象、西藏形象有些是中国社会长期大汉族主义思潮的遗毒，还有许多是长期‘左’的思想影响下的新闻和其他文化作品的‘后遗症’”。

清华大学李希光教授认为，西藏民主改革在解放农奴的意义上要比美国解放黑奴进行得彻底。西方媒体一贯采用故意忽略以及别有用心的“美化”手法，致使关于西藏的种种真相被不断复制的谎言取代，被假象蒙蔽者浑然不知。李希光教授给出了明确的建议，用西藏繁盛的社会景象驳斥谎言弥散的西方媒体。建设西藏繁盛的社会景象也意味着要化解西藏建设中面临的种种矛盾，这些矛盾既有和其他省市类似的社会发展矛盾，也有西藏独有的民族融合、宗教与社会发展相适应等方面的矛盾。

马戎教授先后几次带队到西藏进行社会结构变化的考察，虽然不是专门针对西藏新闻传播展开的研究，但其中不乏涉及新闻传播的真知灼见，让人耳目一新，一些和传播工作交叉的考察内容更是具有极大的参考价值。

在对西藏传播整体研究数量不多、质量不高、类别不全的情况下，针对西藏电视与乡镇传播研究的内容更是屈指可数。2011 年发表在《中国藏学》8 月刊上的《电视与西藏乡村生活——以曲水县茶巴拉乡为例》是学术期刊上为数不多的涉藏电视受众的田野调查研究。该论文作者较深刻地阐述了电视对乡村生活空间和时间拓展产生的影响。正如梅洛维茨所言：“电视技术成就是为了消除时空距离的影响，使得异质的人群“异时”的聚会成为可能。”[①]在文中作者虽然对村民的收视需求和喜好的调查较多，但是对电视节目的制作人提出的建议较少，对电视节目本身的分析也不足，这些有限的研

① 〔美〕马克·波斯特著，周宪、许均、范静哗译：《信息方式》，商务印书馆 2000 年版，第 43 页。

究填补了这个领域的空白。

1.2.2 电视研究・受众

电视研究早在上世纪 40 年代就开始了，并发展为文化批判研究、受众研究、文化研究等三种研究的范式。

受众，英文为“audience”，是指大众传播所面对发言的无名个体与群体。[①] 具体地说，大众媒体信息的接收者被称为受众，包括报纸、书籍、杂志等纸质媒体的读者、电影电视的观众、广播节目的听众和众多的网民。从宏观上来看，受众是一个巨大的集合体，微观上体现为具有丰富社会多样性的个体。

上世纪 40 年代，电视刚刚起步时，“文化工业”理论的提出者霍克海默和阿多诺就猛烈抨击大众文化的商业化和标准化。随着研究的深入，阿多诺在十几年后撰写了《电视与大众文化模式》一文，这篇文章是电视文化批判的起源。阿多诺认为，电视产品是经过巧妙设计的多重结构体，其背后潜藏着多种信息，在观众无意识的状态中向他们灌输，使他们在浑然不觉中受到毒害。阿多诺通过综合弗洛伊德无意识理论与马克思关于社会关系商品形式的观念，不仅发现了电视的客观结构（节目）是如何与商品生产和分配逻辑相关的，而且揭示了电视媒体使用的内化过程，即意识形态被缝合在结构的背后反复传播，形成大众稳定的社会心理。

多年来，研究者对受众研究的重点是受众的构成规模、人员组成、受众对媒介内容的反应。受众这个群体本身的发展和变化也是重要的考察内容。在一系列的研究中“使用与满足理论”是运用时间最长、影响最广泛的。这一理论着重分析了受众怎么用各种媒介来满足生活需要和心理需求，它的研究重点从“媒介对信息的接收者做了什么”迁移到“信息会被接收者用来干什么”。

这一理论框架下，受众在传播学中成为效果研究中的核心部分，它推翻

---

① 〔美〕约翰・费斯克等主编，李彬译：《关键概念：传播与文化研究辞典》，新华出版社 2004 年版，第 18 页。

了受众被动论,认为受众会根据个人的需求选择媒体,获取自己认为有用的信息。各个媒体作出相应的调整,衡量传播效果的重要标准变为能否满足受众的需求。经典的“使用与满足”理论的研究取向主要的关注重点是:受众的社会及心理基本需求,会引发其对大众传播媒介或其他来源的期待,导致其对不同形态媒介的使用与从事其他活动的行为,以获得需求的满足和其他非预期的结果。受众心理与媒介期待如图1—1所示。

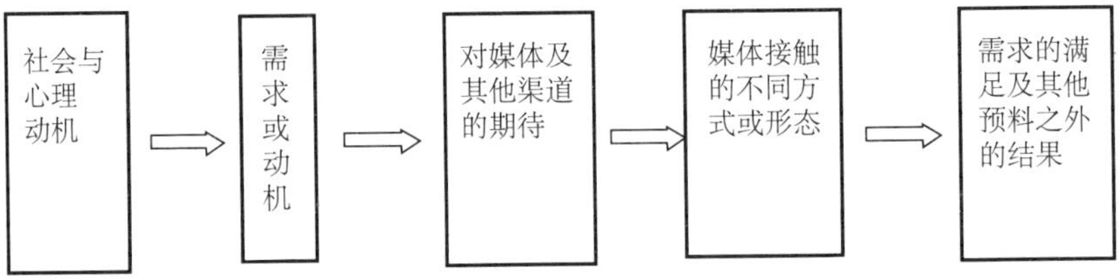

图1—1 受众心理与媒介期待[①]

传播学者鲁宾等指出媒介的使用研究有三个目标:一是了解个人的需要是如何通过大众媒介来满足的;二是了解个人使用媒介的行为动机和背景;三是阐释各种媒介功能或传播结果的产生与个体多样性的需要、动机和传播行为之间的关系。[②]

在西藏乡村,受众缺乏更多的媒介内容来满足他们的社会和心理需求,对于他们能接收的媒体内容而言(尤其是受限于语言环境),他们也不是全无选择地接纳媒体传播的内容,他们是根据自己的需求进行选择性接受,为己所用。传播学者施拉姆把媒体和受众的关系形象地描述为在自助餐厅就餐的情景,说受众参与传播就好像餐厅(媒介)尽可能提供让受众满意的饭菜(信息),受众面对这些饭菜(信息)可以依照自己的喜好、需求进行选择,媒介并不能发挥太多的干涉作用,只能是为受众做好服务。这一理论和威廉斯的理论实际上有相似之处。受众并不是同质的,他们也具有鲜明的个性特征,不同的受众对传播的同一信息会产生不同的反应,他们会积极寻找

---

① Katz,E. blumler,J,G,& Gurevutch,in 1974,转引自强月新、张明新著:《转型社会的媒介景观》,武汉大学出版社2007年版,第24页。

② Rubin,A,M &Perse. E. M. ,Audience Activity and Television News Gratifications,*Communication Research*,1987,14,pp. 58—84.

能为己所用的各类个性化信息。

鲁宾等学者的观点对本研究具有指导意义。在一个完全没有大众媒体的地方植入一个现代化的电子媒体，受众会对这一媒体抱以极高的期望，甚至将能使用这一媒体视为幸福生活的标志，并尽可能地利用这一媒体发挥的作用改变生活状况，比如用于了解外界、学习他人的生活方式或获得精神的愉悦。

从另外一个角度来说，分析电视在西藏乡村的传播可以大量借鉴发展传播学的观点。美国大众传播学家丹尼斯· 勒纳将大众传播称为社会发展过程中“奇妙的放大器”，认为它能极大地加快社会发展速度，提高现代化程度。20 世纪 60 年代，美国传播学者埃弗里·罗杰斯先后出版了《创新与发明的推广》《大众传播与社会发展》这两本书，他提出社会变革过程在很大程度上是创新、发明被推广采纳的过程，新思想新事物的普及、推广是一种特殊的传播形态，创新推广过程是按照“知晓、劝服、决策、证实”的模式进行的。

西藏的大众传播完全是靠外部力量植入的，本身的社会处于经济较为落后的状况，无法在短时间内为满足内部需求的发展衍生出能促进社会变革的传播方式。发展传播学的理论与西藏社会发展过程有很好的切合。通过电视人们了解党的方针政策、学习新的生活方式，政府也有意用媒体担负知晓、劝服等功用，催化社会的进步，改变人们的观念。

威廉斯在《电视:科技与文化形式》一书中指出，电视的出现不仅仅是科技发展的产物，也不完全出于统治者维护既定社会秩序的需要，更多的是因为“个人的意向(intentions)”，“个人意向汇整以后，形成了社会的要求，预期了某种科技的出现。在这一过程里，意向与需求固然会因为优势团体(如资本家)的塑造而变形，但也要在最小可以接受的范围内，得到其他人(如一般劳动者)的赞同”。按照威廉斯的理论，电视并不完全是统治者强加到民众生活中的麻醉剂，在某种程度上是因满足个人需要而产生的。就电视的传播特点，威廉斯提出“流”(flow)的概念，收看电视与传统的文本阅读不同，电视是 24 小时连续不断地播出，意味着什么时候看电视这个决定权在民众手中，而非听任政府的安排，也不会是由电视网的经营者来决定的，最起码观众完全可以自主地选择是否接收电视传播。

在后来的受众研究与文化研究中，学者提出应该把电视研究还原到日常生活的层面，深入到收看电视的家庭中，通过和生活密切接触的途径，结合社会学研究与文化研究，以克服实证主义的“短视”和结构主义文本分析的空疏。

电视研究，或注重文本的分析，或注重传播生态的再现，成果丰富，理论缜密，为我们继续行进铺垫了道路。

西藏传播研究从研究对象上来分析通常有两个角度：一个是施者(传播管理者和实施者)，另一个是受者(受众)。两者是一个研究问题的两面，难以分开。无论是政策的传达还是科技的普及都离不开受众的研究。受众研究从上世纪二、三十年代开始就没有从传播学学者的视野中消失过。到现在，这个领域也已经有了丰富的理论和实践积淀了。

上世纪 80 年代传播学被引进我国后，中国的传播学研究者和新闻传播工作者在我国迅猛发展的传播技术的影响下，不断提出要与国际操作理念相结合，使传播学实现我国的本土化研究与实践。在一致的目标下，我国的媒介监管者和具体工作者都希望加深对受众的了解。媒介主管部门希望了解受众，从而更好地运用媒介和激发受众；而媒介经营者希望能更好地了解受众，制作出高收视率的媒介产品，换取自我发展环境的改善和提升。在此过程中，我国的受众调查大致经历了三个阶段：

1. 上世纪 80 年代的摸底调查

1981 年 5 月 12 日北京新闻学会读者学术研究组成立，当时的副会长安岗在会上作了《研究我们的读者》的发言，他说，“为读者的问题，就是为什么人的问题……读者是报纸的服务对象，研究读者，就是研究我们怎样为自己的主人服务得更好。这无论是在新闻理论上还是实践中，都是第一号的大事”[①]。这是中国新闻史上首次提出受众研究问题。随后在陈崇山等专家的

① 中国社会科学院新闻研究所编：《中国新闻年鉴：1982》，中国社会科学出版社 1982 年版。

主持下,开始了“北京调查”研究——这次调查着重了解受众的分布、结构、媒介接触行为和兴趣,为新闻改革提供了依据。

2. 上世纪90年代的深度研究

90年代我国大众媒介“事业性质、企业管理”的属性被确立,这一阶段新闻市场化的机制也不断深入,带来了新闻改革的推进和新闻态势的嬗变。因此,该阶段的调查不仅要了解受众的基本情况,还希望获得受众收听的动机、目的、取向、评价等一系列非常个性化的需求信息。

3. 新世纪2000年后更专业化的研究

收视率已经广泛运用于我国的受众研究,随着大量专业咨询机构的出现,受众研究凸显了专业化倾向,更加细化,更加注重受众的心理因素。

受众与电视受众是包含与被包含的关系。研究电视受众时有这个领域一系列的问题:对电视来说“看”的标准是什么,观众“看”了什么,喜欢“看”什么,怎么“看”,媒体的监管者和实践者又希望观众“看”什么。

本书在电视传播研究深厚的理论引导下,以西藏乡村为研究对象,细化分析电视对社会变迁的作用。同时,也将从编码分析的角度,分析传播者的实践意图和落实情况。依照农牧区现在的传播环境,借用施拉姆的比喻来说,受众在他们的“餐厅”中可选择的“可口饭菜”并不多,而“可口饭菜”是不是就是“营养饭菜”? 又是谁来决定这些端到农牧民面前的“饭菜”的口味和营养呢? 这些问题值得探讨。

在此需要深思的是,西藏新闻传播事业发展的这几十年中,对受众的研究实际上是缺位的。我国三个阶段的受众调查得出的结论一定程度上适用于西藏的受众。但是,西藏有其独特的文化生态,以藏族为主体的多民族融合环境使受众的特性也有其独特之处,而这些特性都是不曾被系统研究过的。在传播链中,因为并没有用科学的方法考察过受众的接受能力、接受喜好,也未曾实证性地研究过西藏受众的信息欲知和信息需知,欲知和需知之间的兼顾、转换更是鲜有尝试,于是,媒介信息传播者和媒介信息接受者之间的脱节是自然存在的。媒介信息传播者不易掌握媒介信息内容产生的真实传播效果，而受众也会因为各种原因疏离，甚至不信任媒体。

西藏受众研究这一课题还没有系统展开，受众的心理和爱好是随着社会发展和传播环境的改变而有所变化的，媒介的传播效果和受众的认知心理关系密切，对受众群进行细分研究实际上也是检验媒介传播效果的一种有效手段。本书对此有所涉及，但也仅仅是研究的初始阶段，有待于深入、长期进行观察分析。

就此方向的课题，我在探索中困惑颇多。祝建华先生曾说："众多的西方理论虽然都号称面向人类传播的普遍规律，但在基本上只适用于民主政体、市场经济社会，与其他社会制度，尤其是与独特的中国国情有着相当大的差距，无法立等可取，拿来就用。"西藏的社会情况与中国其他地区间差别又是显著的，地理差异、文化差异、民族心理都致使受众有别于其他地区的受众，机械地套用西方理论，或排他性地套用国内学者的理论都是盲目的，从地域实际出发，探索西藏传播研究中的种种课题虽是漫长的过程，但也是唯一值得推荐的路径。

1.3 研究方法

在整个研究中我采用了田野调查、问卷调查、人物访谈、生活观察和资料汇集等多种调查方式。

1.3.1 田野调查选点

我是生于西藏的藏族人，虽然生活在城市中，但在多年的采访生涯中也常常走乡串户，深入农牧区乡村生活。为完成这次调查，我又专程回到西藏，扎进了农牧民的生活中，展开调研。综合多种考虑，具体调查选点中，主要走访拉萨市、日喀则地区、林芝地区和昌都地区的乡村，各地区有其不同的特点，地区之间可以在经济发展和观念上进行比较分析。

日喀则地区的调查点中我走访了甲措雄乡和江当乡的五个村子。

日喀则藏语直译为"最好的庄园"，年楚河一带的江孜号称西藏的粮仓，是较为富庶的地方。甲措雄乡在日喀则东南面，距离日喀则行署 16 公里左右，村民依日亚公路[1]而居，年楚河过境，和江孜县相依，是日喀则自然条件最好的地方。甲措雄乡地纳村是日喀则第一个万元村，而村民发家致富不是依靠土地，而是依靠运输。一个在西藏率先富裕起来的村子，村民的媒介接触情况、对信息的认知与尚未富裕的各类村庄有着显著的差别，丰富的信息也不断补充着村民们欠缺的各类知识，这些知识又促进他们不断拓展出新的致富渠道。富裕后的村民间人际关系有了微妙的变化，产生了新的交往方式，衍生出新的矛盾和困惑。这样的发展变化格局使人愈发认识到媒介与时俱进的教育功能的重要性，也不断衍生出媒介需要引导的新内容。对于农牧民这样现实的需要，宣传引导是否能及时到位？这是我在调研中不断思考的问题之一。

江当乡所在地有两个村子，一个是江当村，一个是从日喀则定日县整体搬迁过来的鲁日村。江当乡沿拉日公路[2]而建，交通相当便利。正在建设的拉日铁路沿拉日公路伸展，江当乡境内有若干个由当地农民经营的砂石厂，为铁路建设提供砂石材料。山坳中的雄卓村离江当乡有30公里左右，有乡间公路相通（见图1—2）。

甲措雄乡和江当乡南北之间相隔20公里，距离不远，但两乡之间高山叠嶂，通行不便。地域和经济发展的形态使得这两地村庄的村民生活状态有着显然的差别。信息对两地村庄产生的影响也有所不同，两地之间的差异不是村庄和村庄之间的地理差别，而是有着明显不同的社会观念。

这两地的村庄和外界接触的机会并不多，更多时候是他们主动到外界获取信息。

---

① 日亚公路：日喀则至亚东的公路。

② 拉日公路：拉萨至日喀则的公路。

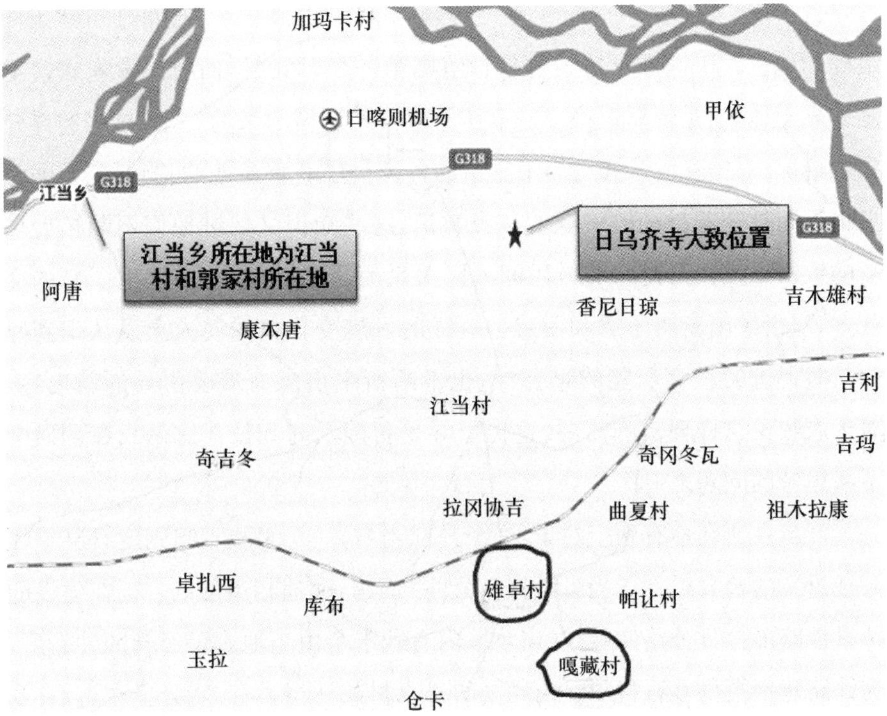

图 1—2　江当乡、江当村、郭家村、嘎藏村、雄卓村和日乌齐寺

林芝的村庄是另一种形态的发展模式。如扎西岗村，它的自然风景极其优美，当地的旅游宣传将其称为“西藏的小瑞士”。扎西岗村已在大力开发家庭旅游业，每年都会接待从川藏线进藏的游客。村庄距离林芝地区行署所在地八一镇 80 公里，有尼洋河过境。在西藏，林芝地区向来以气候宜人、物产丰富著称，但其人文景观比其他六地市要少。这样一个被西藏视为少有人文景观多具自然美景的地区，它的发展和媒介接触情况又和其他地方是否有不同之处呢？

除了以上两地之外，我还专门走访了昌都地区，在昌都停留数月。昌都地区在地理位置上更靠近四川，使用的康巴话和拉萨话在口音上差别较大。在“维稳”工作中，昌都地区也是西藏的重点地区，“天保工程”①实施以来，一度迁出昌都县乡的村民移居林芝等地，虽然达到了迁出改善民生等目的，但

① “天保工程”：2000 年 10 月国家正式启动的天然林资源保护工程的简称。

是也和迁入地的居民发生了文化、习俗上的冲突。长达十数年,交流融合才渐渐弥合了尖锐的冲突。

昌都地区的样本给我的冲击显然要大于其他地区,如在高山峡谷中的同卡乡然多、波察等自然村是半农半牧地区,种有少量的青稞,更多的人依靠放牧为生。这里交通不便,基础教育处于整改阶段。村民从游牧状态转为定居状态的时间还较短,家庭间的交往方式、对社会的认知和我在林芝、日喀则调查的村子有很大的差异。加之大多数村民家庭安装电视的时间也才两年多,还有一些村民家没有电视,整个村民社会呈现的是更为封闭的状态,对外界,村民持以想接触,又惧怕接触的矛盾心理。村民基本上没有外出打工的习惯,他们不知道该如何找工作,一旦找到工作后,又不知道该如何与人交流。这些案例都是昌都调研中不鲜见的事例。

我在选点时尽量考虑地域差别。虽然没有涵盖整个西藏的地区,但在所调查的地区都尽可能走访更多的村落。西藏人口不足 300 万,人口数量少使研究者容易一刀切,以偏概全。作为一个藏族人,我生长于西藏,对地域间的差别有所认识,对西藏地广人稀的人口分布状况产生的社会发展效果有所了解。很多时候,正是这些差别使得各个地区的发展出现了不平衡,地域经济的不平衡与人的观念、思想的包容性都有极大关系。我将尽可能地阐述差异产生的成因及影响,也期待这一领域的研究给媒体的实践提供更广阔的思考空间,能用更适宜西藏地域的节目促进西藏不同地区的发展,让普通的藏族人从思想上的转变获得精神上的轻松愉悦,带来生活上的改观。

随着调查的深入,我越发深刻地认识到,在新闻传播学的基础理论上,要认识到西藏的传播环境、传播内容、各类受众的特殊性,不能移植国内外的研究思路和成果,只能在借鉴的基础上进行本土化分析研究。这个研究做好了是对新闻传播学理论、实践知识的有益补充,更有益于促进社会发展,推进民族进步。

1.3.2　调查问卷说明

本书所用的问卷数据是导师的社会科学研究项目《西藏新闻传播与社会发展》中的部分数据,在西藏共发放了近 1,800 份问卷,收回有效问卷

1,551份。问卷选点为拉萨城关区、拉萨曲水、日喀则市居民区、林芝地区核桃村和部分拉萨市居民区。

在西藏开展问卷调查有几个难点:不能涉及宗教等敏感话题、被调查的村民的识字能力和理解能力对完成问卷有较大影响。

为了便于操作,问卷调查删除了宗教类问题,但访谈中加入了此类问题的比重。

样本选择是反复斟酌后确定的。在拉萨首先是考虑八角街居民点,八角街是拉萨最著名的景点之一,这里的居民基本上是拉萨土生土长的,要访问他们得穿街走巷进入到居民大院中,一个大院往往居住着几十户人家,他们的生活情态和媒介偏好具有一定代表性。调查随机选择了鲁固、夏萨苏、丹杰林三个居委会作为抽样对象,抽样尽可能以人数 10∶1 的比率抽取。除了拉萨市以外,我还选择了周边三个县的村子,这些村子里人家的户数都不是很多,两天内尽可能地访问全村的人家,不再设定比例,有的村庄接近于全样本(见表 1—1)。

表 1—1　拉萨地区调查点问卷发放情况

拉萨地区调查点	人数(人)	户数(户)	问卷数(份)
拉萨市城关区鲁固居委会	2,000	1,000	200
拉萨市城关区夏萨苏居委会	1,700	700	200
拉萨市城关区丹杰林居委会	1,000	600	100
拉萨市堆龙德庆县浪嘎村	缺失	60	50
拉萨市堆龙德庆县邱桑村	1,237	267	100
拉萨市曲水县聂当乡德吉村三组	缺失	65	60
拉萨市城关区夺底乡	2,463	727	150
共计:860 份,其中有效样本为 798 份			

人数和户数数据来源:办事处负责人和村长等提供。

第 6 次人口普查数据显示,此次调查的几个区域常住人口数分别是拉萨市 559,423 人,日喀则地区 703,292 人,林芝地区 195,109 人。依据西藏人口分布的空间分析,在低海拔和河谷地带集中居住的人远高于高海拔地区。统计数据显示,西藏"一江两河"流域农业区,每平方公里居住为 10 人左右,属农牧区人口密度最高的地方，阿里地区是人口密度最低的地方，每 5 平方公里才 1 人。日喀则地区人口总数超过拉萨，但多集中在农牧区，非农业人口为 29,778 人。林芝的情况与日喀则有类似之处，故在这两地，我们的调查加大了访谈，问卷数有所减少。日喀则市共有 8 个居委会，我们随机选取了 4 个居委会，每个居委会 100 份问卷，回收的有效问卷为 398 份。林芝地区八一镇所在地本地居民多居住在周边的山上，市区内仅有几个小区中本地居民较为集中，问卷调查实施起来相对有难度。我们延长了问卷调查的调查时间，逐一走访了单位和周边村庄的村民。

为了取得有效和真实的数据，调查专门培训了藏族调查员，不是把问卷发放到被调查者手中，而是由调查员一个个问题询问、交流，避免阅读问卷和理解问卷成为完成调查的障碍。对一些态度评判的问题，要求调查员不仅仅完成简单的勾选工作，还要和被调查人沟通，了解他们的态度，掌握此类问题点失真的可能和原因。

研究的问卷数据是 2012 年取得的，数据的取得和本书出版之间相隔了一定的时间。对此，要补充说明的是，在这两年中西藏农牧民受众接触的媒体依然是以电视为主，他们喜欢和容易接受的节目在形态和思想方针上都没有大的变化。参照 2014 年所做的问卷调查，笔者依然认为 2012 年的调查数据对了解西藏受众是有现实意义的，为分析西藏媒体的发展提供了真实、客观的视角。

第2章 传播与西藏社会

大众传媒在西藏兴起之前,西藏旧有的传播方式沿袭已久。西藏的传统传播内容与宗教结合紧密,强化着与统治阶级思想一脉相承的宗教意识,“导致西藏丧失了适应不断变化的环境和形式的能力”①。大众传媒带来的新知识、新观念和新的生活形态对传统的传播方式带来冲击和消解。但旧有的传播方式却并未随着媒体的兴起而彻底消失,它们和大众传播并存,甚至成为大众传播内容中的文化内容,构建出西藏多元的文化景观。

2.1 传统传播方式

历时久远的传统传播体系维护着统治者的意识形态,弥散着浓厚的宗教色彩。随着大众传播的兴起,传统传播的精神主导力量被削弱了,有的传播内容甚至被转为了“民俗”的一部分或文化特色的一部分加以保留,有的传播内容融入了现代的思想和观念。

2.1.1 岩画到文字:四种主要的传统传播

1. 岩画——信仰的外化载体

在远古,石头突破了传播中时间的限制,使人们的生活场景、记忆得以记录和流传,是人们克服口语传播局限、保存知识的载体。在今天看来,岩

① 〔美〕梅·戈尔斯坦著,杜永彬译:《喇嘛王国的覆灭》,中国藏学出版社2005年版,第2页。

画传递的信息未必如文字般精准，但是，在当时的社会，它充当了媒介的角色，描绘了西藏高原人类精神交往的最初图景和生产生活的诸多方式：如扎西岛[①]岩画中能看到捕鱼狩猎的场景；又如，昌都地区郭金寺所在地有大量的岩石上刻绘了粗线条的白塔、六字真言等宗教符号；再如西藏昌都八宿县嘎学岩画，既有单一图案，如日、月、人物、动物、塔、藏文字母，又有组合图案，如张弓射箭者、奔跑者、骑马者。岩画的内容，既反映了当地先民们的狩猎、收获等社会生活，又反映了当地的社会风俗，如生殖崇拜及佛教思想。

在青铜时代的早期和吐蕃王朝的后期，西藏岩画制作已经有社会群体组织生产的特征。露天大型岩画绘制的痕迹显示，这些岩画不是个体所为，也不是一次成形，而是被人反复绘制，不断扩充的。岩画被用于有意识地传达社会的某种精神和意志，成为社会认可和倚重的一种重要传播方式。

在大多数的国家中，岩画只是阶段性的传播方法，成为人们记录、研究一个时代生产、生活和精神意志的遗产。但西藏的岩画并不因传播方式的更迭失去踪迹，而是不断衍生新的内容，直到现在依然在传播精神的力量。每年，村里附近的岩石上，寺庙周围的玛尼堆上，转神山的山路旁都会增加不同的岩画。拉萨药王山后的摩崖石刻一度因为政治原因只留下了古旧的岩画印迹，从 20 世纪 90 年代起，佛教信众筹资、出力，在原有石刻的基础上加以丰富，现在已成为拉萨最大的石刻画像摩崖。摩崖石刻周围堆积成塔的无数片岩上刻满了各种经文。由此也延伸出部分佛教信徒刻经度日的生活方式，这些信徒终日盘腿坐在石头中间，刻写他人要求或自己发愿要刻写的经文，其日常的生计依赖于信众的捐施。

不仅于此，无论是在西藏境内的省道沿线还是在偏远乡村，都常常可以看到岩石上有宗教意味的符号或文字，如民众在显眼的大石头上画出白色的天梯，表达精神与“上界”联结的意愿，藏家人但凡遇到石刻的佛像或六字真言，或顶礼膜拜，或默默颂唱经文。

石头是最坚实的表达情感的载体，历时不朽，可以时时再加工。在 2012 年的日喀则珠峰文化节上，日喀则仲巴县的乡民带去参加节日的展品除本

---

① 扎西岛：位于纳木错的湖心岛，岛上有大量的原始岩画。

地手工的织物外，还有一些岩画，其中一片岩石上用藏文写着“共产党万岁”（见图2—1）。

图2—1 玛尼石刻上刻写的“中国共产党万万岁”（西藏那曲仲巴县牧民作品）

这一块石头与众多刻有六字真言的玛尼石并排摆放，色彩一致，字体也一致，是当地牧民自发刻写的，他们用这种方式表达内心对党和政府的感情。

与岩画一样历史悠久的壁画更是在庙宇殿堂的墙壁上传递着信息量极大的宗教知识和历史故事。

今天，岩画、石刻在西藏依然具有一定生命力的主要原因在于：

（1）藏族崇尚自然、依赖自然。他们认为通过石头这样的外界载体更能够把自己对神、佛的赞颂和敬仰传递出去，而神佛无处不在。现代社会的任何一种传播介质都不能像石头这样不需要成本，自然中天成，历久不败，对时间的销蚀形成抵御，石头是最好的传播载体。

（2）增加宗教气氛，美化环境。西藏的寺庙多依山而建，少林木多岩石，人们在岩石上雕绘佛像、莲花等图像，营造出了宗教氛围。改革开放后，在宗教信仰自由政策的保护下，不少寺庙修缮一新，佛教信徒可以任意去朝拜，他们往往朝拜完殿堂后会转山，山间路旁色彩鲜艳的石刻绘画消减了路途的枯燥，强化了信徒心中神佛无处不在的意象。

(3)生活中的信仰习惯使然。汉地的居士等人会在纸上抄写佛经，修习心性、礼赞佛法。在西藏，石刻经文有相同的功能，只不过介质不同，储存的地方不同。石刻的经文不会保存在家庭这样的私人环境中，而会摆置于朝佛的路途上或佛塔、寺庙周围，惠及所有朝佛的信众。石刻经文数量的增加有益于宗教氛围的强化。同时，也要说明，在纸张上书写经文不是藏族信众礼佛的习惯。

2. 口语传统与民间文化传承

岩画倚重于时间传播，当其提取出抽象符号后，传播范围更广了，感知的人群更多了。与之不同的口语传播具有空间传播的扩张性。尽管在西藏有“一沟一口话”这样的谚语，但显然，方言并没有妨碍在藏区传诵相同的英雄事迹、讲述类似的儿童故事、传播与生活密切相关的农牧技术。西藏的文明很大一部分是奠定在口语传播的基础之上的。

考证口语传统在西藏的渊源可以从“蕃”这一名称入手，有的学者在研究中提出“蕃”(བོད)这个词来源于人们日常交往中的喊话。《圣者喜宴》中记载：藏族先祖居住的地方有“六个喊话的山垭口”，为部落、村寨之间传递信息，类似于在前村后寨设立了六个“信息传播点”。日子一久，附近的部落就把用“大喊大叫”传递信息的部族称为“蕃巴”(བོད་པ)。

口语传播应交往和信息传递的需求而产生，反过来又促进了生活场域的交流和生产场域的技术发展。它涉及藏族生活的方方面面——向神佛祈祷、年节欢歌、庆贺丰收、部族历史传承、家庭教育等等都与口语传播密切相关。

众所周知的英雄史诗《格萨尔》就是依靠民间说唱艺人代代相传的。《阿古顿吧》《乃东杰波》这些小人物智斗权贵的民间故事让受尽凌辱的劳苦民众暂时忘记了现实中的痛苦，享受到了精神上的愉悦，增加了生活的勇气和力量。

还有很多长诗属于小众传播的范畴，是对生产知识的历代口耳承袭，如农区的《青稞歌》就是讲述人们获得青稞和播种、收获青稞漫长而曲折的过程；《吉祥羊歌》讲述羊的来历、习性，赞美羊的各种用途，更有藏家人耳熟能详的《打酥油歌》《打阿嘎歌》等，至今仍广为流传。

神话对民众的影响远超人们的想象，即使在现在的大众传播时代，神话虽换了表现形式和内容，但同样给民众带来欢愉和安慰。这一发展状态印证了马克思主义符号学家巴尔特的观点，他认为神话的内容会发生变化，但是神话的过程却是永恒的、普遍的。

西藏口语传播的内容广博生动，无论是说唱史诗、民间谚语、神迹传说还是儿童枕边故事，最后传播的落点都是"人"这个单体，个体知晓、铭记后，第一个传播场域是家庭。在今天，部分藏区乡镇的茶馆、村子里的院坝依然是大家茶余饭后聚会的场所，在这些场所，信息汇集起来被个体整合再散发，许多民间故事也是从这样的场合里集中传播的。

如今，即使有了电话、广播、电视等新的传播媒介，传统的传播内容依然要依托口语传播而存在，比如藏家人新年没有听到"折噶"艺人在门前的祝福声就好似缺了点什么。出门过山口的每一个人必然会下车顶礼，高声赞颂神的力量，祈求平安。谚语在家庭中一直充当着箴言，附有教育的职责。家庭聚会中，长者兴之所至，会随口讲上一段民间故事或唱上一首民间歌谣。一直到 1950 年左右，在西藏民间还流传着大量的讽刺政治事件或政治人物的歌谣，这些歌谣在当时的社会上起到了时评的作用。在特殊时期，口语传播的内容也往往会在大众传播时代形成隐性的思想暗流，与主流媒体的宣传相对抗，争夺受众。

3. 象征符——生活的守护者

日本学者池上嘉彦指出，当事物作为另一事物的替代而代表另一事物时，它的功能被称为"符号功能"，承担这种功能的事物被称为"符号"。符号是人们思维社会化的重要特征。

公元七世纪藏王松赞干布执掌大权正式引入佛教后，佛教在西藏经历了错综复杂和漫长的传播过程后最终达到登峰造极的地步。随着佛教思想的广泛传播，岩画的内容也从对单纯的生产生活场景的描绘变成越来越多的抽象符号。佛学带来的思想内容博大精深，由佛教抽离出来的象征符涉及日常生活、思想意识、人生哲学等诸多方面，繁杂多样，深奥难懂。这些抽象符号的诞生意味着西藏从显然的图像传播上升到了抽象传播，对符号演绎的能力成为掌握知识和权力的一种表征。这些抽象符号构建了共同的文化观和价值观，作为行为指引，不仅仅只出现在公共场所，有一部分也进入百姓家庭，引导人们如何理解和看待世界。

最早的象征符是如何进入到家庭的并无史料考证，但这些象征符直到今天都在西藏家庭中扮演着祝福、辟邪、教育、祈福等多种重要角色，成为家庭世界观的标志。这些符号出现在房顶、门板、墙体上，一定程度上也装饰着家庭环境，体现家庭的审美情趣。

如在后藏日喀则的乡村，不少农家院墙的外面会用黑色或朱红色绘上蝎子的图像，即以邪克邪，希望外界的邪气污秽不要进了自家门内。在大门上往往搁置牛头，表达的意愿也是希望挡邪避灾。在房门或房顶上往往绘制万字符(雍仲)，取吉祥和礼赞之意。

“四团结图”会被藏家人普遍绘制在墙上或张贴在墙上，用来教育家人团结友爱，共建家园；“四长寿图”用来为老人祈福并教育家人敬老尊长。和宗教相关的象征符更是比比皆是，最常见的是莲花。在佛教中莲花表示智慧和方便，且莲花之美适宜美化环境。

和岩画相同的是，在西藏象征符不因时代的转化而淡去踪迹，在人们的现实世界和精神世界中仍占据了一席之地，无法剥离出去。

4.“喇嘛王国”时代的文字传播

西藏文字因权力介入加速了诞生的进程。《布顿佛教史》《西藏王统记》等诸多藏文史料都记载有藏王松赞干布派遣吞弥・桑布扎仿照当时印度古文字创立藏文的详细经过。因为创造藏文的要求是作为“赞普”(王)的松赞干布自己提出来的，他本人在藏文创立后又积极学习，成为第一位精通这种文字的吐蕃人，他的号召力使得藏文很快得到推广并运用于实际。

藏文的创制为吐蕃传播和推广先进的文化科技知识提供了便利，也为吐蕃制定法律条文，实施法制管理创造了条件，松赞干布在文字创立不久就颁布了《十善法》《清静十六条法律》，也为社会制定了行为准则。

把一个骁勇善战的游牧民族转化为极度崇尚精神修习的民族，文字的力量可谓发挥到了极致。松赞干布崇尚佛教，引入了大量的佛学经典，虽然在后来的历史发展中，佛教在西藏受到过遏制，但不影响佛教最终拥有较大数量的修习者，按照美国学者戈尔斯坦的推算，20 世纪初的西藏大约有 26% 的男子出家为僧。佛教寺庙成为集西藏的博物馆、历史馆、珍宝馆等诸多职能于一身的“宝地”，医生、哲人、星算家等能巧之士基本都云集于寺庙，在社会身份上，寺庙成为“三大领主”之一，这“三大领主”占有西藏可耕地的 62%①。

有了这样的背景，文字的使用环境被限定了。在纸张匮乏之时，撰写在贝叶上流传的经文甚至可以用金汁来书写。穷人家的孩子要读书识字，必须要成为僧侣。2011 年《西藏发展白皮书》上的数据显示“旧西藏没有一所现代意义上的学校，寺院垄断着教育，仅有极少数僧官学校，绝大多数学生是贵族子弟，广大农奴和奴隶被剥夺了受教育的权利，适龄儿童入学率不到 2%，青壮年文盲率高达 95% ”②。

从文字在公元七世纪创立之初，它的使用范围就基本框定在僧侣和权贵中了。更何况西藏技术落后，藏纸的产量远不能满足社会的需求，新中国成立前西藏政府的官办造纸厂金东造纸厂每日生产的纸张不足 1,000 张。纸张数量极其有限，只能用于重要的社会职能部门行文发令或翻译佛经或供有钱有权的人家使用，普通人家的孩子读书练字都是用木板和白粉笔。

公元十七世纪，西方工业化进程中印刷术的普及结束了西方僧侣对知识独占的时代。在雪域高原，包括僧侣在内的特权阶层对知识的垄断一直持续到上世纪中叶，西藏解放才使普通大众都能平等享受到学习各种知识和文化的权利。

文字对统治阶级维护其统治功莫大焉。读文识字的复杂性有利于让知

---

① 〔美〕梅·戈尔斯坦著，杜永彬译：《喇嘛王国的覆灭》，中国藏学出版社 2005 版，导论第 2 页。
② 国务院新闻办：《西藏发展白皮书》，2011 年 7 月，第 12 页。

识只为特权阶级所用，他们用知识强化、巩固着他们的统治，并不断用宗教思想为百姓洗脑，让百姓安于苦难的今生，把一切希望寄托于来世。知识的独占延误着人们对自然的认识，给神魔作品在民间流传提供了更大的空间，也阻碍着社会的发展、变革。统治者一面极度垄断知识，一面用宗教不断奴化百姓。在这样的情景中，普通人家视文字为不可亵渎之物，印有藏文的纸张既不能垫坐，更不敢踩踏，使原本用于传递信息的文字符号被蒙上了"神圣"的色彩。

文字在旧西藏对大众传播作用微弱，旧西藏只出现过《西藏白话报》《镜报》①等几份报纸，《西藏白话报》是驻藏大臣联豫等创办的，而《镜报》则是在印度格伦堡印刷后传入西藏的。这些报纸印数最多的时候不过三四百份，它的读者主要是权贵阶层和商业人士，普通百姓无钱购买，大多也读不懂。

以上各种传播方式只是西藏信息传播方式中常见的几种，生活经验的积累，使先民智慧在信息传播中创新迭出，如昌都地区的一些村落中，隔河居住的村民将要传递的信息用"乌朵"②投掷到河对岸。由于受限于艰苦的自然环境，吹拂的风、挺立的树、漂浮的烟、流淌的河流都成为因地制宜发明出来的信息传播方式，去西藏不难看到经幡在风中飘荡、桑烟袅袅升起，牧民兴致而来高歌的曲子更是表情达意的最佳方式。

2.1.2　需求决定存在：传统传播留存的主要原因

种种传播方式会在西藏并存，不因其中任何一种功能放大或占据了主要传播地位而彻底抵消其他的传播方式。每一种传播方式都有其相对固定的传播对象、影响面和使用途径，主要原因在于：

1. 从公元七世纪就开始建设的神权社会固定了其宗教仪轨，岩画、象征符已经渗入到百姓的生活之中，对人们的意识和生活信念影响至深，成为日常家庭生活的一部分，是人们对神佛世界的敬畏之心、对美好生活的祈佑之心的外化表现，也可以说是藏族宗教信仰的外在表达。比如，民众画在房顶上的万字符（雍仲），是对天地万物永存的祈愿的自然流露；随身携带印刻有

---

① 参见白润生主编：《中国少数民族新闻传播史》，民族出版社 2008 年版，第 135 页。

② 乌朵（音译），用牛羊毛编织的工具，在藏地可用来放牧，防御野兽，也用于辟邪。

生肖或六字真言的护身符是对邪秽的驱避。

2. 在当时的社会条件下，民间口语传播的内容缺乏记载的工具，缺少能为之书写的文人，加之个别内容还被文字的掌握者视为“不入流”的东西，但是在苦难、乏味的生活中，劳苦大众无论是在精神上还是生活中都需要《格萨尔》《青稞生长歌》等抚慰心灵或让经验流传的文化。需求决定了这些传播内容的生命力，这样的内容，始终在民间自觉地以口头文化的方式流传，与岩画、象征符、文字并存，共同构成旧西藏传播系统中的重要部分，使藏族的民间文化得以保存和延续。

3. 文字作为统治阶级的工具一直被达官贵人和僧侣掌控，行政命令、经文典籍都是在被统治者认可的人群中有组织地传播。文字学习要耗费较大的时间成本、金钱成本，据统计，1959 年以前，在私塾和旧式官办学校中学习的都是僧侣和贵族子弟，人数也不过 2,000 名[①]，占总人口 95%[②]以上要为生计劳顿的被统治者终身难与读文识字结缘，无法分享有限的自然知识和高深的宗教哲学。

旧西藏，文字更大的意义是固化了阶级结构和社会制度，只有上流社会的家庭作为塔尖上的组成部分，才能分享文字带来的便利，通过文字进行精神交流。

2.1.3 从传播到被传播：传统传播的演变

传统的传播印刻了西藏的文化记忆，是藏族的精神外化表征，在漫长的半封建半农奴社会中它充当了统治者掌控精神和治理社会的工具，一定程度上也给普通民众的生活增添了些许色彩，成为他们支撑生命信念的来源。在新西藏，这些旧时传播方式的社会功能并不完全沿袭其传统的功能，有一部分作为民族精神、民族历史、民族文化的表征，演变成为被传播的内容，构成现代传播中让世人认识西藏、了解西藏的主要部分。

如西藏各个寺庙的壁画中有一部分内容是讲藏族的来源、发展、民族交往的历史，现在的媒体会把这一部分内容的艺术呈现、内容表达当作介绍一

---

① 黄玉生等编著：《西藏地方与中央政府关系史》，西藏人民出版社 1995 年版，第 636 页。

② 国务院新闻办：《西藏发展白皮书》，2011 年 7 月，第 8 页。

个时代、一个阶段的社会或文化内容，而藏族有了从书本、影像中去了解自己民族历史的途径，无须单纯通过壁画去认知历史。

再如，《青稞生长歌》中介绍了种养青稞的过程和技能，种植经验随着歌谣代代相传。而今，这一歌谣成了现代传播中的民间文化艺术的构成部分，不再如原始的功能反复流传，青稞的由来、种植技术依托电视、书籍广泛流传。

这样的转化也是民族变迁的表现，藏族不再倚重旧有的传播方式获取经验性的知识或对历史的认知，而将传统的传播本身转换为文化的内容，流传的方式有别，存在的价值有别。

2.2　新西藏建立与大众媒介的诞生

西藏大众媒介的兴起完全基于社会变革。民主改革前，西藏政教合一的半封建半农奴制社会已存续了千年，在僧侣和贵族的统治下，和中世纪欧洲的农奴制度相比，西藏社会的黑暗、残酷有过之而无不及。旧西藏的社会制度决定了它无法靠自身的力量诞生出现代媒体，只有社会制度根本的改变才能让一个腐朽的社会焕发出新颜。历史发展证明了这一点。

2.2.1　西藏新生：卸除枷锁的大解放

旧西藏整个社会经济依靠庄园式的管理模式运作着，除政教合一的政府掌握着一部分社会财富外，更多的财富集中在权贵与有身份、地位的僧侣手中。“三大领主经营的庄园拥有全部可耕地的 62%，其中宗教集团占有可耕地总数 37%，贵族的庄园占有可耕地总数的 25%”[①]。

“经济基础决定上层建筑”，在缺乏民主和公平概念的社会中，政权只能在权贵手中轮换。旧西藏噶厦政府由“僧俗官员共同管理，俗官的来源是拥有庄园的世袭贵族，这样的贵族大概有 150—200 家”。“大多数僧官或者来自拉萨中等阶层家庭，或是现任僧官的家庭成员。”[②]所谓的“民众大会”其核

① 东嘎·洛桑赤列：《论西藏政教合一制度》（藏文），民族出版社 1981 年版，第 104 页。
② 〔美〕梅·戈尔斯坦著，杜永彬译：《喇嘛王国的覆灭》，中国藏学出版社 2005 年版，第 5—7 页。

心成员不足 10 人,扩大会议也就 50 人左右,这一表达“民意”的方式毫无民意可言。在这样的社会形态中,农奴的政治身份、社会身份、家庭地位、教育理念、生活观念都印刻着封建农奴社会严格的等级痕迹。穷人见到上等人要弯腰屈膝弓背、伸舌头表示谦卑低微的形态是社会景观的常态。法律严格执行“奴不反主法”①,庶民和奴隶必须遵守各自主人的统治,承担赋税,不能叛离主人和进行反抗。

劳苦大众抗争的形式大多只是逃跑,少有“王侯将相宁有种乎”这样质疑、反抗的气概。更多出逃无门的劳苦民众只能把现世的苦难寄托在来世的幸福上,指望着转世后不要在“六道轮回”中堕入更苦的境地。普通民众在生活中日夜操劳,民间的神话、歌谣给他们的生活带去了种类不多的娱乐,精神上他们更多依托宗教信仰,把今生今世的苦难归因于前世的冤孽,把今生今世的希望寄托于来世,以此熬过现实的种种痛苦。

寺庙中的金银珠宝不再流通,成为仅供苦难百姓顶礼膜拜的神佛世界的装饰品,最先进的科技生产力在旧西藏的显现,更多时候是看哪家寺庙的坛城精美无比,哪家寺庙的建筑恢宏无比。最广大民众的思想被统治阶层“极端刻意”地愚化,各类和民众生活相关的知识被寺庙束之高阁,和神佛置于同一殿堂供人膜拜,而不是被广泛地阅读、学习和使用。

腐朽、不求改进的政治制度一直持续到 20 世纪 50 年代,这之前,百姓从未听说过广播、电视,唯一出现过的媒体仅是创办于印度噶伦堡的报纸和驻藏大臣联豫创办的《西藏白话报》等发行量以百份计算的报纸,这些报纸和普通老百姓的生活都牵扯不上太大关系。

彼时,蒸汽机、电报、电话早已在西方国家和祖国其他地区广泛使用。西藏被世界发展的车轮远远地甩在了后面。根敦群培等藏族知识分子,虽已觉醒,但其面对的是千年积淀、巩固下来的僵化思维和体制,内部少数的“觉醒者”力量微弱,无法撼动腐朽至根须的政权,依靠他们推动社会变革、解放民众几无可能。

---

① 恰白·次旦平措、诺章·吴坚、平措次仁主编:《西藏简明通史》,五洲传播出版社 2012 年版,第 26 页。

落后就要挨打。英国人用枪炮撬开西藏的大门，地势和缺氧环境树立起来的屏障已然轰塌，这让一直沉浸在故步自封满足感中的当权者惶惶不可终日，藏政府被迫面对外部世界的冲击。西藏长久以来闭塞自守，已和世界发展的步伐脱轨，当权者想要增强一点自己的力量、逆转被“欺压”的处境都艰难无比——既没有资金，也没有人掌握任何可以让自己发展起来的技术，更缺乏一个敢于变革的政府。

当祖国从千疮百孔中开始建设一个新的家园后，1959 年 3 月 28 日，农奴制度被废除，百万农奴得以翻身，西藏也迎来了它的新生，从封建农奴制社会一跃跨入了社会主义社会。

民主改革首先对土地进行了重新分配，从 1959 年下半年至 1960 年 10 月，20 万农奴分到了 280 万亩耕地和其他生产资料。至今我们还能在纪录片镜头中看到翻身农奴身穿节日盛装，带着酥油茶、糌粑和青稞酒在自己分到的土地上尽情歌唱跳舞，表达快乐心情的影像。千百年来，居住在这片土地上的贫苦民众品尝到了自由人生的幸福，他们以主人翁的姿态真正拥有了房屋和土地、牛羊这样的生活生产资料，党和政府、各兄弟民族给予藏族的种种关切让他们体味到国家的分量和温暖。

如今，这一部分影像也成为温习西藏历史、让青少年认识真实西藏的重要内容。

2.2.2　大众媒介:改造认识的扩音器

民主改革对生产资料的重新分配使原有的阶级结构被打破，人与人的关系被重构，甚至在人们的思想中对神佛的认知都有了关键性改变：

首先，最广大的民众在民主改革中第一次听闻“剥削”一词，知道“阶级”的概念，了解到在社会中存在的不同阶级实际上是人类发展过程中人为设定的，不是所谓的“神佛的意志”。现代国家和政党的概念渐入人心，对“天生就高人一等的权贵”无条件服从的意志有了改变，“人民”成了一个身份性的词语。

其次，人们的神佛观念、转世之说受到了一定的质疑。神佛何在？今生之苦真是为前世赎罪？这样的问题出现在劳苦大众的讨论中，动摇着他们世代相传的信念，也动摇了权贵阶级愚化民众的统治根基。换个角度，他们看到达官贵人欺压百姓之恶并没有受到神佛的惩戒，虚无缥缈的来世只是自我慰藉、自我麻醉的工具。

再次，随着社会制度的逐步完善，生活状态发生的根本性变化使人们自我意识渐渐觉醒，开始审视家庭、个人的生存状态和未来发展，重新定义存在的意义和幸福的概念。

新西藏这一系列的改变根本上源自社会制度的变革。在新制度建立和巩固的过程中，这些观念能迅速改变与始终伴随着的各种宣传有着密切的关系。加速新社会建设的需求催生了包括报纸、广播在内的各种媒体，这些媒体又反作用于社会的发展，在人们生活的方方面面以新观念、新思想洗刷着旧有的陈腐传统，包括宗教观念潜移默化的社会意识，同时人们的交往方式、教育方式，乃至对财富的认知等等都深受媒体的影响。

需要是推动社会发展的力量。根本上来说，西藏大众媒体起源于新社会、新制度建设的需要。1953 年西藏人民广播电台建立。在《中国少数民族新闻史》中有这样一段描述："由于政治宣传和反分裂斗争的需要，广播事业建设实际上在以较快的速度向前推进。"当时开办的诸多广播节目都具有强烈的政治传播意识，如 1964 年 2 月 14 日西藏军区和西藏人民广播电台联合开办的《对流落国外的藏族同胞广播》就是典型的"喉舌"节目。基于同样的政治传播需要，1976 年西藏在经济状况还很落后的情况下，就成立了西藏电视台筹备组，历经九年的筹备，1985 年西藏电视台成立。此后，大众传播在西藏发挥了更显著的作用。

在大众传播发挥作用的同时，为让西藏民众直观了解国内其他地区的风貌，从 1952 年开始的五年中，政府组织了 13 批 1,000 多人到国内其他地区观光、访问。这 1,000 多人包括不同年龄层、不同性别、不同职业的人，不少上层僧俗官员、寺庙喇嘛也在其中。这些参观活动加强了西藏与国内其他地区的联系，促进了各民族间的团结①，打开了西藏人的视野，建立了让大众媒体尽快在社会中普及起来并得到认可的群众基础。

---

① 国务院新闻办：《西藏发展白皮书》，2011 年 7 月，第 8 页。

在 60 年的发展历程中，西藏的面貌焕然一新，社会功能的区域化设计让城市和乡村的概念都鲜明起来，在日渐喧嚣的城市和相对安静的村庄中，大众媒介和藏家人的生活紧密联系并相互促进。但不同的媒介在影响上的差别又有哪些？城市和乡村之间、乡村和乡村之间在信息接触上有什么不同？受众倚重的电视在他们日常生活中深刻地改变了什么？这一系列的问题复杂而有现实意义。

客观地说，一个新的社会制度给一个古老的民族带来了新生，在新生的过程中，民众不再总以宗教的视角审视外面的世界、封闭的自我生存状态和为来世生活的存在感，这些内在审视的变化多是在信息的冲击和影响下进行并完成的。摈弃旧观念中的糟粕，接受现代化的思想是建设一个全新西藏的重要基础和保证，也是藏族获得自我提升的重要环节。

2.3　各种媒体在西藏乡村扮演的角色

从上世纪 80 年代初电视走进普通西藏人的生活开始算起，西藏多元传播格局的建立不过短短三十年。这三十年中，不同媒体在不同阶段所发挥的作用各不相同。但可以肯定的是，无论是城市居民还是乡村村民，都完全习惯了现代媒体对生活的浸润，完整的媒介系统在西藏人的生活中已构成了独特的媒介景观。大众媒体发展至今，报纸、广播、电视、网络在西藏成为各有长短的传播介质，但电视以其独有的优势成为各种传播媒体中的一枝独秀。

2.3.1　报纸——有距离的消息

西藏解放初始，依据和各党派、民族"政治协商"联手创建繁荣新中国的执政理念，旧时代会识文断字的权贵和僧侣成为统战对象。这群人是往昔岁月的社会"精英"，是"喇嘛王国"的既得利益者，在新的社会制度初建时他们是"失去"多于"得到"的群体。率先扭转他们思想观念，使他们拥护党的领导，有利于社会的快速稳定和新秩序的建立。

1950 年 7 月 25 日，十八军在挺进拉萨的路途上印刻了第一张西藏《新闻简讯》，这份报纸就是《西藏日报》的前身。最初的部分阅读者就是这一部分识字的昔日权贵。普通大众受识读能力限制，接触报纸内容的方式更多是在会议上“统一学习”，听人念报纸。

随着西藏基础教育的普及，报纸的读者才逐步增加，但目前阅读报纸的人依然数量有限。就拿《西藏日报》来说，它的单日发行量已经从几千份上升到几万份。2013 年 2 月 25 日《西藏日报》汉文版发行量为 29,191 份，藏文版发行量为 39,813 份，包括向农牧区和寺庙赠送的两万份，《人民日报》藏文版当日发行量为 32,057 份，其中向农牧区和寺庙赠送的就占 23,441 份。①

在拉萨，都市报纸的零售高峰时间是各个小学学生中午放学时。百无聊赖的家长在等孩子的间隙会买一份报纸阅读。小学生的家长也正好是 30—40 岁年龄段的人。这一年龄段的人大多受过良好的教育，有阅读的习惯，也是都市报纸的主要受众。

在农牧区，报纸是免费派发定期送达，送抵的时间与乡村、与地区政府所在地的空间距离和道路情况密切相关。我访问的日喀则甲措雄乡地纳村距日喀则市也就 20 多分钟的车程，我在地纳村看到最近的报纸是三天前出版的。曾以援藏干部身份担任过西藏广播电视局副局长的张小平接受笔者的访谈时说，《西藏日报》在路上走上七八天才到达目的地是稀松平常的事情。

时效性是西藏报纸在乡村传播的一大障碍，这是由西藏地广路差、人居分散的状况所决定的。

此外阅读能力是短期内报纸发行量很难提升的另一大障碍。如在绪言中所介绍的，我为研究走访了拉萨、日喀则、林芝、昌都等地，在这些地方走访的家庭没有一户是主动订阅报纸的，阅读障碍使报纸很难进入乡村家庭的日常读物序列中。在基层管理者中，读报传达消息遇到的障碍也是村干部识字不多这一问题，日喀则市甲措雄乡地纳村村长扎西已经当了三十多年的村长，我访问的四个村长中唯有他在开村干部会议和传达重要精神时，会给村民读藏文版的《西藏日报》，其余三个村长都不识字。

---

① 数据由西藏日报社发行部当日提供。据介绍，年平均发行数据在此数据上上下浮动在 100 份之内。

经过60年的努力，西藏的文盲率在不断下降，江当乡副乡长普尺认为乡村不定期开办扫盲班是降低文盲率的好方法，但“脱盲”的标准太低，还不能有效地提高农牧民的文化水平。普尺所在的乡判断“脱盲”的标准有两个：会不会写自己的名字和能不能“读”一段报纸。达到“脱盲”的标准相对容易，但很难真正读懂报纸，由此一来，村民们更加愿意选择能听懂、看懂的广播和电视。

因为藏文是30个字母互相叠加组合的拼音文字，能“读”和认知理解实际上有很大的距离。加上藏文口语和书面语的差别显著，加大了识读的难度。这些年新词频创，使报纸传播难上加难。如“跨越式发展”“新农村建设”“安居工程”“和谐社会”这些词就在藏语的听读中对受众理解形成了障碍。

我在拉萨、日喀则、林芝的1551位藏族受众中调查了“你知道藏语新闻节目中‘跨越式发展’‘新农村建设’‘安居工程’‘和谐社会’这些词用藏语怎么说吗”这个问题，其中，拉萨的798位受访者中只有7%的人表示知道四个词语怎么说，林芝和日喀则知道这四个词的受访者分别有40%和37%。综合三地的调查数据，对这四个词都知道藏语说法的也才22%(见表2—1)。

表2—1　对“跨越式发展”等四个词的调查

全部知道	337	21.7%
知道三个	219	14.2%
知道两个	281	18.2%
知道一个	279	17.9%
都不知道	320	20.6%
空白	115	7.4%
合计	1,551	100%

显然，新闻成旧闻、识字率低、新词难理解都阻碍了报纸在生活中发挥作用。再则，农牧民受众对待报纸的态度不像是对待媒介，更像是对待政府下达的文件，要传达的内容，不应该进入一般的家庭，应该出现在书记、村长这样的领导家庭中，领导会选取重要的信息在会议上向受众讲解。电视进

入乡村生活中后，政策学习的方法有了变化，重大会议召开通常都充分表现在电视中，村干部会通知或组织村民集中收看，读报纸的学习方式也渐渐退出了人们的生活。

在寺庙中报纸也面临尴尬的处境，即使是免费赠阅，阅读率也有待提高。我走访的乡村寺庙中有的报纸堆成了小山，连捆绑的塑料绳都没有打开。一位僧人告诉我，在他们的寺庙中报纸会从门房直接送到柴房，如果他想看会去柴房拿，没有人看就直接当引火柴了。

针对报纸面临与受众"亲密接触难"的状况，一些地市级党报也在积极寻找突破口。就拿1995年创刊的《昌都报》来说，这份报纸逢周二和周五发行，藏汉文版的要闻内容是一致的，但是三版和四版的内容却根据受众需求有所改变，藏文版经常将党的方针政策汇总后，以清晰的解答形式刊登出来。针对当地藏族读者，这份报纸专门开辟文学专栏刊登本地藏族作者的诗词。相对活泛的内容，更具贴近性的办报方针，一定程度上满足了当地受众的阅读需求。比起长途运输抵达昌都地区的其他报纸而言，《昌都报》在发行上更具优势，它会被更快地送到昌都地区1,142个行政村。昌都报人在办报理念上不断创新，内容上不断实现改进和突破，但《昌都报》依然是赠送的数量远大于读者主动购买的数量，如何办一份受众会花钱买来看的报纸成为《昌都报》编辑记者思考最多的问题。即使有诸多"无人买报"的困惑，《昌都报》也从没有作过受众调查，这不仅仅是受限于人力和财力的问题，也有具体管理中的操作理念的问题。

可见对于乡村来说，报纸虽然已经见多不怪，但受传播条件不便、读者文化水平有限、报纸内容设置需改进等问题的影响，受众缺乏阅读的主动性，很难和报纸有更深的精神交流。

2.3.2 广播——身边的老朋友

1950年，中央人民广播电台藏语广播节目开播，西藏人民第一次通过电波听到自己的母语。1953年，伴随着嘹亮的《歌唱祖国》，我国建设的高原上第一个广播电台开始了播音。这之前，广播的传播面如同报刊，只有少数有交直流电子管收音机的权贵家庭才能享受这现代的传播工具，而现在，就算是家庭中没有收音机，公共大喇叭也会定时传播信息。电子媒体快速、直接地深入到普通人的生活中，不受阅读门槛限制的特性使其迅速普及。《西藏自治区广播电影电视志》上的统计数字显示，1959 年广播人口覆盖率为 12%，到 1978 年电视人口覆盖率为 8%。在电视广泛普及之前，广播是最受藏族受众欢迎的媒介。

在 1995 年西藏展开的《百户家庭调查问卷》[①]中，那曲地区腰恰乡腰恰村 46 户家庭中有 6 户在 70 年代中后期就有了收音机。在改革开放至 1995 年期间，“30% 的腰恰乡家庭拥有了收音机，45.65% 的家庭购买了录音机”[②]。这几年，我走访的乡村中 95% 以上的家庭都有收音机。

藏语中广播被称为“远方的声音”，正是这“远方的声音”在电视普及前占据了藏族受众生活中的主要媒体位置。1973 年藏语文艺广播节目《文艺园地》至今还有老人提及。上世纪八九十年代，不时可以看见这样的镜头，在农田和牧场中劳动的农牧民会随身携带收音机，收听自己喜爱的歌曲或新闻节目。《西藏家庭四十年变迁》中写道：“一些牧民放牧时带着收音机听《格萨尔王传》等说唱节目。”

单向传播的音乐、农牧知识等节目，在藏族生活中给他们以娱乐享受，消除着独自工作时的寂寞，提升着听众的生活生产技能。直播节目盛行期间，更是有不少藏族民众加入到听众的队伍中，通过聆听他人的故事，学习生活的经验，纾解生活、情感中的苦痛和郁闷。我在西藏人民广播电台担任《都市夜话》主持人期间，有僧人、在监狱中服刑的听众写信讲述他们生活中的故事，还有藏族妇女打直播电话，诉说家庭生活的困扰。一些隐私话题，受众更愿意用隐匿个人真实身份的方式和媒体沟通，我主持的广播节目中就有受家庭暴力或家人酗酒问题困扰的听众打电话来交流。

如今，生活中有了电视这样更有吸引力的媒体后，因广播伴随性的特点，依然会有不少受众会边干活边听广播节目。音乐节目，尤其是点歌和猜歌等互动节目在收听喜好中所占比重较大，我不时听一档西藏人民广播电

---

① 由藏学研究中心牵头展开的社科项目。

② 中国藏学研究中心社会经济研究所主编：《西藏家庭四十年变迁》，中国藏学出版社 1996 年版，第 98 页。

台日播的“听歌词猜歌名”的藏语音乐节目，短短的一曲歌，往往会有数十人打电话给出自己的答案。主持人的主持技巧也非常纯熟，无论受众怎么拖时间，主持人都会有礼有节地把控节奏。我在调研中恰好也遇到了一群围在收音机旁听“猜歌名”节目的年轻人，他们仔细聆听后相互讨论，不时否定或赞成在热线中和主持人沟通的听众，气氛相当热烈。

在乡村亦然，独自去放牧或在田间耕作，随身带个收音机就不那么孤单了。我访问到日喀则江当乡噶章村时，在苜蓿地中见到了村长达瓦欧珠，他在地头放着的收音机里正唱着藏歌。一早出门，要在地里待上一天，收音机是他唯一的陪伴，还不影响干活。在拉萨的转经路上，不时能见到转经的老人拿着小的随身听，边听新闻边快速行走。

相比电视，广播与人们的生活并没有那么紧密联系，但广播在人们生活中的作用不容忽视，只是在当广播和电视并存时，受众更多地选择了电视。

2.3.3 网络——青年人的新宠

藏族受众在生活中接触报纸、广播、电视等媒体的时间远远晚于其他发达地区，他们受自身经济、教育、认知等状况的制约，在与传统媒体“精神交往”中往往又处于被动接受的地位。但是网络的发展与报纸、广播等媒体不同，网络显示同步而交互的表征，掌握上网技术的藏族受众不再只是单纯地接受信息，而是开始通过网络表达自己的意见。按照相关政府部门公布的数据，2013 年西藏网民数量已经突破了 100 万。

在时间上，西藏的网络媒体和其他发达省份的网络媒体处于同一起步阶段——2011 年《西藏发展白皮书》中写道：“广播、电视、通信、互联网等现代信息传递手段，与全国乃至世界同步发展，已经进入到人民群众的日常生活。”①从上世纪 90 年代开始，西藏本地人也上网玩网游、发电子邮件、聊 QQ。当时，拉萨八角街是网吧最为集中的地区，它有一部分目标客户是国内外的游客，更多使用者是本地的藏族青年。

一个小时 10 块钱的上网费不便宜，但与网络接触是“走上了信息高速公

① 国务院新闻办：《西藏发展白皮书》，2011 年 7 月，第 8 页。

路”,是和世界接轨、不落伍的表现,依然会有年轻人络绎不绝地去体验网上“冲浪”,这些青年人是网络最早的拥趸。虽然它的普及明显受到电脑、上网费用、上网线路、基本的电脑操作等条件的限制,但还是成了部分藏族青年和世界连接的工具。

随着技术发展的推进,网吧如雨后春笋般林立街头,家庭接入网络也更加寻常,不少城市青年在网上停留的时间延长,也逐渐把生活的一部分移植到网络上,在QQ、人人网、同学网的空间中放置自己的照片,写一些生活感悟,阅读大量的信息。新的传播手段,如微博之类,也汇聚了一批藏族青年。

微博出现之后,不少出家人也加入到汉语微博的写作队伍中了,这些出家人中不乏堪布、仁波切等人物,他们的微博内容颇能吸引人的眼球,粉丝少者上千,多者逾百万。如在新浪网上的身份认证为“喇荣五明佛学院堪布”的索达吉堪布、加措活佛都有上百万粉丝,像他们这样注册为“仁波切”、“修行者的出家人”的在新浪微博用户中有上千人。僧人微博成为藏族青年微博中的一道独特的风景线。

从接触微博到熟练使用微博并成为一个“微博控”,是一个让人沉迷的过程。注册为“黑面具”的微博用户刚开始登录微博时,总是习惯性地把手机拿出来不停地刷新,他每天都关注自己的粉丝数量,还坚持向朋友推荐这一交流工具。在他的鼓动下,也是为了看他微博上的言论,他的不少朋友也开通了微博,有了自己的网络圈了。网络圈子带来的链接延展是微博的魅力之一,通过一个藏族青年的微博能看到更多藏族青年的微博,他们之间总是有共同认识的人,通过交集,每个人的网络交往圈子就会无限扩大,要传播的话语就能散布得更广。

传播学者温达尔发现,人们越是渴望从媒体那里获得满足或是认为他们获得了满足,他们就会越依赖这个媒体。通过微博,即使是最弱的个体,只要发出声音,就会有人听到,就可能会有人回应。这些藏族青年虽然地处偏隅,但同样渴望被关注、渴望社会交往、渴望精神世界更加丰满。地理的阻隔在传播技术的迅速变革中得到消解,他们充分认识到微博的自主性,不但可以宣泄情绪、表达自己的人生态度,也会用微博展示生活、参与公共事件的讨论,甚至寻求社会帮助。一句话,微博此时已经是他们的最爱,成为他们生活中的“良师益友”。

微博在一定程度上起到释放社会压力的作用。通过微博言论，有利于明晰意识形态上的各种立场，看清不同群体的诉求，从而进行思想疏导，有利于化解人们心中的矛盾和压力，更好地让人们把精力转移到地区经济发展、文化建设上来，从而提高人们的生活品质。而民众的生活质量一旦提高，就会有利于社会的稳定与和谐。

据2011年《西藏发展白皮书》显示，“拉萨市每百户城镇居民家庭拥有家用电脑63台”，也就是说60%以上的家庭都买了电脑。而街面上林立的网吧为没有购买电脑的人提供了上网的便利。两年后，2013年6月，西藏互联网用户近176万，其中固定互联网宽带接入用户17.3万户，移动互联网接入158.4万户；互联网普及率达58.6%。[①]

短期内，由于农牧区受传播条件、经济状况的制约和文化水平的限制，网络媒体的触角还很难延伸到乡村的各个角落，我们走访的村镇中没有一个地方可以上网，我们仅在日喀则市地纳村两户村民家中见到了电脑，一台是联想的笔记本，一台是单位淘汰下来的老式台机，都不能上网。但是，乡村的青年也逐渐认识了网络，在城市中加入了网络的用户大军中，甚至舍得用手机流量上网，这为未来网络进入乡村打下了基础。

我在拉萨访谈时见到牧民格桑，他虽然识字不多，也不大会用电脑，但这难不倒喜欢听歌的他，他不时会到网吧请人帮他下载当下最流行的藏汉语歌曲，他的手机是最好的储存、播放器。大学生普穷家在日喀则一个偏远乡村，家里没有电脑，他有时会搭车到日喀则市上网，每小时网费是四块钱，对普穷来说有些贵，但是他还是会省下钱专门去上网——除了偶尔玩玩游戏，大部分时间是看新闻、聊QQ。

像普穷这样从乡村走出去的青年还对网络寄予了更大的希望，他认为不久以后网络不会只是城里人的专利，也会为乡村发展所用。2012年，我在农牧区作访谈时还期待着多媒体融合的传播终端能让不同文化层次的人群

① 数据来源：中国西藏新闻网，http://www.tibetol.cn/html/2013/xizangyaowen_0729/3020.html。

都能轻松使用网络，为他们打开从网络接触世界的窗口，两年后，藏区青年接触网络的情况就已经发生了很大的变化。

2014 年，我在农牧区调研时，过半的访谈对象都表示有“微信”。微信比微博更受欢迎的原因在于它还是一个可以即时传图、聊天和听音乐的工具。昌都地区察雅寺的 23 岁僧人次仁新买了一个 900 多元的酷派手机。寺院的生活学习节奏很紧凑，但是每周都会组织大家看两到三次电视，除此以外，次仁获取外界的信息就是阅读微信上的内容。因为零花钱有限，条件允许的情况下他会花 10 块钱买流量包发些照片，看看朋友们都在关注些什么。

微博问政、微博传播的气象还没有经历太久，微信又摇身成为当下信息传播的“热土”。个别西藏主流媒体还在考虑推广自己的新闻客户端之时，包括农牧区青年在内的西藏青年，不少已是使用微信的老手了。微信问政也逐渐成为常态，不少西藏青年在微信上对社会问题发表看法，甚至给地方政府提出意见建议，如 2014 年 8 月西藏尼木县境内发生死伤惨重的车祸后，当地交管部门开始执行“西藏全境道路车辆限速 40 公里、客车限载 20 人、每辆客车配一名公安干警全程陪同”的管理条款，引发大量的微信用户提意见，要求管理者改进管理方法，制定科学、适宜的执政措施。

微信传播有利有弊，这一领域的引导、管理是一个艰巨的任务，尤其是各类真假莫辨的消息漫天传播时，受众的媒介素养就成为一个极其值得关注的问题。而微信上的民生问题更是容易积聚人气——如何管理疏导，无疑是一个新的课题。

2.4　西藏电视事业的发展

乡村是西藏区域的重要组成部分，无论从拥有的历史文化，还是拥有的人口和空间来说，乡村都占有绝大比例。乡村是西藏古老历史遗迹的记载者，卡诺遗址的泥墙、粟米、石器无一不是藏族先民乡村生活的物证，贵族的城堡大多建立在乡村，西藏的第一座宫殿雍布拉康也立于田间村野。尽管城市的建设、文化的迁移转移了人们的视线，乡村依然是西藏最深厚的社会、文化根基所在。

西藏电视事业发展伊始，西藏乡村的发展现状就呈现在电视节目中，西藏乡村的未来不断被人们在电视节目中描绘，乡村成为电视节目中不可或缺的内容，电视事业的发展也与乡村信息社会的建设关系密切。

西藏电视台于1976年筹备，1985年正式开播。西藏自治区所辖的六地一市也都建有地方台和插转台，国内的上星频道从上世纪90年代开始逐步在各地市落地。如今，西藏电视台共有三个电视频道，其中一个是针对拉萨城区开办的地面频道，播出语言为汉语，另外两个分别是纯汉语和纯藏语的上星频道，信号覆盖了整个东南亚地区。

2011年，38万多户农牧民群众通过直播卫星可以收听、收看到55套数字广播电视节目。作为国内首批上星台，西藏电视台承担了舆论导向、消息传递、知识传播、娱乐大众等多项功能，它定位明确的电视节目很快就扎根在百姓生活中，受到广泛喜爱。普通藏族的身影频繁出现在本地新闻、专题、文艺节目中，参与到节目中发表意见的人不需要有贵族的头衔和显赫的资本，电视打造的是一个公开的、人人共享的信息平台。

2.4.1 从太阳板到全电力时代

现阶段，电视强大的传播效果使其必定得承担更多的社会传播职责。利用好电视的传播功能要解决两个部分的工作——电力问题和电视信号传输问题。

1924年，从国外留学归来的藏族青年强俄巴·仁增多吉获准在拉萨北郊夺底沟修建水电站。历时四年，1928年该电站竣工。1931年，通过7.5公里的高压线输送到八角街的商铺和贵族家中。这个电厂在拉萨运转了15年，是旧西藏唯一的一段享有现代设备照明的时间。

民主改革后西藏开始持续地建设电站，基本解决了县城用电需求，90年代水电站受容量和季节的影响，冬季供电基本上不能保证，常常是不发光的电灯顶头，蜡烛来照明。2000年前后，随着“两改一同价”政策的实施，西藏陆续展开了三期农村电网建设，西藏农村90%的农户用上了电。

与电网建设几乎同期进行的是广播电视“村村通”工程，到了2006年年底，西藏所有乡镇、行政村的广播、电视覆盖率分别达到 90.28%和 91.41%[①]。

基础设施的建设是乡村普及电视的关键点。没有电的乡村一度是靠着太阳板收看电视节目的。

1998 年前后，靠太阳板供电收看电视是乡村的普遍景象。一块太阳板 300 多元，太阳好的时候晒上一天能带动 3 小时的电视机。电视房的钥匙掌管在村长手中，许多村子规定看电视的时间是晚上 7 点到 10 点。这个时间成为村民一天中最主要的活动时间，也是村民大聚会的时候，孩子们往往会早早到电视房占领最有利的位置。曲水县的一位村民说，电视出现在他们村子的时候他 14 岁，那时他已经不上学了，天天在外面玩，有时连晚饭都不吃，就是为了在电视房中占一个好位置。那时卫星开路信号中只有 5 个可以看的频道，但是大家看电视的热情还是只增不减。

这样的状况在不同的村庄中持续了 2—5 年不等的时间。这段时间村民看电视的时间、地点、频道选择都受制于物质条件，但他们已经通过电视的小窗口感受到一种全新的生活状态，这种状态让他们处在不能满足的“半饥饿”境况中。一旦物质条件得以改变，村民们也就迅速跟进，在家庭中添置起电视机。

农村电网建设和广播电视“村村通”结束了大部分乡村的“太阳板”电视时代，让农牧民有了更长的节目收视时间。目前，这一工作还在继续推进，自治区广播影视局在“十二五”时期，拟对截至 2009 年年底新通电的 2,734 个自然“盲村”实施“户户通”。[②]

目前，在乡村中，除通电、通信号外，还直接由国家配发卫星接收器，对僧人等群体甚至连电视机都加以配备。如此有规模、有计划的行动使西藏乡村的信息变革几乎没有波折就顺利展开，农牧民很自然地开始接纳外界的各种观点，学习外界的经验。

大众传播学者玛格丽特·米德通过 25 年的乡村研究提出了一个假设：“如果变革是普遍需要的，如果它单刀直入触动整个文化，并且包括这个文

---

① 中华人民共和国国务院新闻办公室：《西藏和平解放六十年》白皮书，2011 年。

② 新华社：《西藏“村村通”广播电视工程，群众的“里眼”和“顺风耳”》，http://www.mzb.com.cn/html/Home/report/159995－1.htm。

化的各个方面,那么,比起在一个长时期中零敲碎打地进行改革,可能较少地发生社会解体与个人的失调。"①

短短的二三十年里,电视在西藏的传播深度和传播广度所实现的社会推进和塑造作用加速了整个西藏的发展步伐,这与国家推行电视信号大面积覆盖的举措不无关系。

2.4.2 从公共场所到私人空间

2000年前后,电视在西藏农村历经了从珍贵到平常,从稀少到普遍的过程。上文中提到的电力和信号覆盖等因素制约着电视机的普及,再者,在90年代,还不是每一个家庭都能买得起电视机。这样一来,除了在村委会有定时看电视节目的机会,私人放映厅也出现在街头巷尾,不少小村庄都有兼做甜茶生意的小放映厅。

拉萨市小昭市街在上世纪80年代被青年人称为"小香港"。在这条街上花50元钱就可以买到世界"名牌"的各种服饰。而更具特色的是这条街每隔几步就有一家录像放映厅,为招揽客人,录像厅都是把扩音喇叭放在室外,于是《西游记》《大篷车》之类影视片的对白此起彼伏,模仿对白成了年轻人热衷的游戏。

在曲水县茶巴拉乡,青年普布在1993年花1,200元从拉萨购买了一台21寸的彩电、一台录像机和一台发电机,在村里做起了放录像的生意②。录像馆中一杯甜茶2毛钱,每个看片子的人收5毛钱。在这样的公共空间中播放的大多是香港的动作片。普布的放映厅每天放两部片子,从晚上7点持续到晚上12点左右,多的时候有100多人看。片子是普布从拉萨租来的,每部3元,一个月租十几部。1998年后村里的人家买了电视,客人就越来越少了,最后关门歇业了。

除了这样纯粹为盈利而办的录像厅外,村里的茶馆也是一个可以集中

---

① 〔美〕韦尔伯·施拉姆著,金燕宁、蒋千红、朱剑红译:《大众传播媒介与社会发展》,华夏出版社1990年版,第36页。

② 陈默、崔锋:《电视与西藏乡村的日常生活——以曲水县茶巴朗村为例》,《中国藏学》2011年第3期,第134页。

看电视的处所。茶馆的目的是为了招徕顾客，常常会为主顾播放适合他们口味的各种节目。如果老人和成年人多一些，就放新闻，学生多一些就放香港动作片，女性顾客集中的时候就放印度电影。

这样的公共放映厅不同于掌控在村干部手中的电视房，播放的节目也往往良莠不齐，有的甚至不惜用低俗的内容吸引观众的眼球，一度带来不少社会问题。文化管理部门将这些没有办过播映手续的放映厅一概称为“黑影厅”，对它的整治工作在90年代持续开展着，直到电视在家庭中普及，“黑影厅”逐渐消失，相关的问题才减少。

2.4.3 双语“并蒂”的新气象

整个中国电视行业从上世纪90年代进入了黄金发展期，节目的形态更加丰富、传播的观念更加多元，从业人员数量增长，广告数额不断攀升。同期，在国家的扶持下，西藏的电视行业紧跟步伐，逐步发展起来，塑造出独特的传播特色。

从事业建设上来看，截至2010年，西藏建有5座电视台，27座中波广播转播台，68座县级广播电视转播台，9,371座乡(镇)村级广播电视收转站。中国第一个少数民族语广播影视节目译制中心——中国西藏藏语广播影视节目译制中心也是在西藏。①

受众是电视行业发展的直接受益者。1999年10月之前西藏乡村的藏语受众和汉语受众只能分享一个频道，西藏卫视从建立开始一直保持着藏汉语混播的形态，基于受众的收视需要，在电视事业发展到一定阶段，物质条件和人员条件都得到满足的情况下，藏语频道独立上星。上星之初每天滚动播出的时间是11小时，十年后，也就是2009年，藏语卫视实现了24小时播出。

扩展时间播放的不仅仅有翻译的各种新闻节目，还有娱乐性极强的影视剧。这些影视剧是吸引观众的主要节目类型。2004年之前，自办节目的种类少、时间短，频道主要靠影视剧填充播出时间。影视剧译制量短期内难

① 国务院新闻办:《西藏发展白皮书》,2011年7月,第8页。

以满足频道的播出需求，致使影视剧的重播率极高，有的剧在一年内重播次数高达八次。2004年后，藏语频道加大了影视剧译制工作的力度，一年可多译制100多小时的节目。在实现24小时播出前，西藏电视台库存了4,000多小时的藏语影视剧，加上原有的1,000多小时已译制好的专题、文艺片和文献、风光等影片，约有5,000小时的库存藏语影视节目。节目库存量的增加是实现24小时播出的基础。

藏语卫视频道实现24小时播出后，按每天首轮安排播出6个小时节目计算，年播出需求在2,100个小时左右。目前，每天新制作近4个小时藏语节目，再加上已有的库存节目，总体上能满足藏语卫视频道24小时的基本运行。

从话语形态上来说，我国第一个藏语卫星频道覆盖整个东南亚区域，辐射印度、尼泊尔藏语收视群体。2009年统计数据显示，该频道在印度和尼泊尔藏语卫视频道的观众大约有30万[①]。这一部分观众主要是生活在印度、尼泊尔的藏族同胞，部分集中居住在达兰萨拉地区，他们中不少人是通过卫星接收器自行接收藏语卫视节目。

汉语频道与藏语频道共同建设，在西藏全区范围内的六地一市都开办了电视台或插转台，有条件的地市电视台也开办了双语节目。

与频道建设同等重要的是覆盖落地工作。在国内，西藏卫视和新疆卫视是仅有的两个在各省市政策性免费落地的卫视频道。在广大农牧区，卫星覆盖工程已在2000年前后完成，“村村通”和“户户通”项目陆续实施，上万户农牧民家庭收到了国家赠送的电视卫星接收器，有的家庭还收到了政府赠送的电视机。

在西藏乡村现代化建设的进程中，不能一步到位让农牧民和城市居民一样享有多元的信息获取通道，但是电视这一信息通道是大家平等拥有的。

客观地说，农牧民收看到的所有电视频道对他们的思想和生活都具有影响，尤其是汉语水平提高后，农牧民也会选择任意一个省市的卫视节目连续观看，如《亮剑》播出后，喜欢看战争片的西藏乡村受众就每天守候收看。

---

① 数据由西藏电视台总编室提供。

看完一遍不过瘾，会再找别的正在播出《亮剑》的频道。但是，更多的时候，他们还是收看西藏本地的卫视节目。一则是语言上没有障碍，再则，内容上具有贴近性。西藏本地的卫视主要承担着对区内宣传的重要职责，它的内容选择基本上也都是围绕区内的各项事业建设展开的，西藏农牧民只能更多地从西藏台的藏汉语卫视中获取与己相关的信息，基于此，分析新闻信息传播对农牧民的影响，我基本是结合西藏卫视新闻节目的案例进行的。要说明对西藏农牧民的影响应涉及所有西藏地区内能收到的频道，这些卫视共同营造了电视媒体"大气候"，只是因地域传播分工不同，西藏本地的卫视对藏传播指向性更为明确。

一直以来，藏语卫视很少自采新闻，基本上都是译制汉语节目的新闻内容。因此，藏汉语频道新闻只是语言有差异，内容基本相同。

尽管汉语频道的选择要多，但是藏语节目的发展也在不断丰富，一定程度满足了受众的需求，不再让受众面对单一的电视语言传播环境。

双语"并蒂"的新气象更好地实践了电视信息对乡村生活的推动和改进。

2.4.4　电视，生活中的一枝独秀

目前，报纸和网络在西藏有很强的"城市属性"，依然是占西藏总人口81.5%的农牧民短期内无法"亲密接触"的媒体，而且报纸数千到几万份的发行量无法与电视信号的普及相提并论；广播虽然是"生活中的朋友"，但面对"声画"兼有的电视传播，广播的竞争力被弱化。

电视出现后历经了十数年的时间才从公共场所走进家庭，经济发展滞后和覆盖面窄是延长这一时间的主要原因。随着政府加大力度解决覆盖面的问题、逐渐富裕起来的西藏民众有条件收看电视节目，电视从落户家庭开始就成为他们生活中最为重要的伴侣。

1.藏族家庭中不可或缺的物品

我在整理资料的过程中，没有读到过一篇记叙电视第一次出现在一户普通藏族家庭的文字，似乎电视就是自然而然生长在藏族家庭中的。但是

真实的情况必定是电视给一个偏远的乡村、一户普通的藏族家庭带去过不亚于过年时的快乐心情。上世纪 90 年代，我采访西藏拉萨堆龙德庆县不通电的乡村时，感受到村民对外界信息的强烈渴求。在色新村[①]通电的那一天，在一户普通的农家，我陪伴着这家人盯着电灯泡感受了光明到来的刹那间的无限喜悦。亮堂堂的光线下，孩子们欣喜极了，不时去拉扯开关，心疼灯泡的大人不断训斥着孩子。时隔不久，我回访这个村庄时发现大部分家庭都购买了电视机。因为没有开通闭路电视，村民用的电视多是要外接天线，外接天线效果不好的情况下，在天线上面加个易拉罐增强信号的方法为大部分村民所采纳。

西藏受众接触电视之前已经被声画兼容的传播方式感染了，间或有流动放映的电影队给乡村受众带去各类电影。不同于照相技术普及时遇到的问题，人们不认为拍摄影视节目会摄取人的灵魂。早年藏族培养出来的演员生动真切地演绎了现实生活，包括《农奴》中强巴的扮演者，《啊，摇篮》中丫丫的扮演者都是藏族演员，宣传他们的民族身份也是推广这一现代技术的最好方式。

从电影过渡到电视，收看的空间小了，但选择更自由。上世纪 80 年代，一部电视剧受欢迎与否通过看学生逃课的次数、青年人衣着的改变和经典对白的流行程度就可以察觉出来。1984 年翁美玲版的《射雕英雄传》在电视中播出，看了首播不过瘾的学生第二天逃课又去看重播，大量香港影视片的播出使得青年人以爆炸头、喇叭裤为时髦，孩子们也常常在日常娱乐中仿效扮演电视角色，复述电视中的对白、模仿电视中的场景故事，如《排球女将》播出后，排球一度风靡藏区学校，"幻影旋风""晴空霹雳"之类的词语成为孩子们嘴边的高频词。

电视机的拥有量随着经济的发展不断增长，1984 到 1994 年的十年间，拉萨等城市的电视拥有量开始上升。

---

① 色新村：十四世达赖的庄园。

表 2—2　1995 年拉萨市城关区八角街办事处鲁固居委会耐用品统计数据

项目	自行车	摩托车	汽车	收音机	录音机	录像机	黑白电视	彩色电视	手表	照相机	电话	洗衣机	煤气灶	太阳灶	高压锅	电打茶机
“文革”期间	26	0	0	13	0	0	0	0	31	0	0	0	0	0	0	0
1994 年底	59	1	1	19	37	4	14	35	101	3	2	12	16	7	63	27

数据来源：中国藏学研究中心社会经济研究所主编：《西藏家庭四十年变迁》，中国藏学出版社 1996 年版，第 324 页。

表 2—2 统计的是鲁固 45 户家庭的耐用品。在“文化大革命”前以上所列的物品除 7 户人家有手表以外，别的物品都为零。上世纪 90 年代拉萨的生活条件较差，家用电器也很匮乏。通过这组数据可以看出这些家庭即使不用太阳灶、煤气灶、洗衣机，也要买电视机，电视机成为仅次于手表、高压锅的家用品了。

从整个西藏乡村来说，随着经济的发展，电视在乡村的户拥有率不断提高，从 2000 年的 13.7%上升到了 2010 年的 75.5%（见表 2—3）。

表 2—3　1990—2010 年农村每百户电视拥有量

指　　标	1990 年	1995 年	2000 年	2009 年	2010 年
农村每百户拥有电视机	0.4	1.3	13.7	70.6	75.5

数据来源：2011 年《西藏统计年鉴》。

统计数据显示，1991 年西藏农村年人均纯收入 447 元，1994 年城镇居民年人均纯收入为 3,596 元，农村为 1,183 元。即使是在一二十年前这样的收入也是很微薄的。彼时的西藏家庭急切需要购买的物品很多，有的是要改善基本生产条件的物品，有的是改善日常生活境况的物品——太阳灶可以节约能源，在柴火、牛粪不足的情况下能烧水、做饭；洗衣机可以将家庭主妇从繁重的家务劳动中稍微得以解脱，而这些生活必需的物品纷纷给电视机让位，让电视率先走进家庭中（见图 2—2）。

电视在村民家中被当作是重要财产保护起来，村民为电视配置了专门的柜子，有的家庭用木柜，要看电视了再打开，有的家庭把柜门换成玻璃的，

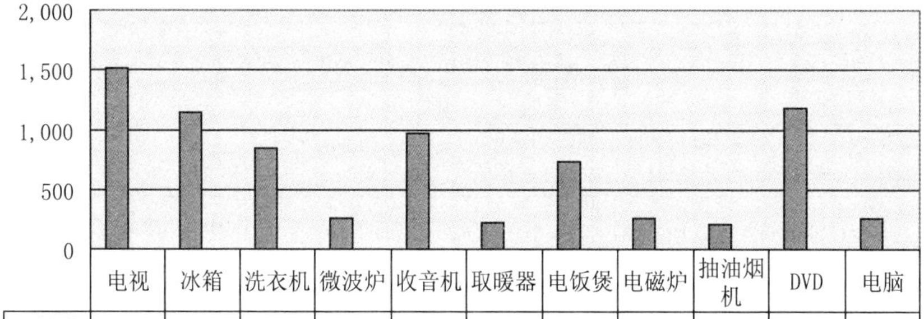

	电视	冰箱	洗衣机	微波炉	收音机	取暖器	电饭煲	电磁炉	抽油烟机	DVD	电脑
种类数	1,519	1,143	845	263	963	228	732	267	215	1,179	265
所占比重(%)	0.9794	0.7369	0.5448	0.1696	0.6209	0.147	0.472	0.1721	0.1386	0.7602	0.1709

图 2—2 拉萨 798 户、日喀则 398 户、林芝 355 户受访者家庭拥有电器的种类调查

不用开门就能看节目。这样框死的电视不太好换台，一些村民就把频道锁死在西藏卫视的藏语频道上。

2011 年，在日喀则甲措雄乡地纳村村长扎西家我想在电视上接 DVD 看影碟，发现完全没有办法移动锁在电视柜中的旧电视。好在富裕了的村长家新买的电视并没有被放进柜子中，让我得以给村民播放带去的农牧节目。

如今，电视对富裕起来的西藏民众来说已经不是什么新鲜物件了，一个家庭中往往还不止一台电视机。

这次调查显示电视依然是所有电器中拥有量最高的，近 98%的家庭都购买了电视，为了收看更多种类的节目，76%的家庭还购买了 DVD 机（见表 2—4）。

表 2—4 拉萨 798 户、日喀则 398 户、林芝 355 户受访者电视拥有量

您家有几台电视						
	拉萨		日喀则		林芝	
台数	户数	百分比	户数	百分比	户数	百分比
0 台	7	0.8%	27	7%	6	2%
1 台	544	68%	145	36%	172	48%
2 台	204	25.8%	191	48%	117	33%
2 台以上	37	4.7%	32	8%	56	16%
其他	6	0.7%	3	1%	4	1%
合计	798	100%	398	100%	355	100%

调查采样说明见“调查问卷说明”。

通过上表可以看出，三地受访家庭中没有电视的家庭不到 10%，日喀则受访家庭中有近一半的人家拥有两台电视。

被调查者普遍表示不在乎用什么牌子的电视，而是在乎电视的清晰度和屏幕大小。在他们生活中，少了电视以外的某一种电器对日常生活影响不大，但是如果少了电视就会觉得空闲时间没有办法打发，和外界的世界也断了联系。

2. 电视的特性与受众的选择

电视在世界范围内普及之初就已经呈现出不可抵挡的魅力。电视在西藏百姓的日常生活中成为第一选择媒体是有一定的社会原因的，高原生活枯燥、信息闭塞、媒体选择余地小，电视的出现自然使得人们将其视为重于洗衣机、太阳灶的生活物品。社会因素与电视的特性相结合，使电视成为深深根植在人们生活中的主要电器。

(1)受众教育程度与电视的“婴儿化”

新中国成立前，西藏 98% 的儿童没有上过学，文盲率高达 95%。[①]寺院佛学教育、城镇中规模不大的僧俗官员子弟就读的学校和私塾构成了社会的基本教育形式。地方学校在校学生最多时也没有超过 1,000 人。政府明文规定，屠户、铁匠等下等人的子女不能进学校读书[②]，普通人家的子弟即使有机会陪读，毕业后也不可能改变身份，大多只能回家劳动。

为了改变这一状况，解放初期，西藏用全日制、半日制、隔日制、农闲小学、冬学、晚学、巡回教学等多种形式办学，6 至 20 岁都可入学，基础教育有了极大的改观。

虽然西藏的教育状况在解放后取得了极大的发展，但受制于社会发展水平和教育水平，短期内难以让一两代人整体在文化知识上提升至较高的水平。再则，学习是一个需要时间累加并不断温习使用的过程，对于很多农牧区的孩子来说，干活他们不怕吃苦，而学习是一种比体力活更难熬的活

① 外交部网站：http://www.fmprc.gov.cn/chn/pds/ziliao/zt/ywzt/wzzt/2108/2136/2142/t8616.htm。

② 旧西藏认为铁匠、屠夫要低人一等。

计。也是在这样的社会氛围和习气下，教育始终是西藏发展的一大难题。

表 2—5 西藏文化程度统计(1990 年)

项目	每千人具有的小学以上文化程度			
	大学	高中	初中	小学
拉萨市城关区	49	130	202	295
日喀则地区	2	10	18	167
那曲地区	2	11	16	131

数据来源：中国藏学研究中心社会经济研究所主编：《西藏家庭四十年家庭变迁》，中国藏学出版社 1996 年版，第 411 页。

表 2—6 全区人口文化程度统计(2000 年)

文化程度	2000 年普查		
	人数	占 6 岁及以上人口(%)	占总人口(%)
总计	1,088,804	47.13	41.62
研究生	340	0.014	0.013
大学	33,217	1.43	1.26
高中	92,848	4.02	3.54
初中	165,957	7.18	6.35
小学	796,442	34.47	30.44

数据来源：2000 年西藏人口普查资料。

这两组调查数据(见表 2—5、表 2—6)显示出西藏人文化程度潜在的严峻问题，2000 年的调查数据还显示，99%的小学文化、文盲半文盲人口集中在农林牧渔劳动者中。文化程度会直接影响新知识、新技术的运用，关系到新观念的普及，也会涉及媒介信息的解读能力和媒介接触的偏好培养。

上世纪六七十年代出生于农牧区的农牧民如今是农牧区的主要劳动力，受当时时代发展的影响，他们中间的不少人没有机会受教育，不太识字的人占多数。

2011 年，我在乡村访问的 24 位 40 岁以上的村民中只有 3 人说能看懂报纸。日喀则江当乡副乡长普尺介绍说，乡里举办扫盲班的学习目标就是看懂报纸。能看懂报纸成为衡量一个人有没有知识的重要标志，即使是降低了标准，对村民们来说也不是一件容易的事情，这一现象在乡村社会普遍存在。2014 年，昌都地区同卡乡然多村村长的儿子考上了高中，就成了村子里学历最高的人，亲友纷纷登门祝贺，一时成为热门话题。

电视普及前，村民们总是纠结于不会读报纸，无法主动了解各种政策。

电视与报纸等媒体相比是“低门槛”的媒体。电视观众不需要识字，只要能看能听就能够接受电视中的事物和信息。有学者把电视的这一特性称为电视的“婴儿化”。

婴儿眼睛有了光感就开始对电视屏幕感兴趣。电视零起点的门槛使成年人与婴儿并排而立，这是电视与纸媒的重要区别。我们可以和幼小的孩子一起看电视，却无法与他们共享报纸和书籍。电视带给受众简单、形象的收视形式，如同重返婴儿时代的游戏，只对花花绿绿的图像感兴趣，而全然不顾理性抽象的分析。电视的收视环境更是强化了这一点，很多时候收看电视的成人和婴儿几乎没有什么区别，不用太强的专注度，也不用正襟危坐在客厅中，可能会是伴随性“听电视”，也可能不经意间瞄一眼，看到有值得关注的内容就停下来仔细看看。

此外，电视的“婴儿化”还表现在电视不需要受众“郑重”地对待。如果花钱买一份报纸或杂志必然是有目的地购买，会花时间以认真的态度阅读，而电视的出现让家庭中的收视成本得到了一劳永逸的解决，购买一台电视、有一个卫星接收器后，要耗费的只是电费。这样一个基本没有太多经济负担的媒体可以选择的内容还是多样化的，受众自然会依照自己的喜好任意为之。随着娱乐、休闲、消遣成为电视的主要目的，人们对电视的解读更加简单化、形象化和单一化。我解读霍尔的编码理论后认为，电视受众的抵抗性解读比例相比其他媒体受众要低很多，受众不必思考，其对信息解读的方式和过程就可以达到编码时所设定的预期。

(2)封闭的环境和电视丰富的信息

“信息”一词在英文、法文、德文、西班牙文中均是“information”，日文中为“情报”，我国台湾称之为“资讯”，我国古代用的是“消息”。它是对客观世界中各种事物的运动状态和变化的反映，是客观事物之间相互联系和相互作用的表征，表现的是客观事物的运动状态和变化的实质内容。

信息的流通频率和拥有量直接影响着一个地区的经济和社会发展水平。西藏经历过漫长的封闭社会，在发达国家火车急速奔驰之时，普通民众都还没有见到过汽车的模样，整个精神世界被神佛思想统治，丝毫未见现代文明的踪迹。

大众传播的出现改变了西藏民众封闭的状态。即便是生活在乡间，依然可以做到足不出户可知天下事，能在家学习到新知识、看到异地风情文化；可以掌握政府的工作动向、了解到新的政策；可以通过参照他人的生活改进自己或获得满足、可以消除生活中的不确定性。信息对人们而言是打破闭塞的重要工具。

乡村村民的接收能力和喜好决定了他们会用最低门槛、最轻松的信息获取方式。

我在拉萨夺底乡进行村民调查时设计了“你从哪里知道国家的安居工程、医疗政策、致富信息?”这一问题，大多数被调查者的回答是他们从电视中获取了相关的信息(见表 2—7)。

表 2—7　夺底乡政策信息来源调查

信息来源	人数	百分比
电视	40	29.6%
广播	20	14.8%
报纸	10	7.4%
开会	15	11%
聊天	50	37.2%
汇总	135	100%

就从“聊天中获知的更多消息”这一结论我追问了部分受访者，我的问题是:和你聊天的朋友又是从哪知道这类消息的呢？回答大多是“可能是看电视知道的”。

对于信息的传递，在现阶段，电视不但是无可取代的，还是传播效果最为显著的，它打破了空间的限制，加速了知识的流通。

对于生活在遥远乡村的农牧民而言，对国家的关注，对更广泛社会生活的参与往往只能通过对电视信息的关注得以实现。他们也通过电视信息感受到了政府对他们的关心。

但是通过调查,我也明显感到目前西藏的电视传播还没有满足农牧民受众的多元信息需求,尤其是在农牧业生产信息、与百姓生活有关的常识、法制信息等方面的传播力度还有待加强。

在信息的获取中还有一点是对教育性知识信息的需求。在农村家庭,家长认为孩子多看电视能更多地了解外面的世界,是一种学习的方式,并不过多干涉。我走访的村落有一个共同的特点是,孩子们的汉语都比成年人要流利。在家庭中,家长鼓励孩子看汉语节目,他们认为掌握了汉语能增强孩子的竞争力,对他们未来的发展有益处。

(3)单调的生活和电视的娱乐性

西藏家庭接纳电视有获取信息、学习知识、掌握政策等多种原因,但在此,我把电视的娱乐性作为重点提出来,是因为我在调研和生活中真切感受到电视的娱乐性延长了人们停留在家中的闲暇时间,让枯燥的生活变得丰富多彩了,看电视已成为生活中娱乐消遣的常态。

在拉萨、日喀则等城市市民都常常抱怨城市中的娱乐项目太有限,不能像其他省份的城市一般,有大型的演出、有更多的消遣方式。西藏的城市相对来说生活节奏缓慢、个人时间充裕,对文化娱乐项目提出了更多的需求。这也是西藏城市文化市场繁荣的目标和方向,在这一目标未能实现前,大量的青年人感到不去酒吧喝酒、不去打麻将就没有地方可以消耗掉闲暇时间。

城市尚且如此,农村的状况就更不用说了。西藏的乡村相对还处在自我封闭的发展体系中。在西藏城市化进程的过程中,有些地方行政级别升级为镇了,但地广人稀的居住环境使得人们生活中少有外来的信息和与外界沟通交流的机会。

“娱乐”在汉语词典中的解释是“快乐有趣的活动”。这在西藏广大的乡镇中是一个缺失的概念。村民们度过了漫长的没有什么娱乐的生活,朝佛转经也成了有旅游性质的享受。在那种生活情景下,小酒馆和茶馆林立于乡村,村民在茶馆聚会聊天听故事,这种所沿袭着口语传播的传统,也是人们获得精神享受、进行人际交往、消解生活压力的娱乐场所。

除了闲坐、聊天、打打骰子，更多给人带来欢愉的也就是嫁娶、节日聚会等时候的唱歌跳舞了。对娱乐生活要求不高是因为他们不曾享受过现代传播带来的精神愉悦，而一经感受过现代气息的娱乐生活后，就很难再满足于原来的状态了。

电视的出现让枯燥的生活有了色彩。电视剧、歌舞节目、情景喜剧、体育竞技瞬时大量出现在生活中，让人们眼花缭乱。电视节目太强的娱乐性让经济状况日益好转、渴望精神世界更为丰富的人们有了更多的生活乐趣。从电视中获得的知识和潜移默化的观念让他们跟上了时代发展的步伐，提高了生活质量。看电视甚至是生活新旧对比的一个重要概念，如日喀则地纳村 72 岁的拉巴扎西说:“以前没有电视时我常常出门和别的老人聊天，现在聊天少了，很幸福，不像旧社会，晚上都要干活，现在晚上就看看电视。”

尽管在电视的信息传播中我们对其赋予了舆论监督、教育民众、学习政策等诸多功能，但我们不得不承认的是，处在一个出门就见到高山和茫茫草原的环境中，周围是从生到老都熟悉的面孔，谈论的总是那么几个话题，日子会何等枯燥，一天劳累下来是多么渴望有精神上放松的机会。这样的情态下，电视的娱乐节目会成为人们生活中极其难以割舍的内容。这也就不难理解当普通家庭经济稍微宽裕时首先添置的物品会是电视机这一情况了。

2011 年我在拉萨调查中发现，当问及一个村民最喜欢看的节目是什么时，他毫不犹豫地说“新闻”。在我回收的问卷中呈现了另外的结论:喜欢体育、歌舞、汇演类娱乐节目的人数超过了新闻节目(见表 2—8)。

表 2—8　拉萨地区观众节目喜好调查

类　别	人　数	百分比
新闻	187	23.5%
娱乐	381	47.7%
法制	99	12.5%
其他	27	3.3%
看什么都行	104	13%
合计	798	100%

在林芝和日喀则的调查中过半的人无法回答问卷中的节目喜好，但在指认自己喜欢的节目时男人更多提到了新闻，女人更多时候则喜欢歌舞节目，多位学生提到《快乐大本营》《非诚勿扰》这样的节目。

电视在诞生之初就是作为娱乐媒体，而非新闻媒体。英国学者尼古拉·阿伯克龙比指出："电视主要是娱乐媒体，在电视上亮相的一切都具有娱乐性。"同时他还指出"电视是一种家用媒体"①。这意味着电视要给大家带来的是轻松愉悦的感受，不能是一味的说教。没有人能在家中忍受一个喋喋不休的布道者，也没有人愿意买一个教育者回家。

电视的娱乐性在学界已经有了很深的研究，我不再在学理和结论上演绎，在学习各位大师的研究后，我认为，电视娱乐节目在西藏乡村受众中的确起到了愉悦作用，使他们憧憬着理想的世界，不断化解一天的劳累，让精神能在电视带来的欢愉中获得短暂的休息，以精力充沛的状态不断重新出发。

① 〔英〕尼古拉斯·阿伯克龙比著，张永喜、鲍贵、陈光明译：《电视和社会》，南京大学出版社2001年版，第6、18页。

第3章　电视与乡村的变化

迪格尔印第安人有一句箴言是这样说的："开始，上帝就给了每一个民族一只陶杯，从这杯子，人们饮入了他们的生活。"我们也可以在民族文化多样性的视角下这样理解这句箴言，不同的民族用不同的文化承载其不同的习俗，勾勒出不同的文化史与文明史。藏族并没有排斥新生事物和外界事物的天性，相反，他们极其乐意接受新生事物，并对新生事物充满想象力。现实世界不可企及的事物会在他们的想象中发挥到极致，并表现到神话和民间故事中。藏族的生活中融合了许多其他民族的文化和生活方式，从历算、医学到绘画都有汉族和印度等地文化的痕迹。

电视出现后，加剧了社会的融合，让更多的新鲜事物进入乡村，村民们的观念也更加开放，提升了人们生活的质量，也使乡村民众享受到了城市居民享受到的物质、文化——电视带给整个乡村全方位的改变，从物质到精神无不涉及。

3.1　电视功能与西藏乡村现代化过程

与农牧民结合最为紧密的大众传播方式是电视，这一传播方式已经主导了乡村的生活，是乡村社会变化的诸多复杂动力中的一种主要力量，整体而言，电视传播在许多情况下开启并促进了现代化的进程。

传统的西藏社会，农牧区的社会结构更加倾向于半封闭状态，吃穿用品多为自给自足。这种社会结构与自然条件相契合，在西藏半农半牧地区居多，一户农民种植青稞的同时会饲养牛羊，满足了粮食需求，也不需要到市场上去购买酥油，而家织的粗布、氆氇满足了穿着需求，需要和外界交换的物品非常有限。电视传播的娱乐性、消费性、动员性激发了传统农牧民社会的新需求，原有的社会结构逐渐瓦解，新的社会结构已经开始建立。

3.1.1 电视构建中的西藏乡村

电视极其利于向传统社会引进新观念，并在许多情况下开启和促进了现代化进程，这个结论是传播学学者研究得出的。美国学者萨尔兹曼指出："虽然世界可能永远不会完全变成马歇尔·麦克卢汉所狂热描述的地球村，但是每个村庄——不管乡下或都市的，前工业的和后工业的——正在变得越来越全球化，从电子化角度来看，世界正进入每个村庄和街道、每个部落和居留地、每个社区和郊区。"①

在萨尔兹曼的理论中，电视在乡村生活现代化的过程中，民主化、消费主义、城市建模和语言霸权四种进程中都有参与。在西藏乡村与外部世界的信息交流中也可以看到这四点内容的支脉。参照萨尔兹曼的理论，在西藏乡村的主要发展进程中都能看到电视的影子。

1. 消费主义

从玩具到冰淇淋，从饮料到牛仔裤，广告中的产品被社会理解为一种必需品。农牧民依照广告中播报的内容选择生活中需要的产品，他们视拥有广告播报过的产品为品质生活的象征。电视也极力向他们推销各种商品，2012 年的统计数据显示，西藏电视台的上星频道每 24 小时会播出广告 262 分钟，相当于西藏电视台自办节目的两三倍。

我访问的一位村民说，他选择手机时对手机的功能要求是能拍照片、听音乐，他告诉我用手机听音乐是从朋友处得知的，但是手机有照相的功能是从广告中看到的。在原本基本自给自足的乡村经济中，农牧民的各种需求越来越多，对物质种类、数量、品质也有了多元的要求。比如手机，除以上提

① 转引自〔美〕柯克·约翰逊著，展明辉、张金玺译：《电视与乡村社会变迁》，中国人民大学出版社 2005 年版，第 193 页。

及的功能外，更多人考虑的不是品牌问题，而是接收信号强弱的问题。低价、灵敏度高的手机在农牧区广受欢迎，这样的手机即使是在游牧状态下也能使用。原本孤独的放牧中增加了与外界沟通的通信手段，我相信，随着便携移动电源的普及，手机不会成为唯一的在游牧状态中娱乐消遣、与外界沟通的手段。

这样的变化可以信手拈来，比如农牧民居住的帐篷都有了不同。过去牧民转场时带的更多的是保暖却很重的牛毛帐篷，但这两年越来越多的轻巧帆布帐篷取代了牛毛帐篷。有朋友告诉我，他的家乡户外专卖店中的常客是牧民，牧民喜欢户外登山鞋、防风衣，这样的一套装备特别适合在野外放牧。

骑马放牧逐渐被骑摩托车放牧取代。我在昌都地区同卡乡的村庄中目睹了一次驻村工作队召集牧民开会的情形，陆续到“会场”（村里最平的草坝子）的牧民无一不是骑摩托车来的，没有一匹马出现在会议现场。驻村队工作人员介绍说，这几年牧民买摩托车政府还有一定的补贴。牧民选择摩托车的首要标准是马力要大。摩托车销售商也看准了牧民的心思，在宣传自己的产品时首先告知的就是马力问题。大马力的摩托车满足了牧民翻山越岭的需求，无论是陡坡还是窄道，牧民负重骑行的技术都相当过关，似乎每一个都是摩托车拉力赛的选手，而这些选手基本都没有驾驶执照，当然，在草原上也不需要执照这样的东西。

在昌都地区，尤其是采挖虫草致富的牧区青年，夏季他们会带着鼓鼓囊囊的钱夹到城镇采购符合他们审美的衣服、物品，这些年轻牧人用着苹果、三星手机，他们也是网络的率先体验者，对时下流行的微信毫不陌生，尤其乐于用微信传图。

这样的消费观对牧区的寺庙中的年轻人同样有影响。察雅寺的次仁罗布在学习使用电脑，他已经学会了制作表格，这让他觉得收获很大。在接触电脑的过程中，他获取的信息远多于同伴们。他买手机就不单考虑信号敏感度，还考虑品牌，他最后选择的酷派手机是他认为价位合适、功能都还不错的手机。

对于酒的消费选择，变化也是显然的——电视中不时播出的酒广告深深印刻在农牧民受众的心底里,加深了他们对各种酒的认识。他们不再总是喝家酿的青稞酒,尤其是年节期间,取而代之的是瓶装的啤酒或更高档一些的罐装啤酒。在日喀则,一位被访问者告诉我,请客人喝啤酒比请喝青稞酒更有面子。

从自给自足的生活形态转换到不时要去街市购买各种必需品的形态,农牧民的生活方式变化显著,媒介信息在其中的引导作用极为显著。不断扑面而来的商品信息在一些农牧民中也引发了一轮轮攀比之风,有些农牧民为了更好地生活,愿意用政府给的补贴或自己争取的小农贷款作为启动资金,做些小本生意,以期望生活得到更广泛的改善;还有一些农牧民也学会了"面子工程",不惜借债让自己的房子更大、更漂亮,难以作长远考虑。对于相互间的攀比,人们并不完全持反对态度,"没有攀比就没有进步"这样的话题也时常出现在他们的讨论中。

物质消费加速了传统农牧区众多传统观念的瓦解,甚至改变了沿袭多年的交往和娱乐方式:在深远的草原上,露天摆放的台球桌边围着放牧归来的农牧民台球高手,他们打着电话、喝着啤酒——或者,我们可以这样去看待社会发展中的消费主义,它其实打破了固有的生活形态,让生活的方式更加丰富多彩,让现实生活变得更加方便,知识信息的传播更加迅捷。

值得思考的是,在变化相对迅速的农牧区该实施怎样的消费引导?该怎么树立物质金钱观念?要预见到假货泛滥,"唯金钱至上"的观念对农牧民的影响也会根植下去,最低限度,它会对人与人之间的信任产生影响。依照安东尼·吉斯登的理论,"信任是信心的一种特殊类型……从根本上来说,信任不是与风险而是与突发事件联系在一起的"①。对于假货泛滥等社会现象要看到更深远的影响,它实际上会影响农牧民对社会的信心,会形成他们对外部世界的一种认知。

历史和经济社会发展的原因,使农牧区有其现实的种种发展障碍,可谓是处处需要建设,一些意识形态的改变实际上和现实的遭遇密切相关。对于西藏农牧区,要预见到新的生活方式、新的思维方式的进入对社会关系其

---

① 〔英〕安东尼·吉登斯著,田禾译:《现代性的后果》,译林出版社2011年版,第28页。

实含有再定义的意义，需要加大媒体对农牧区现代观念塑造的作用力研究，使其在与原有的生活方式形成断裂时，建立更好的新秩序，而不是陷入消费和金钱至上的混乱中。

2. 语言（话语）霸权

柯克·约翰逊的研究中认为拥有18种官方语言和诸多方言的印度电视在语言使用上存在语言霸权，印地语和英语统领了电视节目。同样，我国在少数民族地区，能收看到的汉语节目远远多于少数民族节目，这一客观事实是由我国国情所决定的。我认为语言霸权还体现为电视中展示、描述、剖析的主体是城市生活，乡村生活仅作为很小的一块内容存在于各个频道中。藏语卫视这样的上星频道原本应该面对更多在乡村的受众，但是它的话语主体依然围绕着城市生活。电视节目工作者更多活动在城市，从城市生活中选取拍摄的内容是从他们熟悉的生活中挖掘故事，而一旦要离开城市到农牧区去拍摄就被他们视为出差和下乡，农牧民的生活环境并不是他们熟悉的。

一直以来，西藏不少媒体都习惯将汉语节目（报纸、广播也如此）翻译成藏语节目播出，自制自创的内容虽然在陆续增加，但远不是主流。

我采访过西藏某一地区的党报主编罗布，他手下的记者都是用汉语写稿，然后翻译成藏文刊登。难以想象没有藏文采写能力的记者如何能在农牧区一线捕捉到鲜活的生活景象并进行深挖。这样采访的方式普遍存在，带来的影响是，农牧民不能领会、接受这些与生活有距离的媒介内容，即使是免费派送报纸，阅读率也非常低。就拿我采访的这份报纸来说，自费订阅的不足300份。当然，不排除阅读能力、阅读习惯对农牧民读报的影响，但是也要考虑报纸选题内容导致的影响。

对农牧民而言，媒体上更多的是与自己生活有距离的内容，这样的内容甚至不经过记者、编辑二度创作，使其更具贴近性，就直接抛给了农牧民受众。媒体呈现的生活与现实的生活脱节，导致的结果是媒体的作用中娱乐的功能不断被放大，农牧民看电视会更倾向于只是看歌舞、连续剧，而他们需要的信息实际上不能很好地通过屏幕抵达他们的生活。

寄望于媒体通过农牧民不喜欢看的，或者是看不懂的节目来培养他们的国家意识、社会责任或民族认同等，我认为难度大了一些。

对于不懂汉语的农牧民，他们可以选择收看的节目数量更加有限，需要为他们精心打造民族语言类节目，而不是粗线条地设计一些内容。在康巴地区，很多藏族受众接受调查时说他们收看最多的是西藏电视台藏语频道和康巴语频道，西藏电视台的节目对他们而言还有一些语言障碍，而康巴卫视的节目好看但也不时会让他们感到困惑，比如，某一歌手的歌曲在西藏是不能传唱的，但是在四川台的康巴卫视中却又能听到这首歌。宣传管理中不采用同一标准往往让受众难以理解。

在话语掌控中需要考虑的另一个问题是，媒介话语实践具有意识形态的介入部分，依照西藏社会实际的需要，既要运用自上而下的官方语言，也要适当让普通农牧民在媒体上有一定的话语权，他们的话语表达更多时候要体现生活真实的情态和需要，而不是被媒体培植成为采访"典型"，也就是我们提及的采访"表演化"，在田间地头穿着干净的民族服装，开口就是"感谢党、感谢政府"等口号。善于此道的被采访者常常用自己"切身"的常识向其他受众传递媒介希望传递的内容。虽然报道的内容本身是富有正能量的，是颠扑不破的真理，但经由刻板模式的报道方式操作后，传播效果反而被弱化了。要有一定的空间和时间交由农牧民用自己的语言诉说生活中的喜怒哀乐，给他们表达情绪的机会，即使是讲述生活中的困难，如孩子上学难、老人就医难，其实这些困难都是社会中具有共性的问题，不应该视农牧民的现实诉求为负能量，更不应该因他们生活中的真实表达使他们失掉话语权。

不能说农牧民说话就没有收视率，用民间生动的语言来讲述自己的生活是他们所擅长的。2014年8月，昌都地区就组织了农牧民宣讲团，用平实的语言传播生活中的种种经验，形式新颖，让受众感触颇深。

媒体用自己的话语形式决定农牧民受众听什么、看什么的时候，不应该把大量的表达机会留给都市受众。在突破传播的语言霸权和表达霸权的刻板模式后，给予农牧民受众的时间和表达空间应该是有所增加的，要让农牧民在镜头中看到自己的生活，真切表现出自己当家做主、掌握着自己的生活的情态。

3.城市建模

今天的乡村社会越来越折射出世界各地的生活方式：农牧民开着汽车或摩托车鸣笛驾驶在乡村公路上、台球风行在农牧区年轻人中、城市中的“你是我的小苹果”在流行后不久也出现在乡村学校的演出中，城市的生活方式不断向乡村迁移。电视中不断推广、宣扬的城市生活使乡村青年人对城市生活充满向往。改变原来的散居状态，居住相对集中，建立公共“社区”是新乡村的居住新形态。

农牧民希望自己的生活环境能改造成城市的状态，新搬迁的村庄不再按传统的方式以广场为中心辐射建筑家庭房屋，而是改为沿主干道分排修建房屋，好似城市的临街建筑。富裕的乡村修建了花坛和路灯，有自己的茶园、酒吧。临街的小商店打出了小广告，甚至愿意帮移动、电信这些向乡村拓展业务的企业代言。

还有一些靠近城市的乡村，以往只有传统的节日才会有演出，而如今他们也学习城市，组织年轻人举办乡村节目汇演，丰富村民的业余生活。

沿着公路枢纽的乡村是最有条件转化为功能相对齐全的城镇的。人们往往会汇集在这样的地方出售农产品、交换信息、消遣休憩。新的观念和思想不断涌入这样的乡村，传统的生活方式会应需接受调适，包括人际往来等细节都会逐渐发生改变。

4.阶层变化

旧西藏的阶级大致划分为两种，统治阶级为农奴主阶层，根据1958年左右的统计数据，他们占西藏人口的5%，主要是三大领主，包括地方封建政府、贵族和寺院上层僧侣以及他们的代理人；农奴阶层主要由三种人构成：“差巴”“堆穷”和“朗生”。

随着新西藏的建立，旧时代的阶层划分彻底被打破，劳苦大众被奴役的种种苦难成为历史记忆。

传统的西藏社会中猎户、铁匠、屠夫、渔夫等都不是值得尊重的行业，从事这些行业的人是贱民。贱民在旧社会甚至不能出家，而且这一身份是带有世代印记的。西藏自治区档案馆保存的《不准收留铁匠后裔的报告》记载：1953年，堆龙德庆县一个铁匠的后裔在十四世达赖喇嘛身边做事。当十四世达赖喇嘛发现他是铁匠的后代后立即将其赶走，并命令凡是出身金银铁匠、屠夫等家庭的人均是下等下级人，不能在政府里做事，不能和其他等级的家庭通婚。

随着时代变迁，对人的等级划分已经成为历史，但旧社会遗留的一些陈旧思想对现代社会的个别人还有着影响，猎户、铁匠、屠夫等还会受到歧视。

电视传播的世界观、金钱观、价值观影响着传统的偏见，世代相传的身份印记不再是限定个人发展的“紧箍咒”了。

西藏的日喀则拉孜县拉孜镇拉孜村54岁的普达瓦，是拉孜村藏刀技艺的第六代传承人，他传承的藏刀工艺，受到了国家的政策支持，打制藏刀也成为备受尊重的职业。普达瓦的藏刀工艺通过媒体和网络传播出去后，很多客户发来订单。普达瓦这门手艺，让家境大为改观，成为村里比较富裕的家庭，他如今也是村里的“明星”，进村寻找普达瓦的家，村民会自豪地领路。

传统上，从农牧业经济演变过来的西藏乡村社会对经商并不热衷，平民商人也不是社会阶层中最令人尊重的人群，而今，电视传递的价值观和理念改变了他们对商业的看法，经商成为热门的行业，有钱与否成为人们相互评价是否成功的一个标准。靠近旅游景点的乡村，不少村民会放弃传统的生产方式，摇身变为小商贩。传统上，在西藏西部有些地方乐师也是贱民，而今在文化娱乐盛行的电视氛围中，懂得乐器的人成了热门人物，“艺术”成了年轻人中流行的词语。

政治、经济、社会名望等多元阶层划分标准正慢慢消解传统的人的等级划分标准。

3.1.2 电视：西藏乡村发展的转化器和助推器

西藏乡村农村人均收入水平在2000年已经超过了2,000元，收入的提高改善了乡村的面貌，但从更广阔的视野来看西藏的乡村，它依然是最落后、最边缘的地域，改善西藏乡村民众的生活，缩小西藏乡村和城市间的差别完全不能靠建几个乡镇、修几条公路来实现。依靠外来的力量改变乡村的面貌是“输血功能”的强化，让农牧民拥有更强的生产、生活技能是“造血功能”的打造。在打造乡村社会自我“造血”功能中，重塑观念，让农牧民群众自觉自愿地维护稳定、安全的社会环境，依靠好的政策发家致富，带动农村的发展进步是核心环节。

也正是基于这样的认识，国家在西藏信息传播上的投入从上世纪 90 年代后不断加大。目前只有少数偏远不通电的地区还没有实现广播电视“户户通”，绝大部分的家庭已能通过电视了解世界、开阔眼界，为创造新生活不断铺垫着基础条件，电视在乡村起到了转化器和助推器的作用。

1. 电视——新思想的转换器

美国社会学家罗杰斯认为传播是社会变革的基本要素。他将社会的变革分为两类：内生型变革和接触型变革。内生型变革的动力来自社会内部，接触型变革的动力来源于外界的新观念、新思想、新信息。西藏乡村的发展动力来自外界的冲击和引导，那么整个社会变革的过程就可以看作是创新和发明的传播推广过程。因为依照罗杰斯的理论，社会变迁分为发明、传播、取得成果三个连续的阶段。发明是指新思想产生和发展的过程；传播是把新思想传送给社会广大成员的过程；取得成果指采用或拒绝这种新思想，从而引发社会系统的变迁。一个社会的发明是社会变迁的创新因素，是靠少数人来取得的，社会中的绝大多数人要依赖于传播、学习、交流获取发明，将发明运用到生产实践当中。

西藏社会从半封建半农奴制度走来，根本上是依靠外力改变了社会的形态。提升人们生活品质的物品小到电灯、电筒，大到拖拉机耕种机，都是新事物，每一点生活、生产中的新技术都是要通过学习而获得，每习得一些新知识，对人们固有的思想都会带来一些冲击，人们知道了被人拍照是不会摄取魂魄的，也知道了蔬菜可以在大棚中不分季节地生长，人们更是体味到人生一世不能为虚无缥缈的来世忍受苦难，仅仅靠念佛转经不能换得好生活。新的观念不断冲击着固有的思想，并建立起新观念、新道德。

2. 电视——生活转化的助推器

当变革一旦实现，人们的生活发生变化并有了一定的经济积累后，农牧民所期待的是通过不同渠道获得更多的信息，掌握更多的技能。乡村的期待正是可以通过传播来实现的。对于西藏乡村而言，掌握了生产资料，生活已经开始富裕的村民渴望更多的知识和技能，也渴望在电视中看到自己的生活，有自己的发言空间，能传递心声，甚至能参与地方决策，在地方建设中有个人意愿表达的空间。

施拉姆认为，大众媒介在国家发展中具有三大作用：媒介可以提供有关国家发展的信息；媒介的报道和回馈功能，使民众有机会参与“决策过程”；媒介能“教导必要的技能”。大众传播媒介正是通过这种作用的实现，改变人们的观念、信仰、技术及社会规范等因素，促使社会结构的实质性变化。在社会变革的时代，大众传播媒介不仅是变革的代言人，而且是这一变革的促成者，大众传媒能促进社会向新的风俗行为、新的社会关系的过渡。在他看来，媒介是一种解放的力量，因为它能打破距离和孤立的藩篱，把人们从传统社会送到“伟大社会”中。传媒对培养人的现代性有着积极的作用，正如英格尔斯得出的结论：大众传播媒介在形成个人现代性方面是一股真正独立的力量，其核心就在于传媒可以通过信息的传播，开阔人们的视野，提高人们的文化素养，强化公民的社会参与意识。

具体地说，电视从西藏城区推向整个乡村的过程中始终担负着宣传功能、教育功能和娱乐功能。严格地说，西藏能收到全国所有的上星频道，所有这些频道都对西藏受众有影响，但由于语言交流及地缘文化和发展等问题，对藏传播的主要重担还是由西藏本地的媒体担负着。

在西藏，随着社会的不断发展和改革开放引发的全方面调整，也促使了电视的社会功能实现手法显现出一些新特点：

特点一：宣讲中引导功能和动员功能的强化。

在“以科学的理论武装人，以正确的舆论引导人，以高尚的精神塑造人，以优秀的作品鼓舞人”[1]这一方针的指引下，西藏电视媒体在采集政治生活、经济发展、文化动态等信息并加工输出的过程中，往往以正面引导为主，注重选择能促进西藏本地受众思想观念、生活生产方式改变的信息，诸如经济发展成就、民族文化弘扬、社会新气象等等。

---

① 1994年，江泽民在全国宣传思想工作会议上的讲话。

因为肩负舆论导向的重任,以往的传播方式都是板着面孔“严肃宣讲”,而今,面对特殊而复杂的传播环境,沿袭已久不加掩饰的宣传中有了“温和”的表述,“用事实说话”的客观评述逐渐增加,宣传教育和事实信息结合的表达方式越来越多,这样一来,引导的色彩有时就强过了口号式的宣传色彩,更易于被受众接纳。

在报道事件上,电视媒体还在尽可能选择体现西藏特点、能满足西藏受众需求,同时也能营造或影响社会舆论环境的信息,而不再完全跟着会议和领导亦步亦趋了,有了一定的媒体自主空间。

特点二:认知调节功能的实现。

在改革开放的今天,西藏城乡发展不得不将方案制定放置于更广阔、更多元的社会背景下,建设既有地方色彩又能与社会环境相适应的经济文化模式。这种模式是复杂的社会发展体系中的一部分,打造它,既需要国家和兄弟民族的扶持,又需要自身的发展与奋进,会涉及新旧观念的碰撞,也会引发传统和现代的交锋。

实现观念的更新、认识的改变是整个大众传播中的难点。事实证明,电视传播提供的多层面信息逐渐帮助西藏受众自我调节,并适应着客观环境的变化,以此寻找着适宜自身生存和发展的方式。

较之以往,西藏受众接收的信息多了,视野更加开阔,社会环境与生活生产方式也出现了多元化趋向,这一点在乡村尤其明显。这无疑是大众传播发展与生活进步所带来的必然结果,这也证明,大众传播在协调人们与环境之间的关系时能发挥很好的功能。在西藏,尤其是乡村,这个协调工作主要由电视担负。

当一位日喀则的老农很郑重地对我说,他在思考,他的家乡没有优美的自然景观、没有利润极高的虫草,那么他们就得考虑发挥一些别的优势时,这位老农已经通过媒体的信息在进行环境认知,这对他是一个观念上的更新——从来,他的家乡都号称是“粮仓”,而今,更多元的经济发展方式凸显出其他地区的一些优势,这位老农和他的乡亲汇总各种信息后,在沿袭传统生产模式的基础上,开始寻找更好的发展道路,想有所突破。

对社会和环境的认知从更广的角度来说还包括认同和评价。地处偏远乡村的农牧民有的一生中都很难走出故土，难以通过传统的人际传播和群体传播达到对社会的关注和认同，电视是他们生活中构建国家和其他民族形象的主要信息来源。

一位林芝地区乡村妇女把自己的土地承包给汉族人，她认为这些承包土地的汉族人比她们能吃苦且聪明。电视中呈现汉族人的生活构建出她的这种认知。看过《大地母亲水窖》宣传片的一位农民说，她虽然从来没有去过西北，但是从电视中看到比自己家乡更贫困的山区，得出“其他省份也不是哪都富裕”的结论。

昌都地区妥坝乡牧民格来一家2014年挖虫草的收入就达到了20万元。他们用这笔钱盖了新房子。从游牧生活过渡到定居放牧不过五六年，但是他们已经感觉到了定居带来的种种好处，家里逐渐开始用骑摩托车放牧替代骑马放牧，日子一年比一年好，城里人有的电器他们家也都买了。2014年，格来家请了四川的包工队，依着老房子又建了一座新宅子。虽然日子一天比一天好，但是格来却忧心忡忡。他反复对家人说，不能因为能挖虫草就忽视放牧，一定要重视多种生产方式。乡里的小学教学质量是牧民诟病已久的，他们说，孩子去读了几年书，没有学到知识，也考不上更高一级的学校，回来却连放牧都不会了。话虽这样说，格来一家最大的目标是让家里的孩子能去读书，以后过上和父辈不一样的生活，这样的生活他们没有体验过，但是已从电视上有所了解。

通过电视信息形成的社会认同和评价并不见得全面，这本身也受受众本身的教育水平和生活环境的影响，但是电视媒体的牵引和影响也很关键。一系列的访谈让我认识到，媒体培养的更广阔的视野有助于乡村受众立体地看待国家发展中的多面现象，多宣传农牧区优秀青年人的生活，有助于鼓励青年农牧民树立榜样，摆脱青年人农闲时无所事事“混社会”的状况。

信息传播通过宣讲新观念、展示不一样的生活等形式实现的助推和转化功能在整个西藏的发展中起到的作用都极为显著，只是基于我前文的分析可知，农牧区的信息来源更为单一，电视的传播效果也就表现得更明显。

3.2 电视与西藏乡村自我认知

众所周知,西藏的发展是历经一次巨大的社会变革后展开的。在变革和发展中,普通民众不仅仅要从认识上适应从半封建半农奴制社会直接跨越到社会主义社会后的身份转变,也要适应在社会主义社会的建设过程中城乡格局逐渐形成后的差异化生活。

这几十年来,对于农牧民来说,要认识他们所处的时代和生活的环境才能让他们从根本上改变观念,建设全新的生活。

如果没有出现电视,各个地域纵然有千般差异,但人们各居一隅不曾见识别人的生活,也就不会在比较中认识自己的位置,看到自己所具有的优、劣势。正是电视的画面效应让各地农牧民看到了自己民族的模样,知道了城市和村庄的差别、村庄和村庄的异同、人和人的差距。

更为重要的是,这种认识不仅仅限于对地方差异的认识,认识改变的基础是对国家身份、民族身份的认识。

以往的这种比较和认知是通过民间故事、民间谚语来实现的。更多的是对不同地域的人刻板印象的传播。

如西藏谚语中说,“喳嘎鸟、山南人”,这类似于湖北谚语的“天上九头鸟、地下湖北佬”,指山南人精明,长于算计。“山南农民一个鸡蛋逛拉萨”讲一个山南人带一个煮熟的鸡蛋当干粮去逛拉萨城,逛完了把鸡蛋完好地带回家了。这是取笑山南人吝啬、过于节俭的民间故事。

再如民间故事“阿古登巴在林周”叙述的是智慧过人的阿古登巴在全西藏游走,四处教化民众,愚弄达官贵人,唯独到了林周这个地方被几个孩子给愚弄了。这个故事塑造了林周人智慧的形象,连聪明的阿古登巴都甘拜下风。这样对不同地域人员特点的认知经过口耳相传,不断润色,更接近于文学创作,而非真实景观的呈现。

关于历史的记述就更让人费解,其中夹杂着众多的神话,如王室起源是

“宣称降临人间的王室第一代是天神，或者是天神变换的人间后裔”①。要从西藏的史书中清楚地了解西藏的历史得具备辨识现实和神话的功底，非常人能及。

电视的出现让村民有了自我认识和认识他者的直观印象。这样的认识是通过镜头中生动的人物来实现的，有话语的描绘、情绪的扩展、感受的传递，瞬间实现的“千里眼”“顺风耳”的功能让他们增长见识，有了生活的参照，让农牧民看到了祖国其他地域的生活情态，了解到了其他民族的生活状况。

3.2.1　电视与历史认知

美国历史学家谢弗说：“历史对于社会如同记忆对于人……就像一个人没有了记忆就不能思考或行动一样，如果一个社会没有自己的根基，没有自己的传统和历史，那么就会迷失方向。”②

没有经历过苦难生活的新生代不清楚过往的旧时代有着怎样的腐朽和残忍，有的年轻人甚至认为学校和社会的教育中把旧时代描述成黑暗无比的状态是别有用心，是夸大其词。这些年轻人的记忆停留在公元七世纪藏王松赞干布带来的辉煌中，被民族自尊心驱动，放大民族的优越感，刻意忽视近代真实的西藏。

不能正确对待自己民族的历史必然会迷失方向，不知何去何从，甚至在偏见中被蛊惑走入歧途。正如丘吉尔所说“你回顾得越深远，你前瞻得越久远”。谢弗认为一个社会对历史的认识越丰满完美，这个社会也就越丰满完美。

让西藏的新生代认识他们祖辈生活过的近代社会有益于他们感受现在生活的来之不易。如何让这些年轻人去了解那段历史？与让他们去阅读书籍或让昔日的农奴再度在街头“血泪控诉”相比，最好的选择就是历史镜头的影像回放。这样的回放是专题、影视剧、新闻等多种形式并举，新闻中相

---

① 恰白·次旦平措、诺章·吴坚、平措次仁著，陈庆英、格桑益西、许德存译：《西藏通史——松石宝串》，西藏古籍出版社2004年版，第19页。

② 〔美〕谢弗、刘彩安：《历史就是历史—历史的意义和作用》，《现代外国哲学社会科学文摘》1988年第8期，第24页。

对频繁和集中一些。

如 2012 年 12 月《西藏新闻联播》集中播出了近 30 期《新旧西藏对比》，用镜头给受众展示了时代的苦难、父辈的艰辛、奴役者的残暴，对比之下的新西藏是苦难的终结，让一切有了新开端（见表 3—1）。

表 3—1　2012 年 12 月《西藏新闻联播》“新旧西藏对比”内容列表（按播出时间排序）

1	畅通无阻　通向幸福	15	农奴的命价：一根草绳
2	德兴村的变迁	16	住房的今昔变迁
3	边巴仓决：从农奴到主人	17	旧西藏：尖锐的阶级矛盾和社会矛盾
4	从农奴到主人	18	旧西藏：农奴主极端的权力
5	新旧西藏对比·朗孜厦的今昔变迁	19	旺堆老人的今昔生活
6	雪城监狱：残酷的封建农奴制缩影	20	感受今昔生活变迁的格桑
7	旧西藏：苛税像牛毛 从生交到死	21	旧西藏：没有一所现代意义上的学校
8	旧西藏：一无所有的农奴	22	旧西藏：缺医少药 人均寿命只有 36 岁
9	旧西藏：居无定所的农奴	23	西藏工业：波澜壮阔的发展历程
10	旧西藏：上层统治者的天堂	24	西藏农牧业取得历史性成就
11	旧西藏：社会停滞不前 濒临崩溃	25	社会主义新西藏的文化事业蓬勃发展
12	旧西藏“三大领主”对人民的残酷剥削	26	现代工业从无到有
13	喇嘛的今昔生活变迁	27	旧西藏：惨无人道的黑暗法律
14	农奴一生还不完的债	28	旧西藏：人分三六九等

这些报道用旧西藏的残酷剥削、个人的悲惨命运和制度的黑暗这些事实揭示“佛教王国”的本质，对比之下，新西藏建设和发展改变着社会的面貌，给人们带来了真实的“现世幸福”，在人们的理解能力范围内展示历史。

这种类型的历史讲述不仅用边巴仓决、旺堆这样普通人的故事去打动观众，让他们感同身受地铭记苦难，也用特殊人物的采访使观众信服，喇嘛、活佛这一类人物就是让观众信服的采访对象。

在《活佛眼中的新旧西藏》中，那曲孝登寺第七世活佛珠康用几个“最起码”总结了旧西藏的黑暗。

这几个“最起码”涉及普通百姓的最基本生活，包括：没有最起码的人权，人身自由丝毫得不到保障、动辄会被施以酷刑，没有最起码的学校、医院、公路及能源等。基本生活条件都得不到保障的情况从活佛的口中说出，信服力是不一样的。

在珠康活佛眼里，旧西藏运输靠骡马、照明靠油灯的生活和今天是无法比拟的，如今，可以从“箱子”（电视机、收音机）里看到世界，沟通的工具（手机、座机）就在手里。

这样的节目请活佛讲述历史，强化了对苦难生活描述的可信度，强化了对现在生活的满意度。

我走访的村民中稍上了年纪的人看着这样的新闻内容甚至会潸然泪下。在日喀则江孜村帕拉庄园，一位妇女背着孙子，站在以前一家人居住不足12平方米的佣人房门口，对着我整整讲述了一个多小时她过去的苦难生活：吃不饱、穿不暖、动辄挨打、孩子刚出生就已经成为主人家的财产，这些记忆是她生命中深深的痛。

日喀则甲措雄乡地纳村的一位妇女看着电视中播放的达赖在西方游说的新闻说：“达赖对我们的生活一毛钱的忙都帮不上，还一天到晚说这个说那个。”

图3—1 日喀则甲楚雄乡农牧民在劳作间隙歇息（2012年）

用镜头勾起父辈亲身的感受，在家庭中再度谈及过往的伤痛，无疑对年轻人是一次再好不过的教育。

客观地说，这一类宣传达到了新闻传播构想的目标，实现了国家意识形态的宣传，获得了民心，尤其是起到了青少年爱国教育的作用。这类宣传在一年中是持续进行的，如“3·28百万农奴解放日”会有类似的选题出现在荧屏上，每逢年节也会有“规定动作”进行“新旧”对比报道，而在日常采访中，只要采访现在的好生活，被采访对象就会情不自禁地提到过去的日子。

历史回顾性的专题也比比皆是，如《跨越》《帕拉庄园》。描述西藏的电影电视也多是历史性的题材，如《拉萨往事》《西藏风云》。

这一段“远去”的历史活在影像中，活在父母的叙述中。西藏的新生代，读解这样的历史使他们清楚了自己民族一路走来的艰辛，知道了现今生活的基础和起点，懂得了社会制度和个人命运间的维系。他们认同父辈的观点，命运之绳应该掌握在自己的手中，现在要想过好日子，对一个普通的农民而言就是靠着好政策勤劳致富。

自我历史回顾是一种反思性措施，促使人们不断了解本民族的历史，强化个体的爱国意识，心理上也逐渐有了国家归属感和民族归属感，实现的是政治认知。

3.2.2 电视与环境认知

农牧民通过电视加深了对自己生活的自然环境的认识，他们要能利用环境、控制环境，掌握对发展起决定性作用的知识和技术就变得更为重要。

农村发展传播学对知识和环境之间的交界面已经有了较前沿的研究[①]，相关学者认为知识和环境之间有相互影响作用的地点和领域，见图3—2：

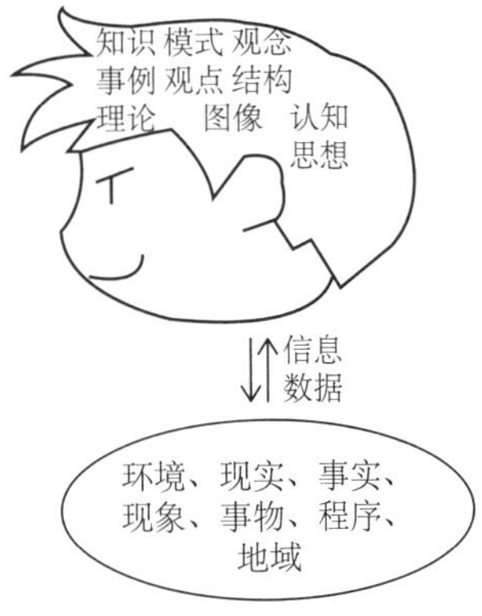

图3—2 知识与环境及其之间的界面(罗林1991)

① 〔荷〕奈尔斯·罗林著，王德海、郎大禹译：《推广学：农业发展中的信息系统》，北京农业大学出版社1991年版，第204页。

电视是乡村信息的传播主体，是不同地域各类信息的汇总，农牧民通过电视信息的接收和加工，形成了不同的观念和知识点，两者相互作用、促进，形成新的生产、生活模式。

电视出现在生活中之前，农牧民了解最多的只是自己生存的自然环境，熟悉的大多也只是自己家乡的文化生活。电视让农牧民看到了自己的家乡在西藏的位置、在祖国的位置、在世界的位置，他们不曾用这样宽阔的视野审视过自己的家乡。农牧民怯怯地还不敢走出去时，电视已为他们开辟出了一个窗口，通过这个窗口，村民用比较的眼光来看待家乡自然环境上具备的优、劣势。没有到过后藏的林芝人从镜头上看到了年楚河河畔的农家人，羡慕其农田广袤，而林芝的山水之美更是让阿里、日喀则的村民惊叹。各地迥异的自然条件、文化风俗让他们不断评估自己所处的环境，在比较中盘算着适合自己家乡的发展之路。

有的西方环境经济学者认为西藏的开发是对原始环境的破坏，想把生活在青藏高原的民族与现代科技隔绝，成为文化人类学研究的一个原始样本。在这一类西方人看来，一切关于西藏的现代化都会破坏和损伤自然环境，在他们的臆想中，西藏就应该保持原始落后的面貌，甚至成为他们精神上的“香格里拉”。在这样的精神臆想中，西藏修建铁路、开发资源都被这一类“善意的国际人士”以各种方式进行反对，甚至普通百姓收看电视他们都认为是“民族同化”，并就此大做文章。

在新中国成立前，甚至是在改革开放前，西藏乡村的普通民众并没有全面认识祖祖辈辈生活过的环境，不知道“缺氧”这一概念，对环境的恶劣状况也只是惯于忍受，因为，他们根本不知道其他地域的环境状况。电视是一条让他们认识自己生活环境的路径，而这样的认识不是单纯的心理行为，是进行社会改造的前提和基础。和西方奉行“西藏环境保护论”人士的观点不同的是，藏族恰恰希望在保护环境的前提下充分利用环境资源过上更好的生活，这也是政府在发展经济中不断强调和执行的政策。

环境和发展的关系通过各类电视节目映入村民的脑海中，让西藏乡村的农牧民有了借鉴和移植的生活、生产内容。日喀则地纳村村民普遍认为像他们这样的村子没有山水风光，完全沾不上旅游开发的光，靠着土地只能求得基本的温饱,并不能让他们过上富裕的生活,参照电视中看到其他省份人们发家致富的方式,他们认为选择外出打工或跑运输是最佳方法。而同卡乡波察村村民备受偏居一隅的限制,又苦于自然资源的匮乏,再加上天然林保护工程搬迁户的生活状态有了示范效应,使他们更希望能实现整体搬迁。个别村民甚至自谋出路,主动选择到自然环境更好的地方安家落户,"家乡"的概念不再是迁移的羁绊。

对自然环境的认识不断提升,促使不同地区的农牧民选择了有差异却适合本地的发展方式。作为西藏六大支柱产业之一的旅游业是电视中宣传最广的内容,旅游开发就意味着人的流通和物的流通,西藏乡村的农牧民也认识到发展旅游是致富的重要方式。

我调研过的林芝地区鲁朗镇扎西岗村算是自然环境很好的村庄,丰富的林木资源、产量不大但种类繁多的林下作物都是村民生活的保障。但是林木砍伐被禁止后,村民不能再靠卖木材致富了。为了保护天然林,政府规定一年只有两周时间村民可以砍伐一些家用的柴火,此外任何人、任何时间都不能伐木。

面对这样的情况,村民开始思考如何开辟新的经营路子。

扎西岗村村民看到太多电视节目中的风光介绍,有些景致很平常的地方也有如织的游人。看了这样的电视节目后,村民们对自己居住的环境有了新的认识。从2008年起,扎西岗村开始建设家庭旅馆,不动山上一草一木,就开辟了持续发展经济的新路子。而今扎西岗村家家户户都能接待外来的游客,年家庭收入能增加四五万元。

环境的优势转变为实体产业往往只是一个观念的差别,观念的树立和更新不是靠读报纸或看扫盲宣传单实现的,这是一个复杂的思想演变过程。对环境认识的改变基本上都发生在电视走进人们的生活后。通过镜头,村民们熟悉了别人的生活,有了参照物,有了发展的模式和范本。

阿里地区札达县托林镇扎布让在中国地图上偏远而微小,这个地区在人们的印象中只有"高寒、缺氧"这样的整体概念。但实际上扎布让气候条件非常优越,非常适合发展种植业,特别是蔬菜种植方面有很大的发展潜力。当地的致富带头人甩开传统农业种植品种,带着村民参加各种蔬菜种植技术培训班，种植出了薄皮甜瓜、西红柿、樱桃萝卜等高原稀缺的作物。有利的气候环境是经济生产方向转变的重要基础，而电视传播的理念使人们重新评估这种环境的先天条件，让人们打开了思路，做了以前想都没有想过的事情。

一方面，电视节目传播效果显著；另一方面，相应的信息又有待丰富。昌都地区同卡乡的村民常到驻村队的驻地打探哪儿有用工信息。驻村队的队员常常和牧民坐下来聊天。得知山林中长有獐子菌，而当地牧民不知道獐子菌不但可以自己食用，而且卖出去会有好价钱，驻村队员就带头捡菌子，做成熟食后请牧民食用。仅一个夏天的宣讲和演示，牧民就多了条致富路。农牧民极其需要更多类似的指导节目，这也是西藏电视节目应该努力的一个方向。

要客观地认识到，电视不是带给村民生活巨大转变的唯一要素，但确是一个重要的因素。毛泽东在《论反对日本帝国主义的策略》一文中写道“长征是宣言书，长征是宣传队，长征是播种机。”在新西藏，电视拉长了宣传战线，扫荡着宣传死角，充当了宣传队、播种机的角色。各种知识直抵家门口，各种政策被不厌其烦地讲解，让村民浸泡在一个影像环境中，改变了观念，开创了新的生活方式。

对环境的比较中，村民们还逐渐具有了忧患意识。这也是一个多层面的问题，在对比中，村民们意识到自己处在“地理边缘”上，是经济落后的少数民族，这带来了心理和现实的自卑和束缚。镜头中城市的高楼、繁花似锦，都让村民觉得跟自己的生活截然不同，对其他地区富裕的生活他们也很向往。对富裕生活的期望和憧憬常常激励他们作一些努力，他们认为利用好政策，更加勤奋必然会创造更好的生活。

对环境增强认识带来的改变远不止上述内容，还涉及对人文环境的认识。通过镜头，村民看到的不仅仅是发达省市的高楼大厦这样经济外化的表征，还有人文、教育环境上的差别。其他发达省区的教育资源尤其是西藏不具备的，而能在发达地区受教育，无疑更有益于孩子增长见识、掌握知识。基于此，孩子们都在父母的鼓励下积极报考西藏班，能在西藏班读书是城乡孩子们共同的愿望。我在林芝地区尼池村、扎西饶登村访问的孩子都表达了想到发达地区读书的愿望，这些十来岁的孩子说，他们在电视中看到的城市很漂亮，还有大型游乐场，书店里摆满了童话书——这些环境因素让孩子们无限向往。而他们的父母更有远见，他们宁愿自己承受思念也愿意把孩子送出去读书，他们不曾去过的地方此刻意味着会给孩子带来更好的未来。

对环境的重新认识带来了更多人的迁徙，不仅仅是孩子走出高原去读书，不少农牧民有钱了也会到其他省市去看看。在成都武侯祠一带到处都能看到藏族同胞，我遇到一位拉萨市曲水县人，他说一直只是在电视里看到成都，这一次到成都待了几天，虽然还不适应街上那么多人，但是觉得很舒服。

电视在村民走出高原前就让他们见识了不同的地域，这为他们走出家乡看世界作了很好的铺垫，一旦他们回到自己熟悉的环境，再从电视中观看到各地的景观、生活，会有更强的亲切感和认同感，不会总是停留在看陌生人生活的阶段。

3.3 电视与乡村政治

受传统宗教社会及自给自足自然经济和供给性经济的影响，西藏农牧民的自主意识显得很淡薄，对政府依赖心重，遇到事情后会听命于上级领导的安排，有时甚至去拜佛打卦，或者随波逐流。自主意识的缺乏还表现在对社会、国家缺少主人翁意识，与乡村现代化进程的要求不相适应。电视宣传逐渐改变了这一现象，提升了农牧民的自我意识和主体意识，对国家大事他们也开始投以关切的目光。

3.3.1 自主意识与乡村议政

西藏乡村的民主自治可以追溯到上世纪五六十年代。西藏民主改革后，基层干部的主要构成是少数民族，其中乡级干部的职务基本都是藏族担任，区级干部只有不到10%不是藏族，近5,000名翻身农奴成长为基层干部。也就是说，西藏从民主改革之时起就种下了乡村自治种子，在这半个世纪中村民们建立起乡村自我管理的规则，自己管理自己的具体事务，共同遵守着约定俗成的规则。

在这一过程中首要看到的是农牧民自主意识的觉醒——他们从“不会说话的牲口”这一身份转化为国家的主人，虽说获得了身体的自由和精神解放的环境，但是自主意识需经培养，他们才会主动参与到社会生活中。旧时，他们只需要听命于封建农奴主的安排，而生活在新西藏社会所提供的极大的发展空间中必须由自己作决定去实现自我，创造更美好的生活。

早年的政治宣传率先让农牧民的自我意识觉醒，如今改革开放的深入更是需要他们发挥自主意识，积极参政议政，关心家乡的变化、关注祖国的发展。

村民们每天必看新闻，是参与性的体现。对政治和政策他们还是有一定的敏感度，他们尤其关注各级领导的变换，不同的领导会带来不同的政策。电视传播的政治理念被他们应用于乡村建设管理中，乡村的工作重点也随着电视宣传的重点而改变。

比如，他们希望村干部是选举产生的，品质和能力得到村民的认可是当村干部的基本条件。

在日喀则江当乡，村民们聚在路边的小茶馆喝茶聊天，村民次旦是聊天的中心人物，整个下午他都在反复说他们村子中有的干部是乡里直接下文任命的，都没有经过选举就张贴了告示。他认为这是违反了民主选举政策的。村民们心中有自己合适的村干部人选，他们认为能选择自己拥戴的村干部是乡村治理的前提，真正能带领他们致富的人才能够承担村干部的重担。

江当乡鲁日村村长索朗虽然不识字，但选民让他多年很难推掉村长这一工作，他说村里的工作重点也是电视中常常提到的那些重点，比如教育就是其中一个，村长说尽管现在发展了，大家自顾自地比较多，但是他们村尽量在精神文明建设上做工作，不想丢了老传统。

笔者：互相帮助是村子里的传统吗？

索朗村长回答说：我们这个村子还是有相互帮助的传统的，谁家盖个房子，家家户户都会投入劳力帮忙，户主只是管管饭，劳动时喝的青稞酒帮忙的人都会自己带去。我们这个村子贫富差距很大，大部分都是中等人家，也有非常穷的。纵向比都富有了，但是横向比差别还很大，但是也有年纪和我一般大的五保户，稍微贫困一点的有四五户人家，这些国家都会帮他们，但是有些贫困户是怎么帮都富不起来，给他们一些项目他们也弄不好，像怎么给营养也不长草的地。我们这家家户户的土地都差不多，富裕起来不是靠外出打工就是靠做生意，各家各户能力不一样富裕的程度也就不一样。有的贫困户家里的土地也不少，但是他们就是没有能力过上好日子，对这些贫困户，村里时常教育。

村民们甚至认为乡里不合格的干部都应该被罢免。个别乡村干部在村里“吃拿卡要”，甚至克扣上面发下来的建房材料，这些村民们都感到无处投诉。茶馆中老百姓说了一个段子：“中央给了西藏金子，到百姓手中变成了白铁。”他们说：“乡干部的肚子就像是牛皮糌粑口袋，怎么都填不满。”

我问村民怎么得知中央给了西藏什么？

村民们说，电视中不是经常在报吗？

电视信息让村民看到了党的好政策的初衷和乡村干部落实政策的差距。在电视中他们看到的是各种喜人的成绩和开明的政策，而现实中，他们要面对不作为，甚至腐败的乡村干部，这让他们义愤填膺。

我在日喀则听一位农民讲了他们身边的事：一次中央领导到日喀则视察，要到甲措雄乡一户农民家做客，乡政府就安排了一户条件还不错的家庭。从这事定下来后的连续几天都有市里的工作人员一早就到这户农民家布置新家具，打扫房子。这户农民被天天折腾得受不了，一家人一早就背着茶壶去干活，晚上才回来。每一次回来都觉得那个干净得不得了的家和自己没有关系，连牲口棚都铺上了水泥。

对于这件事村民评价说，以前他们看到领导到百姓家去做客的新闻都以为是真的，现在才明白原来新闻也会“装饰”。他们费解的是为什么这些干部要这么劳神地骗中央，难道不能让中央看看百姓的真实生活？

村民们最常打交道的是乡干部，这是他们能接触到的最大的官，而他们的诉求很少得到乡干部的关注。村民感觉他们和中央之间隔着重重障碍，不能顺利地沟通。村民说他们每天都能听到中央的声音，而中央却不知道他们心里的想法。

村民大多不识字，也怯官，不敢和官员打交道，一些低保户甚至不知道为什么自己家的低保待遇就被取消了，连问的地方都没有。

我在江当乡调研期间正好赶上欢送新来的乡长去其他省挂职。欢送会要开三天，乡政府的人都去参加了。我提前约好见面的副乡长连着三天都发短信说喝醉了，没有办法接受访谈。

一些家庭条件好的村民也接到邀请去参加欢送会。村民为难地问我是送啤酒还是送钱。这个乡长已经向村子中的富裕户借过钱，而且不打欠条。即便如此，村民们说，这个乡长看着比走掉的那个还好一些。

就在这几天，这个乡的雄卓村，一批村民汇集在老村长家，他们的新村长因为和一个乡干部在田头打了一架被抓起来了。村民说新村长是他们的致富带头人，如果电视新闻能帮他们播报一下这件事，或者有记者帮他们说说话，他们的村长可能就不会受到太大的处罚。在他们心里，这件事的处理有失公允，偏向了乡干部，但是他们觉得无力改变现实。

电视新闻中构建的和谐、稳定的景象以及各层干部为基层谋福利的形象和村民在现实生活中的感受形成了巨大的反差，这也是他们生活中最大的困扰。如何让中央了解他们的情况，给他们派来真正办实事、惩治腐败的官员成为他们的梦想。

电视让村民对基层干部的形象有了多元的看法，他们认为中央的领导很好，底下的干部很差。“这不是民族问题”，村民在讨论中说，“我们的干部都是藏族，可偏偏是我们民族的干部不能为我们很好地服务。”

这一系列的问题在村民心中是一个个心结。电视给村民们展示了外面的世界，告诉了他们更多思考问题的方法，让他们自主意识觉醒，而现实的生活和电视营造出来的世界之间的差距又让他们感到矛盾。他们中间的意见领袖、乡村精英会寻找对外沟通的新渠道表达自己的意愿，甚至会勇敢地跨越乡政府的阻隔，直接和上一级政府沟通。而更多普通的农牧民虽然保持现状，但是他们的思想已经有了很大的飞跃，敢于表达和质疑。

我在昌都地区芒康县采访时巧遇当地的花椒种植大王格桑旺堆，老人与乡长闲聊时告诉乡长，自己每天都会到乡里的高档餐厅去溜达一圈，看看乡干部们是不是很好地在执行中央的“八项规定”。格桑旺堆每天看新闻，十分认同“八项规定”，自觉充当起监督员，认为这是中央给每一个人赋予的职责。

3.3.2 新旧权威更替

传统乡村中的权威有三种形式：年龄、智慧和力量。通常村长会是这个乡村的首脑，他资历最深、见识最广，还很有魄力，对待麻烦事能迅速作出决断。

传统权威要成就自我需要在漫长时间历练中累积社会经验和生活常识。尤其是在无书可读的乡村，能识字的村长更是具备了成为权威的条件。

单是年龄获得的只是尊重，唯有年龄成就的智慧才能让一个人充当公共事务或家庭纠纷中是非的判断者，教化村民，要求村民维护公共利益，制定行为准则。

电视进入乡村挑战了旧权威的地位。许多信息不依靠资历和身份也能获得，甚至不需要经验的累积，很多常识在很短的时间里就能得到普及。通过公共信息平台能获知同样的知识，加上新生代多多少少都识字，村民对事物的认识开始具有个性特点，变得不那么容易统一。在不同问题的处理方式上，不同的认识会有不一样的路径。

这些实实在在的变化让村干部的工作变得更有难度。江当乡鲁日村村长索朗和我交流时表达了他想辞掉村长的想法。他认为他不识字，现在很多事情没有办法处理。就拿政策解释工作来说，他从电视上看到的和村民看到的一样多，没有办法给村民更多的指导。也正是这个原因，他感到有的村民对他的管理不服气，觉得吃力还不讨好。他认为年轻人中有那么几个识字的很有能力，是当村长的人选，欠缺一些的是这些人考虑自己更多一些，缺少服务大家的意识。

70 岁的索朗欧珠，他从 1964 到 1996 年一直担任鲁日村村长一职。

在江当乡，挨着鲁日村的叫郭家村，这个村子的村民是从日喀则定日县整体搬迁过来的。政府给他们修了房子、分了良田、发了种子、给了救济的口粮。江当的自然条件远好于定日，鲁日村的村民认为这些搬迁户安分守己地劳动很快能自食其力。但实际情况是这些村民习惯了被国家照顾，过惯了没有粮食就问政府要的生活。搬迁五年多了，有些人家还是家徒四壁。但是这些村民不觉得总是被救助是耻辱，还为沾了政府的光而感到有面子。索朗欧珠为了说服这些搬迁户改变“等、靠、要”的思想赶去做工作，意外的是这些村民不但不听他的，还说“政府给的关你什么事”。这让老人很震惊。老人说自己是一个坚定的共产党员，敢于在生活中批评不合理的现象，以前村民有什么难题都会来咨询他，但是现在大家都有自己的主意，开会时他提出一些评判意见也没有人会听，反倒认为他的思想过时了。

老人认为村民们相互比的不是谁更能通过劳动致富，而是看谁能占到公家的便宜不劳而获。他们看着电视里政府又救济哪个地方，盼望着救助的名单中有自己的村子。村民对获取生产、生活资料和取得成功的途径有了不同以往的认识，这让老人完全不能接受。

索朗顿珠老人现在不怎么看电视。他认为新闻能给乡村带来不少信息，拓展人们的思路，但是也带来了很多问题。比如说打打杀杀的片子太多了，村民以为外面的世界就是那样凭着凶狠就能称霸，于是在生活中变得蛮横，遇到事就动手。“还有一些电视节目”，老人困惑地问：“是教人防盗还是教人偷盗的技巧呢?”老人认为这种影片弊大于利，完全不能看。但老人也表示无奈，说自己的话已经没有人听了，也许就是过时的思想吧！

在江当乡江当村新的权威已经出现在人们的视线中了。如女干部旺珍从做小生意起家，现在已经成为江当乡的女企业家。有钱之后她投资修村级公路，建养老院，把工程分包给乡亲。孤儿出身的旺珍懂得生活的艰辛，她认为多帮帮他人就是不要让大家再过她曾经过的苦日子。她的举措得到了大家的认可。新闻媒体播出别的村子的带头人时，村民们就指出，他们的旺珍大姐也很棒。靠着口耳相传的力量，旺珍的名气越来越大，最后也成了电视中的“明星”。在江当乡附近的村庄中旺珍说的话比村干部说的还管用。

电视让村民知道了一个新词——致富带头人。

电视中对致富带头人的报道早已树立了他们的形象，如以下致富带头人的新闻报道：

牛牛，中共党员，昌都地区洛隆县中亦乡中亦村农民。他认为个人富裕不算富、大家富裕才算富。他手把手地传授种植技术，带领当地50多户农牧民群众发展蔬菜种植，户户学会大棚蔬菜种植技术，户均增收3,000多元。成立了中亦村蔬菜种植协会，自己担任会长，吸收会员100多人，占中亦村总户数的51.6%，经他带动起来的藏猪、藏鸡养殖专业户就达30多户，每户每年增收1,000多元。

洛桑亚培，中共党员、拉萨市林周县强嘎乡连布村农民，村委会副主任兼村长。他在深入田间带头做好推广农业优质品种种植技术的同时，利用休息时间，为该村培养了农牧民科技明白人270人次。他还无偿指导村民科学养畜，在他的带领和帮助下，13户农户在2008年农牧业纯收入达到317,032元，人均纯收入5,113.42元，比当地农牧民年均纯收入提高了35.05%。

坚参，中共党员，日喀则地区江孜县紫金乡努堆村农民，努堆村党支部书记兼村主任。2009年，他带领全村群众，调整种植结构，实现了青稞产量最高达到1,230斤/亩，居全乡第一，创历史新高。组织群众合理利用耕地，开展蔬菜大棚试点，全村蔬菜种植收入达30余万元；承担了奶牛、黄牛良种引进及饲养种植项目，通过建立科技示范基地，引进优质奶牛、实施优质饲草种植，该村奶牛存栏640头，其中改良奶牛450头，养殖业收入达95万元。

新闻中这些致富带头人和旺珍有一个共同点，就是有能力发家致富，但不是只顾自己富裕，愿意奉献，带领大家伙一起走致富路。

村民认为那些自己富裕了过上了好生活的人家只能让人夸赞这户人家有能力，并不值得特别尊重。唯有自己富了还肯帮助贫困户这才配得上赞美。对于富裕起来却又不顾大家的村干部，村民颇具微词。在地纳村，村民常常挂在嘴边的一句话是“我们这个村子富的富、穷的穷，一点没有互相帮忙的心思”。

村子中的新权威就是这些有智慧、实干的，也肯帮扶困难家庭的带头人。

在村子里村干部富裕了却不肯充当带头人，他的权威身份也很容易受到挑战，继而村民会对村子治理提出疑问：比如谁在享受低保户的照顾？低保户筛选的权力在谁手里？公平吗？能不能问问乡里这一块的工作到底是怎么开展的？

我认为，对乡村权威的质疑、重塑实际上是一个复杂得多的问题，它涉及民主自治这块的工作。观念的转变是颠覆权威、重塑权威的关键。村民的价值观发生变化后，对事物评价的标准不再是单一的。权威要管事，但是仅仅愿意管事还不够，还得有能力管事。

对传统权威的一概否定也是需要纠偏的。农村老党员秉承的思想不符合功利主义行为，于是被村民摒弃。如何在电视节目中将“老传统、老权威”正确的观点传播出去也是值得思考的问题。

3.4　电视与乡村生活品质

怎样才能过上电视中城里人过的日子？有钱了该怎么生活？是不是应该到其他省份去看看？在乡村，这一类的生活问题被村民们一再讨论。

电视给乡村生活带去的冲击不仅仅表现在生产生活的浅表层面，也表现在价值观念、思维方式、行为规范和民族文化等深层次问题上。电视对于人们的意义在于可以在电视中看到自己的生活、愿望和梦想，它传输的内容和人们的实际生活或想象生活能建立起各种联系。[①]

笔者认为对于这些内容的展示和分析是从另一个角度研究电视在西藏乡村传播取得的效果的。

3.4.1　信息与富裕路

在乡村，提到致富的关键，村民说是“修路”。“要致富，先修路”是电视新闻类节目里时常提到的口号，这一观念已经深入人心。

---

① 〔英〕安德鲁·古德温、加里·惠内尔 编著，魏礼庆、王丽丽译：《电视的真相》，中央编译出版社2001年版，第69页。

电视在农牧民的生活中搭建出两条路：一条是信息路；一条是信息中不断宣传的与外界交往的公路。两者都是打破闭塞的关键。

道路的建设是新闻报道中的重点，这样的新闻选题反复出现强化了乡村观众这样的一个概念：只有交通便利了，才能实现富裕生活。打破原有的闭塞后，需要移民搬迁的村民才能放弃祖祖辈辈生活的山坳，迁移到靠近公路的平坝子中。

关于修建道路的新闻实际上传递着另一个信息：有没有路、路是否平坦会影响到与“走出去、引进来”相关的物质和文化交流。信息的交流、物质的交流都对农牧区形成开放和交融的思想环境有一定影响，也会给农牧民原本固守和封闭思维带去冲击。

在实际的操作中，修路的信息本身就是带给乡村致富的路子。江当乡的农民企业家旺珍从新闻报道中得知拉日铁路开工建设的消息后，立马在江当乡附近承包了一个砂石备料场。

旺珍不识字，但是她是信息灵通的乡村妇女。每天晚上她都会看西藏新闻，捕捉到一点点和她们乡有关的信息她就到城里的相关部门去打听，看有没有适合他们干的惠农项目——她的砂石备料场就是这样来的。她说她很清楚，铁路要修到日喀则肯定会用工用料，她一直关注着这一块的信息。

电视进入乡村后，村民的思想越来越开放，他们不甘于死守几亩地，纷纷拓展发家致富的路子。道路的修建和修建后的发展是链状效应的报道，带给村民更多的致富道路。

拓展致富道路后，西藏一批农牧民改善了生活。日喀则甲措雄乡地纳村就是靠运输发家致富的村子，2011 年人均收入 10,163 元，而当年西藏的农牧民人均收入为 4,900 多元。地纳村 316 人，46 户，有 120 辆机动车及机具，其中 28 辆客车、15 辆拖拉机，此外是收割机、扬场机等。村长扎西家共有 2 辆客车、1 辆出租车和 1 辆家用越野车。

靠运输地纳村成了万元村，他们提供的运输服务为乡村百姓的通行提供了便利。在私营运输队出现前，像仲巴、萨迦这样偏远的县乡村民们要去趟日喀则或拉萨只能坐一天仅有一两班的国营客车，错过了就只能取消行程，现在出行方便了，村民们随时可以把家中的农副产品拿去城市中销售，补贴生活。

问及村民怎么会想到靠运输来致富的，村民说，常常看修路的新闻，有了路没有车大家出行还是不方便，政策又鼓励我们贷款，跑运输就是最好的办法。

地纳村次旺朗杰家是村里最早买汽车的人家，1983年他们家买了1台手扶拖拉机，自己不开，靠出租赚钱。次旺朗杰家12口人，65亩地。家中有3辆客车、1辆翻斗车、1台收割机。3辆客车主要跑到拉萨、仲巴县、萨迦县的客运。家里还养了猪牛羊若干，自己家吃不了的都拿去卖，家庭年收入能上50万元。

次旺朗杰每天晚上必看新闻，从7点看到11点，他的汉语是"半懂不懂的状态"，就这样他也看汉语节目，他及时把握住发家致富的机会是因为他看好党的致富政策，敢贷款、有胆量，"政策好了，自己不勤奋，富裕不起来就别抱怨 "，这是老人的理论。他定期会和村干部交流自己的想法，谈得最多的话题就是怎么致富。他对电视中播出其他省市的致富方法好奇极了，不时会和家人讨论。次旺朗杰很愿意把自己掌握的致富信息分享给村民。他在致富中的带头作用为家庭赢得了尊重。

我去调研时恰逢原西藏自治区党委书记张庆黎和新到任的书记陈全国交接工作，次旺朗杰对新书记充满了兴趣。他想知道新书记上台的"三把火"中会不会有和农民生活相关的内容。基于对可能出现新政策的关注，次旺朗杰说他这几天看电视更认真、准时了。

次旺朗杰说："电视是一定要看的，不然没有办法知道政策的变化。现在最大的靠山就是政策的支持。大家都很勤劳，也攀比着，各家在政策支持下努力干活就行了。"

> 笔者问："攀比是不是不太好？"
> 次旺朗杰回答说："没有攀比就没有动力。"

次旺朗杰的弟弟拉穷是他们家中唯一去过其他省的人。当年为了买车，他去了湖北十堰和河南的一些城市，略懂一点汉语。拉穷说他看到的比电视中的还要好看，等以后闲了，一定要再去看看。

拉穷外出时接触到的汉族给他留下了深刻印象,回到日喀则他也喜欢上和汉族打交道。他当包工头就雇汉族当技工,他盖房子就找汉族包工头当管事的。他认为汉族技工不骄傲,愿意教人技术,他认为这是藏族技工不具备的优点。

地纳村村长扎西认为他们村子最大的问题是农业和副业发展不平衡,副业成为主业。现在村里还有三四户贫困户,怎么让他们脱贫也是很需要考虑的。所以希望有更多的致富信息能指引他们,开辟出更多的致富方式,让更多的村民受益。

受惠于政策,村民们生活富裕了。历数各项惠民政策,村民从小额贷款说到养老金的发放、低保救济的执行、教育"三包",每一项都让村民感受到国家在鼓励劳动致富。

就整体交通状况而言,国家对西藏交通的大力建设给村民致富提供了条件,村民们敢贷款买车跑运输,实际上部分原因是电视中对国家整个政策基调宣传的到位,并把适用于农村发展的政策宣传到家。地纳村达仓家15年前贷款买了一辆车跑运输,现在家境殷实,达仓认为她家发展起来的关键是靠小额贷款,每贷一次款家庭经济就有一次明显的改善。现在她家有两辆车在跑运输。达仓总结说:好政策+勤劳=好生活。

公路建设带来了富裕生活,农牧民也加入到了公路建设的大军中。新闻及时播发了"奋进十年绘就交通发展壮美蓝图""昌都地区交通运输局农牧民公路建设技术咨询服务队成立"(《西藏新闻联播》2012年6月1日播出)等新闻,在描绘蓝图的同时给农牧民提供了相关的信息。

在旧西藏,距离拉萨城区仅70多公里的墨竹工卡被拉萨人描绘为"天边的墨竹工卡",而今便利的交通可以让墨竹工卡人一天往返拉萨几个来回。旧时,林芝地区是西藏流放犯人的处所,而今,拉萨到林芝当天就可以来回。

交通问题的解决让人们变得更加自由,"要致富,先修路"的思想已通过电视媒体的传播深入人心。我在林芝地区米林县偏远的扎西绕登乡访问时正赶上工程队施工修建乡里通往米林的村级公路,修建这条路要砍一些树木、占一些农田,村民们毫无怨言,纷纷出来帮工。村民告诉我,这条路修通以后他们就不仅能在电视里看到拉萨,也能常常去拉萨了,还可以把村里每年产的桃子、苹果拿到城里卖。只是还得在电视上做做广告，让大家都知道他们这里的水果好吃。

修路是许多基层乡村村民最为迫切的需求。远在昌都地区丁青县的觉恩乡绒通行政村海拔3,700多米，管辖着7个自然村，450多户近3,000人，自然村和行政村之间依旧靠羊肠小道通行。驻村工作队去了解他们的需求时，他们提出了两个要求：一是把通向行政村的3.5公里路变成简易路，这段简易路一旦建成，他们的安居工程就有了实施的基础，建筑材料就不用靠人背马驮来运输了；二是解决他们看电视难的问题，村里既没有卫星信号接收器也没有电视，他们认为封闭是他们发展的最大障碍。

这些偏远村子的发展不会像日喀则、林芝等地的村庄那样迅速、顺利，但假以时日，信息带去观念的改变，人们会更多思考怎么过上富裕的生活。

3.4.2　安居地、样板房推广

以往在村民生活中要和他们沟通把村子安置在哪、住什么样的房子、怎么住等一系列问题是一个难题，动员贫困地区村民搬迁更是难上加难。电视中对已搬迁村民生活的展示触动了乡村搬迁“钉子户”。这些留恋故土、不愿意放弃几代人生活过的地方的村民，不断从电视中看到政府为搬迁户盖的新居影像后，动员他们迁至交通更为便利、自然条件更好的地方的工作变得容易了。

电视新闻中移民搬迁房和农村安居房的文本和图像主要涵盖的内容有：

1. 农房改造、游牧民搬迁、扶贫搬迁；
2. 旧房的面貌低矮、阴暗、人畜混杂，有的房屋地基矮于公路地基，倒灌雨水；
3. 新房的格局有独立、干净的卫生间，人居二楼，一楼养牲口；自来水入户；
4. 旧房是土木结构的，新房是钢筋水泥的；
5. 新房在选址上会更靠近交通便利的地方，有的新房集聚区沿着国道和省道，形成了非常漂亮的景观；

6. 国家根据不同地区的农房改造给予一定的补贴。

新闻画面中时常采用新旧房对比的手法展示农村新居，被采访的建房农户喜气洋洋地讲述居住环境改变带来的幸福生活。

这样的新闻产生的是广而告之的宣传效应。林芝地区八一镇核桃村的布谷老人的房子两年前拆旧建新。布谷老人说政府给了他们一万元的补贴，而他们新建的房子花掉了 40 万，更多的钱是从银行贷款的。老人说他们买了辆装载车，靠这辆车一年就挣了 10 万元左右，有能力还上建房贷款。

老人说他们住的房子比电视里看到的城市住宅要好，房屋宽敞而且依山傍水，在二楼能看到尼洋河的景色。老人以前就羡慕电视中城市人的住房，现在她感觉自己比城市里的人还幸福。老人的媳妇说刚开始看到电视里别人家建的新房子，自己心里很着急，现在好了，自己的房子比电视里的都漂亮。

老人一家人原来都睡在厨房里，共用一个卫生间。现在厨房的功能就是做饭、吃饭。每个家庭成员都有自己的卧室，卫生间安装了抽水马桶。老人说她刚开始用不惯马桶，现在好了。老人还说，这个马桶在电视里做了广告，请镇子里的汉族工人给装的，应该是最好的。

这次盖新房，布谷老人最为注重的一点就是把牲口饲养棚迁离了建筑主体。这一点是电视中反复强调的人畜分离居住，依照电视中常常展示的房屋结构模板，布谷老人重新盖了牛棚，她认为这样做对身体健康来说太有必要了，只是以前没有想到。

老人的孙女次仁卓玛现在上初中三年级，每上十天课休息四天，回家后她就开始帮母亲做农活。次仁卓玛很自信，她用拉萨口音的藏语说她想考其他省市的西藏班高中部，上了大学后回家乡当一名老师。她说，受电视影响，她和她妈妈不光会说拉萨话了，汉语也有了进步。

老人所在的村庄共 20 户人家，这两年都陆续完成了新房建造。新房的结构和内部布置都很相近。前文中提到的林芝鲁朗扎西岗村的嘎玛家也是这样的新房结构，村民们普遍接受了马桶和淋浴。以往在传统的藏族家庭中，墙壁的装饰主要是壁画和一些宗教符号，在林芝的几户村民家中，有的墙上挂了风景油画，有的贴了大大的福字，这样的装饰风格也是他们从电视中学来的。

始于2006年的西藏自治区农牧民安居工程截至2012年年底，已累计帮助40.83万户，近210万农牧民圆了“新房梦”。西藏全区农牧民安居工程累计投资246亿元，其中农牧民自筹资金约133亿元①，其余的款项由各级财政补贴。

对居住条件改善的渴望是农牧民劳动致富的动力，盖新房、住新家成为他们最大的梦想，也是他们评价生活改善与否的重要指标。

2012年我们调研期间，日喀则甲措雄乡地纳村和江当乡的各村子安居工程正在火热地进行中。虽然地纳村是日喀则首个万元村，但是村民整体经济状况还是比富饶的林芝稍逊一筹。林芝居民是整体比较富有，2012年年人均收入已经达到了九千多元，日喀则的农村年人均收入也就四五千元。

乡村广泛兴起的安居房建设热潮和电视传播的信息关系密切，电视中的信息还给安居房提供了建设模板，受电视中宣传的安居工程的影响，地纳村村民们想建的新房也是电视中看到的样板房：采光好，人畜分开，最好能在房屋的主体中引入自来水管，有独立的卫生间。村民们认为这样的房子能让他们住得和城里人一样舒服。

除去这些共同的要求外，地纳村村民的新房建设一改以前的村落格局，而是沿路修建。

据地纳村村民说，村长扎西家是村里的首富，年收入上百万元。他家新建房的院中可以放下十几辆车，牛棚等牲畜饲养地从主建筑中迁了出去。主建筑是一栋两层楼房，占地近400平方米。比面积大小更重要的是他们家的房子是沿着日亚公路修建的。

别的村民的房子虽然没有扎西村长的大，但普遍都靠近公路，临街的房子往往还修建了门面房，拉着卷帘门。靠近公路就意味着出行更方便了，见到南来北往的人也多了，获得的信息也更丰富了，也意味着流动人口多了，可以出租门面或开个小商店之类。

地纳村尼玛家2009年拿到了政府的安居工程款，沿街新盖了房子，临街

① 新华社新闻，中央政府门户网，http://www.gov.cn/jrzg/2012-12/29/content_2301825.htm。

面开的一间是一个小商店。小商店卖一些啤酒、方便面、打火机之类的东西，收入能满足家中的日常开销。尼玛有三个女儿，有一个考上了西藏大学，一年要一万元的开销，小女儿今年考上了浙江绍兴的西藏班，另一个女儿为补贴家用就和父亲去日喀则打工了。二楼的客厅兼起居室里，小女儿在看《喜羊羊和灰太狼》，每每看到灰太狼高喊"我会回来的"，小姑娘就忍俊不禁。电视机旁的藏柜上放着电话，尼玛说在拉萨的女儿周末会给家里打电话。尼玛担心将要离家的小女儿，她说："从电视里看到浙江很热，我们藏族孩子没有出去过，能不能住得惯？"考虑到孩子要出远门，尼玛增加了看电视的时间，想通过电视屏幕了解更多的情况。

广泛兴起的农村安居房建设也遇到了问题，江当乡的安居工程就给副乡长普布尺带来了不少困惑。这个乡有 5,387 人，735 户，除了从定结县贫困地区搬迁来的 45 户 200 多人住的是政府挨着拉日公路修的安居房外，其余的村户得靠申请才能得到政府的补贴拆旧建新。到 2011 年 8 月已有 600 多户建了新居。

普布尺副乡长说："村民们看到各地的安居工程都建得很漂亮，自己同村的人也申请到了，就不管自己的条件怎么样，都开始申请建新房子。实际上他们的老房子也是前几年在政府的扶持下修建的，都还能住。现在的安居工程在我们这里最少也要花十来万元，政府补贴毕竟是少部分，自己要出大头。因为攀比，就是要建，我们做了说服工作也不行。最后，房子是建起来了，但是家里什么都买不起了，还得让政府发救济粮，极大地影响了生活。"

尽管有的家庭的确无法承担建设新房后的负担，但是村民已经目睹了城市农牧民的居住环境和其他村民的新房子，谁都不愿意再在原有的住房里生活。一方面是生活品质问题，另一方面涉及心理感受。他们认为债务是短期内的负担，只要勤奋工作就能还清，抱以这样的观点他们都不愿意放弃建新房的申请。

安居工程惠民利民，通过报道成为农牧区群众了解最深、体会最深、实施最有力的政策，他们居住环境的改善也深受电视节目内容的影响。但对政策的报道应该在积极落实的同时加以平衡、因地制宜地选择内容、主题，及时发现问题，并加以引导。

对乡干部来说，劝阻不适合建房的人家“不去凑热闹”效果不大，他们认为还得由电视媒体加大宣传力度，从不同角度来解释农村安居房的政策，有引导性地落实这项政策。

和农区相比，有些牧区是在政府的鼓励下近几年开始了定居生活，昌都地区妥坝乡的自然村落就是如此。妥坝产虫草，牧民有了钱就想换换好房子，标准就是电视节目中看到的样式，朝阳、两层楼，有传统的画柱和雕花，最好是由汉族工人施工。汉族施工队在牧区口碑好，牧民认为他们和蔼可亲，又有技术。

在同卡乡然多村，我发现牧民居住的房子有两种不同的布局，一种是平房，畜圈和住宅之间有篱笆相隔；另一种是楼房，和日喀则地区的农居相似，楼上住人，楼下饲养牛羊。地域之间在建房和住房的装饰上不断相互借鉴，一方面得益于政府基于健康考虑的大力宣传，另一方面就是受电视传播的影响。

3.4.3　倡导田间农事新技术

在日喀则地纳村调查期间我带去了一些农村生产技术的电视片，有土豆种植技术、农牧民进城务工指南、苹果嫁接等内容，请村民们到现场选择观看。在选择节目时村民问有没有讲大棚温室种植技术的影片。他们很想像汉族一样会搭大棚，能种植细菜，而不仅仅是种植青稞。村民告诉我，他们从电视中看到大棚种植不受季节、气候限制，能让他们种出本地原本产不了的作物，很神奇。但是这个技术现在村民们都不会，只有汉族人懂，他们很想知道怎么搭棚，搭棚的架子如果太贵有没有可以替代的东西。对技术的渴望使他们对电视寄予希望。

我没有带关于大棚种植的影片，给村民播放了无土栽培技术的片子，村民感到很惊诧。观看中间不停地请翻译暂停节目详解操作环节，并相互讨论。观看结束后村民问这样的项目在西藏是否属于政府扶持的项目？他们提出：如果国家扶持、技术员加以指导，他们想两三家合作，他们肯吃苦，劳力没有问题，一年之内能学会。

电视中播报的农业技术及农田基本建设等节目是村民农业生产的重要指南，他们通过这一类的新闻了解政府农牧业建设的规划和实施情况。包括良种推广、机械耕作、水利建设等内容，新农业技术是村民们最为感兴趣的部分。

农业技术的推广导致了观念的改变，以往有些村民很忌讳施撒化肥、喷洒灭虫剂，认为灭虫是杀生的行为。而今，他们逐渐摆脱了宗教观念的束缚，已经把这些技术视为生产中的必需。

农田基本水利建设也是现代农业的重要构成，村民日常生产中定期组织劳力维护村中的沟渠，他们也极其关注电视中播报的水利扶持政策。

2012 年 6 月至 12 月，《西藏新闻联播》就播报了以下各地进行水利建设的新闻(见表 3－2)。

表 3－2　2012 年 6－12 月《西藏新闻联播》播出的关于水利建设的新闻

2012.6.1	阿里地区扎实推进涉农水利工作
2012.6.13	昌都地区水利重点项目进展顺利
2012.7.17	今年上半年那曲地区水利项目完成投资 3,100 多万元
2012.9.4	昌都地区稳步推进水利项目建设
2012.9.25	民生水利 润泽民心
2012.11.18	旁多水利枢纽工程完成投资 30 多亿元
2012.11.20	全国冬春农田水利基本建设电视电话会议召开
2012.12.19	林芝地区今年完成水利投资 3.94 亿元

从这样的新闻中村民们了解到政府兴建水利的力度。他们对现代技术运用到农牧业生产中的好处深有体会，也会积极争取与自己村庄相关的水利项目，在项目实施期间他们会尽可能出工出力。

江当这个词从藏语翻译过来是“像铁一样坚硬的泥土”。历史上这一带就是靠着河却缺着水，基本上没有灌溉设施。离乡政府更远的章嘎、雄卓等山坳村庄境内没有河流，只能靠山水灌溉农田。几年前日喀则江当乡村民从电视上得知水利部门要投资修建乡村水渠、挖水井时，纷纷向乡政府提出申请，希望政策能向他们倾斜，改变长久以来靠天吃饭的状况。

嘎藏村村长达瓦欧珠说他的任期内要解决两件大事：一个是申请让政

府给他们修条水渠；另一个就是在农技人员的帮助下播育良种，提高亩产量。达瓦欧珠村村长在电视上看到政府在不同的地方实施了这样的帮扶，他认为总有一天会轮到他们村子，而他要做的就是积极获取消息，一旦有项目实施，就及时去争取。

在如何改变传统的生产方式上，电视始终积极配合政府进行各种宣传。农民家庭有了原始的积累后，政府通过电视再引导农民进行农业现代化生产，新闻宣传的核心是“农民出一部分钱，政府补贴一部分钱”去购买各种现代农业生产机械（见表3—3）。一辆16,700元的拖拉机，国家补贴5,000多元。农民一算账，认为非常合算，纷纷加入了购置队伍中，这一政策实施起来非常顺利。

表3—3 2012年6月—12月《西藏新闻联播》中关于“农机”的新闻

6.2	我区将全面提升农业化机械水平
6.21	山南地区隆子县开展农机操作维修技术培训活动
6.21	我区农机购置补贴投入总量继续稳步增长
7.16	昌都地区江达县向低收入家庭发放农机具
7.24	2015年我区主要农作物综合机械化作业水平将达61%
8.12	农机购置补贴 促进群众增收
8.14	山南地区沿江各县农机抢收秋粮
8.25	那曲地区那曲县举行2012年农机具发放仪式
9.6	白朗县新型农机作业模式谱写丰收乐章
9.6	西藏军区某车修理厂开展“支农、助农、送技术下乡”活动
9.19	机械化在现代农业发展中的作用日益凸显
10.21	拉萨八成农作物秋收秋种实现机械化
11.6	日喀则地区发放620辆中央捐赠的农用运输车
11.6	日喀则地区谢通门县驻村工作队为驻地群众购买农机具
12.6	尼玛县向群众发放今年第二批国家补贴农机具

这些新闻文字内容并不出彩，但是画面极具感染力，不少农民从电视上看到别的村子逐渐告别靠镰刀、锄头生产的状态，纷纷效仿，改变守旧的生产方式。

除了报道田间生产“硬件”改善的新闻外，农技培训也是涉农新闻中的重点（见表 3—4）。

表 3—4　2012 年 6 月—2012 年 12 月《西藏新闻联播》中关于农牧民培训的新闻

6.11	拉萨市力争三年培训农牧区劳动力 9.75 万人
6.12	拉萨市农牧民劳动技能培训就业促进会暨“一区四园”人力资源洽谈会举行
6.19	山南地区举行首批农村综合信息服务站设备发放仪式
6.26	阿里地区加大农牧民技能培训力度
7.3	自治区科协驻拉孜县工作队组织农牧民群众到山南地区学习考察
7.6	自治区交警总队驻昌都县诺通村工作队举办农牧民驾驶技术培训班
7.27	自治区农行驻村工作队组织农牧民在拉萨考察学习
9.4	拉萨警备区 2012 年农牧民种养培训班开班
12.27	瞄准劳务市场 增强技术本领 进一步拓宽农牧民增收渠道

农业技术培训是农村科技成果扩散的最好办法，展示农技培训的方法、手段有助于号召更多的农民参与其中。

表 3—4 新闻类型给生产中不断会用到新技术的农牧民以鼓舞和期望。他们更多希望乡村政府能牵头组织培训，哪怕让他们出点钱也愿意。讨论到某某地区或某某知名村子的发展时，村民常常会认为技术是改变那个村子的重要原因。为了新技术，他们愿意和汉族交朋友、打交道。林芝地区的村民说他们特别乐意到汉族承包的大棚里帮工，汉族总是会教他们一些技术，这些技术对他们的生产帮助很大。

新技术开阔了村民的眼界，改变了他们固守的家园面貌。电视在其中不仅充当了政策的传播者，也是新的生产方式的倡导者、教授者。传统社会里，人的社会经验来自直接体验，社会规模越小技术越落后，能体验到的直接经验越是相对有限。如今，足不出户就能观摩到先进的生产、生活方式，这是对空间限制极大的突破。

对于西藏乡村而言，为数不多的涉农信息就对村民的思想产生了很大的启发作用，如果对涉农信息的内容加以深化设计，用更贴切的方式传播，取得的效果还会更加明显。

也就是说，电视传播在村民的具体生产操作指导上还有很大的改进空间，这也是村民在接受调查时表达的对媒体的主要诉求。在后面的章节中就这一类问题我还将展开叙述。

需要强调的一点是，尽管西藏乡村的受众收看汉语节目会有一些语言障碍，但是面对他们极感兴趣的节目，就算是汉语，他们也会一知半解地收看。全国各省台和中央电视台七套共同打造的立体传播格局对农业现代化在西藏乡村的推进、对农民生产经营思想的改变关系很大。

3.4.4 电视变身“小课堂”

动画片对农牧区孩子的吸引力是巨大的。我在乡间给小朋友照相时会有孩子立刻摆出奥特曼打怪的标志动作，孩子们的游戏时间也逐渐被看电视取代。电视成为农牧区孩子学习外界知识的重要窗口。

在农牧区，家长不是很限制孩子看电视，他们认为看电视能增长孩子的见识。再有，通过电视孩子能学习汉语。农牧区家长认为只有汉语好了，孩子以后才能学到更多的知识，到城里，即使是到卖衣服的小店或小餐厅打工，都得用汉语和人打交道。

家长在为孩子设计未来时，希望孩子能掌握更多的技能，包括更多种语言的学习。对于儿童而言，在农牧区学习的内容和形式选择面都极其有限，甚至连幼儿园都非常罕见，一定程度上，电视在乡村家庭中充当了教师的角色。

一方面，电视起着传播信息和知识的作用；另一方面，它传递的“知识改变命运”的观念塑造了农牧民对“读书”的新认识。教育条件差的地方，孩子看电视成为孩子是在学习的替换概念。这与乡村经济日益发展、文化教育相对滞后、人们的精神需求无法得到满足有相当大的关系。

虽然电视在农牧区变身成为“课堂”凸显出电视发挥的社会作用，但是在此要强调的是，农牧区基础教育不过关是导致这一作用极致发挥的关键。

另一方面，电视节目中反复宣传的九年制义务教育逐渐深入人心，读书会更有出息，会过上更好生活的传播内容打动了农牧民，改善了农牧区“有书不读、有学不上”的状况。在乡村，让十来岁的孩子干活充当家庭劳动力的短视行为在慢慢消失，普遍现象是，只要孩子肯读书，能考上学，再困难的家庭都尽可能地供养。

在日喀则甲措雄乡地纳村我走访的贫困户中，有多个家庭因供养孩子读书致使经济相对困难，而这些家庭都表示要扛过眼下的艰苦日子，认为只要孩子能读出来，情况会很快好起来。

西藏的民众教育曾经历过一个坎坷的阶段，旧西藏普通人家的孩子没有机会读书，西藏解放之初，教育条件不好，能好好读书的可能性也不大。终于乡村基础教育的条件得以改善了，但是这期间发展的浪潮涌至乡村，在让孩子挣钱和读书之间，不少家长选择了前者。

在这样的情形下，读书对社会、家庭的重要性及国家对农牧区教育的投入和扶持政策成为电视内容传播的重点。伴随着电视的宣传，乡村等基层政府将抓教育当作工作的一个重点。

再加上，随着社会进一步发展，人们不满足吃饱穿暖，更高的发展期望使得农牧民认识到“生活要更好就得读书”。但此时，个别农牧区教育的一个结点卡在“读完小学的孩子不会写自己的名字，也不会放牛了”这样的问题上。

一些受农牧区教学质量不好影响的农牧民就算不让孩子上学也不会限制孩子看电视。农牧民已经认识到知识的重要性，在实际生活中，他们不满足孩子在学校学习的成绩，但是，他们没有更多可以让孩子选择的学习路径，只能将电视节目的“课堂”功能加以放大。

从另一个角度来说，电视对教育重要性的传播可谓是比较成功的。

通过读书改变命运当然是最理想的状况，即使达不到这种理想状况，电视信息中也在传递“成为新时期农民”的概念，这样的概念是读书会有助于改变父辈传袭的生产方式，具有寻求致富信息和运用新技术的能力。在这样的宣传中，家长会鼓励孩子尽可能读完初中或高中。鲁朗扎西岗村的嘎玛知道儿子巴桑成绩并不好，只让孩子读完了中学。嘎玛认为有这样的基础起码能看懂农技书籍，不会像他们老两口，连说明书的使用都要去请教村干部。

电视对教育内容的传播表达了这样的一个理念，学习是打造未来美好生活的手段，电视本身承载的教育功能虽然已经在为乡村孩子的未来架起一座桥梁，但是远没有满足他们的需求。有针对性地设计更多电视教育节目或鼓励更多农牧区孩子通过电视学习知识是电视教育功能发挥的下一个目标。相信西藏的电视工作者了解到康巴卫视“教说汉语”的节目在部分农牧区受欢迎的程度后，会激发出创办更贴切的教育节目的灵感。

3.4.5　农牧区的环保意识

在西藏，人们常说这样一句话：世界上没有比西藏更舒服的地方了，即使有一些地方经济比西藏要富裕，但是精神世界却远没有西藏民众那么丰富。

西藏民众自诩丰富的精神世界除了宗教信仰外，还有他们对自然深刻的崇敬之心——对自然的保护意识和宗教思想交融交汇，影响着他们的日常行为。

如受宗教的影响，村民通常不会轻易允许开山、动土、封湖等开发行为，他们认为自然之物都有其灵魂，都有守护的神，不可轻举妄动。在采挖虫草时，他们会小心翼翼地把挖起来的土回填，以保存植被的完好。不得不说，电视节目中不时出现的环境污染问题使西藏人更加重视环保问题，在相应的开发问题上也更加敏感、慎重。

对农牧民而言，尽管和自然崇拜紧密联系的环保意识在环境保护中发挥了作用，但他们的环保知识还是有限的，甚至会出现偏误。

如农牧民惜杀惜售，满足了宗教上“不杀生”的精神需求，但致使草场过度放牧而退化；再如，草原上的旱獭专门破坏植被的根茎，同样出于宗教信仰，农牧民听任旱獭繁殖。借环保之名反对正常开发的事情也时有发生。

针对这些偏误，电视有目的地进行了宣传，希望让农牧民尽可能认识环保与科学开发的关系。

电视节目关于环保的话题涉及封山育林、草场轮牧、青藏铁路修建、垃圾场建设等等内容。通过电视的广泛传播，农牧民们认同电视中传播的环保理念，并将这些理念运用到生产生活中，甚至改变了传统的生活习惯。

也正是因为环保概念的普及，让鲁朗扎西岗村村民从经营木材过渡到发展旅游的过程非常顺利。扎西岗村村民通过电视加深了对“环保”这个词的理解，认识到他们赖以生存的自然环境一旦被破坏将会威胁到他们的生活。也正是环保理念的树立，他们安然接受政府安排的每年限期砍柴火的规定①，并家家户户到城里去买液化气罐，弥补燃料不足的问题。

目前西藏很少面临工业环境污染的问题，农牧民的生活方式让他们能循环利用生活中大量的物品，比如村民会拿啤酒瓶当建屋檐的材料，会用易拉罐做各种容器，减少了垃圾的产生。基于这样的情况，环保知识的普及需要逐渐朝环境改善方面倾斜，植树造林、防沙固土等内容应该成为这一类宣传的主体。强化这一类宣传内容，将带动农牧民环境治理的能动性的发挥，有益于营造更好的高原生态环境。

3.4.6 民间艺术的重现

重现藏族上千年文化积累所得的成果和这些成果在民间的传承、延续是对劳动人民的一种赞美，对历史建筑、多样文化的深入呈现，包括对"非物质文化遗产"的持续关注是用影像表达对藏族的勤劳、智慧的肯定。

在肯定和赞美中培育民族自豪感。一个民族的自豪感与这个民族发展中的自信和自尊密切相关，是一个民族的心理底色，一定程度上也是这个民族的综合素质的表现。

非物质文化遗产的报道是实现以上目标的最佳题材(见表3—5)。

表3—5　2012年6—9月《西藏新闻联播》中关于"非遗"的新闻

2012.6.13	工布箭舞精彩亮相非遗大展
2012.6.24	非遗传承人风采——记塔荣藏戏传承人欧洛巡巴
2012.7.4	非遗传承人风采——记勉萨派唐卡代表性传承人罗布斯达
2012.7.20	传承民族技艺 编织五彩生活——记卡垫织造技艺传承人边多
2012.7.21	让传统的制陶技艺在传承发展中绽放异彩——记制陶技艺传承人次仁
2012.9.5	我区现有53位国家级"非遗传承人"

非物质文化遗产是各族人民世代相承，与群众生活密切相关的各种传统文化的表现形式。非物质文化遗产既是历史发展的见证，又是珍贵的、具

① 为保护森林资源，当地政府规定每年每家只能在指定的两周之内上山砍伐做燃料的木材，此外的时间一律禁止伐木。

有重要价值的文化资源，它承载着人们的历史感和共同意识。

在非物质文化遗产的实际认定中是由家庭、师徒或学堂等形式传承三代以上，传承时间超过100年，且要求谱系清楚、明确。依此标准，西藏的非物质文化遗产的传承人基本上是普通的农牧民，非物质文化遗产是村民们熟悉的事物，甚至和他们的日常生活息息相关。

编卡垫、唱藏戏、做陶器，这都是日常生活中的平常事，这些事出于乡间，电视报道对象也是农民，题材的接近性增加了农牧民观看的兴趣，激发了他们对民族文化的思考。

西藏媒体的正面报道常常定位在“落后的西藏”“苦难的西藏”背景下，展示“辉煌事业”“巨大发展”。近几年，宏大叙事的报道形式有所改变，人的故事、文化的留存发扬都成为很好的展示内容。存在于农牧民生活中的民族优秀手工艺等事物得到肯定和褒奖，让农牧民有了另一种民族荣誉感。昌都地区芒康县的一位村民向我介绍他的家乡时用肯定而骄傲的语气说道：“那是弦子的故乡！”地域特色文化成了他们的骄傲和地方招牌。

随着各类民间舞蹈、歌曲、乐器和绘画渐次在筛选中被保护，村民们开始从另一个角度审视自己生活中的“财富”，这些“财富”重塑了民族自豪感，重建了民族自尊心。村民们对民族文化被国家给予如此重要的地位倍感欣慰。

通过电视镜头，“非遗”文化中各种民间表演频频在屏幕上亮相，强化了“优秀文化由劳动者自己创造”这样的理念。村民不但能通过荧屏上的歌舞艺术获得享受，生活中的民间艺术表演者的生存状态也有所改善。靠着电视的宣传，一度有些失去人气、萧条了的民间艺术团队又活了过来。藏戏演出队就是这样一个靠着传统文化保护转危为安的艺术团队。包括拉萨城关区娘热乡农民藏戏演出队①在内的藏戏团队都是农民自发组织的，早年他们因活跃于农村演出中而备受村民欢迎，电视的出现冲击了他们的市场，让他们失去了一部分观众。当他们走上电视屏幕后情况却逆转了，不仅仅是本地的观众转场到电视屏幕前观看他们的演出，外地的观众也慕名而来，更有

① 娘热乡农民藏戏演出队：成立于1979年8月，完全由农民组成的藏戏团队。

国内外的观众在雪顿节[①]期间守着他们的场子全程拍摄。

就民间文化艺术演艺内容而言，在西藏电视屏幕上的表演者主要是农牧民演艺队，西藏目前有群众性业余演出团体近700个[②]。农牧民是很多类型节目的创造者、继承者、发扬者，他们的观众中80%以上也是农牧民。延伸到更多的内容中，包括绘画、手工艺、说唱都源自民间，通过这些文化艺术的电视报道，农牧民看到自己的影子，看到自己熟悉的人，在这样的情景中，他们重新认识自己的文化，希望推广民间的精神产品，使其成为公共财产，让更多的人来分享。

3.5　电视对日常生活与婚恋的影响

电视成为人们生活中另一个学习的窗口是有研究范例的，较为典型的就是电视剧对巴西社会影响的分析。

巴西的电视台长年累月地播出爱情题材的肥皂剧，动辄就是上百集，目标受众是女性。家庭妇女尤其容易被剧中的人物形象诱惑，开始注重衣着，并不愿意多生孩子。人口学家埃尔萨·贝尔库奥认为肥皂剧中的女性形象和家庭结构影响着人们的现实生活，为传统家庭带去了冲击和改变，间接导致当地人口出生率的下降。[③]

巴西这一变化的实质是女性学习剧中人物的生活方式所导致的。传统意识被新生活带来的新观念冲击挑战，新观念逐渐占了上风并成为主导。

电视在西藏乡村的传播给人们带去了类似的观念冲击和生活方式的改变。

3.5.1　生活方式的新体验

西藏的乡村人口有限，生活经验和形态相对人口密集的城市也是不够丰富的，在生活中从他人身上直接学习到的新东西也是有限的，因此电视中多元、现代的生活方式就成为追捧的内容。从乡邻中学习新知识是在同质

① 雪顿节：藏族传统节日，时间是藏历6月底7月初，传统活动为展佛、藏戏表演、喝酸奶。

② 数据来源：清华新闻网—西藏民主改革50年，http://news.tsinghua。

③ 新华网：缩水的巴西家庭，http://www.enorth.com.cn 2011—10—01 17：04。

性网络沟通，电视中传播的生活方式属于异质性网络信息。根据创新扩散理论，异质性网络信息差异度高，且信息是“自上而下”流动，具有创新思想的信息更容易产生影响。

日喀则仲巴县在西藏都属于偏远乡村、牧业县，牧民们的居住地很分散。县政府所在地只有一条街，政府办公楼与茶馆比邻，牧民们常常集聚在这些茶馆中。茶馆里枪战片、武打片的声音能喧闹一天。在这样的文化氛围中，年轻的牧民脱下了皮袍子，换上了镶有铆钉的皮衣和牛仔裤，发型也变成了鸡冠头或爆炸头。在空寂的环境中，和电视节目内容相近的衣着方式丰富了他们的想象空间，让无趣的生活变得有意思了。

对西藏乡村青年来说，港台剧中的衣着是他们模仿的主要内容，而印度剧中人物的装饰也对他们产生着影响。姑娘们在眉心点上黑痣，有的还在鼻翼上贴上亮片，八角街出售的尼泊尔、印度的服装也对他们有吸引力。

电视人物在乡村不但影响着人们的衣着打扮，也影响着人们的生活、处事观念。

日喀则甲措雄乡地纳村25岁的拉丹已经是两个孩子的母亲。拉丹读过小学，成绩也不错，因家里穷就辍学了。我见到拉丹时她略化了妆，头发很细致地挽起来，戴着时髦的耳环，穿着牛仔裤和人造皮衣，这样的衣着在整个村子里面都是比较特别的。

下文是拉丹和我的一段简短对话：

笔者：你的衣服在哪儿买的？

拉丹：日喀则城里的服装店。

笔者：你怎么不穿藏装？

拉丹：干活不方便，而且不好看。

笔者：那你怎么挑选这些衣服？

拉丹：我看电视，电视里面那些女人穿什么好看我就试着去买。但是我不喜欢穿裙子。

拉丹说她化妆也是跟着电视里面学的。随着观念的改变，父辈的一些生活方式已经不为拉丹所认同，拉丹认为即使是农民，干完活也应该换衣服洗头，把自己收拾干净。她说她上一辈的妇女常常不洗脸，也很少洗头。拉丹常常趁母亲睡下了把母亲换下来的衬衣洗掉。

地纳村 51 岁的达仓家中供养着 77 岁的老人。达仓看电视的习惯是每天晚上藏语频道放什么她看什么。她印象最深的是翻译成藏语的连续剧《趟过男人河的女人》。她说："看电视可以学到和婆婆相处的办法。我们看电视是看别人的生活，实际上是在学习经验。比如拿种地来说，在电视中我看到汉人种的菜像排了队一样，整整齐齐的，这就是我们该学习的。"

模仿是村民社会学习的重要形式之一。通过模仿，他们自觉或不自觉地重复他人的行为，重建自己更喜欢的生活方式。达仓想要模仿的已经不是简单的衣着了，通过比较，她模仿他人的为人处世之道，学习他人的生产经验。

这些经验中也包括对待疾病治疗的态度。

尽管农牧民现在还普遍相信前生今世，但他们在生病时不完全把疾病视为前世今生的因果了。几十年医药知识的普及改变了农牧民对待身体疾病的态度，更深层面来说，电视中科学知识的传播起到了开智作用，一定程度消除了对宗教的迷信，包括僧人本身都不再把生病视为"撞邪"。

日喀则江当乡江当村宁玛派传人向彭塔约常常被邀约到患者家中念经驱邪，但是他做完法事会很郑重地要求病人尽快去医院。向彭塔约认为他的法事更多的是带给村民心灵上的安慰。

江当村的妇女干部仓决认为受电视信息的影响，妇女都不愿意生更多的孩子了，这样一方面是响应国家的计划生育政策，另一方面是想少辛苦一些，能过上更好的生活。她认为电视信息传播太重要了，以前不少妇女都是在家里生孩子，而现在基本上都会到卫生院去生。

几年前我随同青年志愿团到农村开展活动，其中有一项是免费看病发药，很快帐篷前就排上了长队，有的村民还点名要某种药品，说是从电视上看到的，能治疗他的病。电视带给乡村受众全新的生活体验，也传递给他们完全不同的对待生命的态度。也正是因为如此，电视中大力宣传的乡村医疗得到农牧民全然的拥护，他们认识到对待疾病应施以科学的态度，而非用宗教的观念来忍受身体的痛楚。

农牧民日常作息也因为电视的出现有了改变，日出而作、日落而息的传统生活方式逐渐消失了。我考察期间所到的任何一个乡村，都很少看见村民晚上出来活动，整个村庄是静谧的，每户人家窗户中透着电视画面变换的光线。睡觉的时间推迟了，睡眠时间减少了，相应的是，早间的劳作时间也推后了。

这意味着农牧民在更自由地安排自己的时间，而且，生活品质的提升使得他们能享受这样的自由，不必日夜为生计操劳了。

需要强调的是，西藏乡村缺少和外界实质性接触的机会，电视给他们的生活提供了最直接的模仿范本。鉴于模仿对农牧民产生的种种影响，我认为，弘扬主流文化，有控制、有节制地播出对农牧民影响较大的境外节目是非常必要的。这些节目构建的拟态环境会对农牧民的认知产生偏向性的引导，这样的认识一经构成，很难纠正。通过电视实现的模仿和学习对应的是传播学研究中的培养分析理论。早年培养分析理论只是用于电视暴力研究范畴，到 20 世纪 80 年代已在家庭、环保、科学、健康等领域进行“主流化”研究。这一理论提出者格布纳认为，电视培养就像“冰川效应”一样，在较短时间内，人们感觉不到温度微小的变化，但长期累积，就会产生沧海桑田的巨变。[①]信息时代，西藏乡村在电视机前成长的新一代价值观念的塑造深受媒体信息累积播出的影响，如此一来，我们就不能不思考电视内容的构建问题了。

3.5.2　旧婚姻形式遭受挑战

衣着的改变是心理改变的外化。青年人不仅仅不愿意穿传统的服装、完全遵循传统的生活习惯，在婚恋上他们也背离了传统。首先是要追求自由恋爱，婚姻上不愿意被束缚。以往，很多农牧区的姑娘嫁人之前都没有见过自己的未婚夫，没有感情基础的生活给他们带来了痛苦。如今，他们在电视中看到的让他们向往的爱情生活，他们勇敢地作出选择，与这样的生活拉近距离；其次，有一妻多夫或一夫多妻习俗的地区，年轻人会撇开对家庭经

---

① 刘海龙：《大众传播理论：范式与流派》，中国人民大学出版社 2008 年版，第 245 页。

济影响的顾忌，公开拒绝这些婚姻形式。

西藏某些乡村长期以来存在一妻多夫或一夫多妻的家庭，我调研的日喀则江当乡共有 735 户居民，其中有 90 多户是一妻多夫或一夫多妻家庭，我走访地纳村 10 多户家庭中就有 4 户人家属于这样的家庭类型。

江当村妇女干部仓决介绍说，本地的习俗就是几个兄弟一起娶一个老婆，女儿就是成年后直接嫁出去的。

乡村是一个相对封闭的经济体系，在这个体系中，共夫(妻)是稳定家庭经济和维护家族共同体的有效行为。在传统上，共同生活是保全家庭财产不被分割成小份的做法，一个家庭往往因为分家导致人力减少、积聚财富的力量减弱，而要保全家庭财产的整体性就是几个兄弟共同娶一个妻子。还有一些个案是儿子意外去世，要留住儿媳妇，就由公公担当两个女人的丈夫。我考察的某个村庄的妇女主任就属于后者。她原本是一个入党积极分子，现在因为家庭原因，儿子去世后，她和媳妇共夫，否则儿媳妇就得回娘家。她认为这不符合党员的标准，于是辞掉了妇女主任的职务，也不想入党了。让这位妇女主任意外的是，换届选举时村民们还是选了她。传统的婚姻形式不被村民纳入考察选举人的条件中，被广泛接受着，但是包括这位妇女主任在内的一些人对非一夫一妻制的婚姻有了不同的思考。

这位妇女主任说她曾经看过一部电视剧，是讲一对恋人互相支撑，与病魔抗争的故事。在复述故事的过程中，这位妇女主任开始抽泣，她被这样的爱情故事所感动，也感叹自己的命运。

婚姻法在农村普及效果不尽如人意，被村民承认的婚姻不完全取决于结婚证，而是传统和村民情感上的认同。更多的时候，外人如何看待这样的婚姻形式，本地人并不那么在乎。他们认为外地人不能接受这样的婚姻形式是不明白他们与恶劣生活条件抗争的艰苦，是不理解他们想过富裕生活的心愿。

随着婚姻法的普及一些村民感受到传统婚姻中不妥的部分，电视节目中常常能看到的爱情故事对他们的婚恋观带来了认识上的冲突。如今不少青年认为，因为要积累家庭财富而让自己在婚姻中妥协，牺牲太大，更重要的是要尊重人的感情，应该把家族财富积累问题和个人情感问题分开对待，追随自己的心，寻找相伴一生的爱人，这比有更多的钱更重要。

包括拉丹在内的青年妇女开始抵触一妻多夫的生活。拉丹说她的婚姻是自由恋爱的结果，不想和另一个女人一起共夫。她喜欢看《流星花园》这样的电视剧，并为剧中的爱情所感动，希望能把忠贞的爱情给予一个人，而不是与人分享爱人。

宣扬忠贞爱情的电视剧潜移默化地影响着村民们的想法，他们不大愿意在外人面前议论一妻多夫的婚姻形式，但是他们赞赏一妻一夫的爱情故事。其中一些村民还提到了印度电影，他们认为那里面的主人翁甚至会为爱情牺牲真的很有勇气。

在这样的思想氛围中，逐渐有人冲破了传统习俗的约束，致使一妻多夫的家庭解体。上文中提到的地纳村开商店的尼玛就是这样一位妇女。她带着三个女儿和情投意合的丈夫从大家庭中搬了出来，她不喜欢的丈夫留在了大家庭中。

受婚恋形式影响和束缚最深的是女性，她们在乡村的社会结构中处于弱势地位，在传统习俗中，要为家庭作出莫大的妥协，甚至是牺牲，个人的情感往往被搁置于最隐秘的内心。逐渐改变的婚恋观给乡村妇女带去了不同的命运，下一代的生活也会发生变化——养女儿的家庭会尽量让女儿读书，以期望能走出乡村，不要堕入母亲曾经忍受过的生活状况中。这是对子女未来生活的全新设计，隐含着重构的家庭价值观。

3.6　电视与乡村娱乐

凯·弥尔顿在《环境决定论与文化理论》中说，“文化是特定环境中逐步发展而来的”，藏族的交际方式是其民族文化的一部分，必然受到居住环境的影响。藏族是游牧和农耕的混合民族，居住地高山绵延、草原无垠，这样的环境培养了这个民族豪放、粗线条的性格，他们乐于与人交往，能歌善舞，即使是现在，聚会时一高兴就引吭高歌。这个民族易于被外界的一切新鲜事物感染，也乐于接受新鲜事物。电视的出现让这个易于被感染的民族很快学会了安静地享受荧屏世界，甚至唱歌跳舞的时间都减少了，由此带来了一系列人际交往、娱乐方式的变化。

3.6.1 坝子文化的消失

传统上，西藏的每一个乡村基本上都会有一个全村的公共场地，这个场地类似于农村打麦子的坝子。在生产队集体劳作时期，这个坝子也就是集体劳动的场所。在西藏的农村，这个坝子还有一个用途，它是人们交流聚会的核心之地。农忙时节，黄昏时大家会在坝子中坐着聊聊天，年轻人互相打趣、孩子互相追逐。农闲时节这个坝子就会更热闹，太阳一出来，男男女女就把自家酿的青稞酒拿出来，聚在一起聊天，老人还会随身带着纺锤，边聊边干活。年节聚会跳锅庄、赛弦子也都是在这个坝子中进行。

坝子是一个村子的礼堂，是情绪释放、人际交流的核心场地，也是一个地方表现凝聚力和团结性的地点，家庭间关系的远近也往往能从大家在坝子中交往的亲密度中看得出来。

电视的出现让西藏农村的坝子文化逐渐消失。每当夜幕降临，村民们纷纷聚拢在电视机前消磨时间。看电视的时间从晚上七点左右一直持续到十二点左右。即使三五个好朋友要聚聚，也是选在某户人家的客厅中，电视声充当着背景声。

电视出现后，集体学习会议精神的聚会形式也改变了。村干部念报纸传达会议精神是从上世纪五六十年代延续下来的学习方式，在会场上大家也会就各种事物交谈打趣，而今重要精神学习都改成了看电视，有条件的乡村聚在村委会中观看，更多的村子通知到户，各自在家中观看。

每年的藏历新年、雪顿节不少乡村都会演“八大藏戏”，这是一年一度的盛典，如果乡村中没有演出，农牧民会背上茶、带上干粮到拉萨、日喀则、山南等城市的演出场地转场子。电视的出现，也让部分不喜欢出远门的村民有了分享现场的机会。有村民说，在现场占不到好位置只能看别人的后脑勺，还风吹日晒的，不如就在家里舒舒服服地看电视转播。

集体聚会时间的减少意味着集体活动随之减少，集体的概念在这样的环境中被淡化了，家庭生活的分量被加重，家人见面聚会的时间更多了。不是每家每户都有电视时，到有电视的人家串门一起观看节目是常态，而现在能到他人家庭参与观看的人常常是这一家人的好友，亲密的关系使得他们坐在一起看电视时的气氛很轻松，交流的话题很随意，不用刻意招待。

在我走访的乡村中，地纳村是贫富差距很明显的村子，富裕人家年收入近百万元，贫困人家还在吃国家低保。有几户富裕人家除了按藏族的习惯会在餐厅兼客厅的房间中放一个电视外，还有一个专门建的装饰奢华的客厅摆放家中最大的电视。一般的客人和家庭成员日常就是在餐厅兼客厅的房子中看电视，而只有来了地位不一般、被主人极其看重的客人，才会使用豪华客厅，以示主人家的尊重和诚意。

此外，因为共同的收视兴趣，不少喜欢娱乐、体育节目的青年人喜欢凑在一起看电视，他们凑在一起往往会抽烟或喝酒，为了更自在一些就得避开家中的长辈，乡村的小酒馆、甜茶馆就成了圈子聚会的场所。

家家户户都有电视后，守在电视机前的时间逐渐多于与人交流的时间，人际关系逐渐发生了变化，家庭与家庭之间的沟通时间减少了，大家不再有事没事串门聊天了，而家庭成员之间见面与聚会的时间增加了。村民间的交往随着坝子文化的消失有了难以言述的微妙变化，人与人之间的亲疏远近体现在是否从公共空间交往迁移到了私密客厅。

3.6.2　娱乐方式的改变

电视进入乡村后，迅速代替了乡村中的其他娱乐方式，成了人们休闲娱乐的主要方式。

在乡村，没有公园、酒吧、院线，电视中丰富的画面内容征服了乡村受众，小小的荧屏成为他们生活中最有吸引力的物品。

我走访的乡村中，没有见到任何一群孩子聚在一起打枪战或打弹珠，传统的乡间游戏被电视替代了。白天在村民家，不时见到三五个孩子聚在一起边看打怪的动画，边模仿电视中的镜头——电视在孩子的思维中构建出另一个空间，一个由各种剧情填充的空间。孩子的爱恨情仇也和剧情相关联，在林芝地区米林县扎西绕登乡一个11岁的小姑娘告诉我，她最喜欢看的是爱情片，最恨的是日本人。小姑娘生活的小村庄靠近边境，是外国人限制出入的地段，她长这么大从来没有见过包括日本人在内的任何外国人，但在电视前浸泡的时间一久，她的个人情感和电视片中宣扬的情感紧密相连了。

我问小姑娘玩不玩跳绳、跳皮筋、跳房子之类的游戏，小姑娘说偶尔玩，更多的时候写完作业了就看电视。她和她的女伴喜欢扮演电视中的角色，比如一个演芭比公主，另一个演女巫，根据想象改编剧情。孩子们的共同记忆不再是小时候一起玩过什么游戏，而是一起看过什么电视，这些不同的电视情节、人物感情、对白带给他们共同的话题，构建出他们相同的认识和情感。小姑娘的汉语说得很流利，她是他们家唯一能听、说汉语的人，这是她成长在电视环境中的收获。

看电视成为孩子们口头动态文化的创作源泉。他们把电视内容融入自己的游戏、歌曲、俚语中，发挥想象力，表现出自己的参与性。在乡村，拉个孩子照相，他会立即摆出“V”字形的手势，还有的孩子立即摆出奥特曼打怪的动作，他们的思维空间和想象空间已经不那么单调无聊。电视节目延展出的二级、三级产品也出现在乡村，小店中的玩具是电视节目中出现过的，孩子们的书包等文具上也印有喜羊羊或小熊维尼等图案。

孩子们看电视只要不是太晚，不影响第二天的作息，家人不会进行太多干涉。有的家长认为通过看电视孩子们能学到汉语和老师没教的知识。事实也是如此，在乡村见到的孩子多少都会说一些汉语。我在乡村见到了几个烫了爆炸头的小男生，他们说发型是模仿他们喜欢的歌星的发型。和父辈不同，这些青年人已经不大喜欢看传统的歌舞节目，他们更喜欢时尚的流行音乐，迈克尔·杰克逊的经典舞蹈他们都会跳，他们也是街舞的跟风者。

我路过林芝地区巴吉村时，村民仓木对我说村里的闭路电视坏了两天了，一直没有人修。仓木觉得没有电视的日子都不知道怎么打发时间，觉得晚上特别长。她纳闷以前没有电视时时间是怎么过的。当问及村中的坝子中是不是还有聚会时，仓木说：早没有了，天一黑大家都坐在电视机前看自己喜欢的节目，哪有人在坝子中玩耍啊！村民白天劳作，晚间一家人才能聚在一起看电视。电视让年轻人减少了外出时间，成为家庭关系文化中的一部分。

我自幼生活在巴吉村不远的农场里。上世纪80年代的村子一周最多供电三天，停电的时候靠松节油照明。晚饭后，农场中几十个孩子时常聚在坝子里做各种游戏，或者轮流聚在各户人家中听民间故事。而今，这里的孩子基本都已经变成了电视娃娃，他们谈论的爱情、衣着、服饰多来自电视，甚至在形容一个人有些精神不正常时会说："这个人像横鹿[①]一样"。

电视进入农村家庭后，成年人聚众饮酒少了，玩骰子的次数也少了。村民说以前只要村里有电影放映队来，孩子们会像过年似的。而今，电视让电影都失去了吸引力，放映队也慢慢消失了。

地纳村拉巴扎西的媳妇说："有了电视，家人晚上相互交流少了很多，只顾着看电视，一般成人都只看到十一点之前，但是不上学的孩子会看到很晚，年轻人白天要跑运输、干农活，不能睡太晚。过去没有电视时也没有电，大家点着油灯边说话边干活，相互交流也多。现在的生活真的是太好了，看电视能让我们了解外面的世界。如果能拍一个甲措雄乡的节目会更好看。"

村庄的夜安静而人少，家家户户的窗户中透出来的都是屏幕闪烁的光。能歌善舞的村民们用安静、投入的状态注视着屏幕，看电视里的人物唱歌跳舞。会讲民间故事的长者很久都不会遇到一个执着的听众，电视的植入像一棵品种罕见的植物长在了村庄的人家中，带去了不一样的景观，结出了不一样的果实。

3.7　电视与宗教生活

佛教在公元三、四世纪就传入西藏，公元七世纪西藏创立了藏文后佛教在西藏得以更为广泛地传播，佛教经历佛苯之争和多次派系斗争，始终和政治密切结合，在绵绵数千年中，它作为"政治中的一种和谐的力量"[②]渗透于民众生活的方方面面，难以剥离掉。

新中国成立后，宗教信仰自由被定为我国的一项基本国策，这一国策在执行中历经了"文革"的洗礼和马克思主义宗教观的教育，又回到了宗教与社会主义相适应的发展路径上来——要求教徒在政治上热爱祖国、拥护社会主义制度、拥护共产党的领导，把爱教与爱国结合起来，做到宗教活动有

---

① 横鹿：指横鹿敬二，日本电影《追捕》中的人物。

② 〔美〕梅·戈尔斯坦著，杜永彬译：《喇嘛王国的覆灭》，中国藏学出版社2005年版，序言第3页。

利于维护法律尊严、维护人民利益、维护民族团结、维护国家统一。

根本上说就是宗教行为要有利于社会主义社会的发展进步，要与时俱进，成为建设和谐社会的一种力量。事实上，社会的发展已经使得人们的宗教观念、行为有了改变。我在比较中发现，西藏经济发达的乡村和落后的乡村对待宗教的方式已然有了很大的差别。

电视传播对整个观念的触动也包括了对宗教观念的触动和对宗教生活形态的改变。还在不断推进的“广播电视进寺庙”的工作对整个社会的宗教话语形态都有极大的重构作用。

3.7.1 村民的宗教生活

大部分藏族笃信佛教，一度被视为“全民信教”。宗教从一个藏族孩子诞生开始就伴随其终身，对他一生或多或少都有难以忽略的影响。宗教信仰自由政策的传播使乡村生活中的宗教信仰行为公开、不避讳、遵循自主意愿。但观念的转变使得农牧民的宗教生活从投入到形式上都有了变化。

1. 信息通达地域乡民的宗教行为

2011—2012 年我走访了拉萨、日喀则、林芝、昌都等地。除昌都的部分地区外，大多数乡村是 2000 年前后通了电，买了电视机。改革开放后，这些家庭依托国家政策扶持，基本上都能做到自给自足，个别自然条件好、副业发达的村庄，村民收入也是节节攀升。

村民们认为，生活富裕了他们才有条件转山朝佛。无一例外，除了去寺庙，这些家庭也都会根据不同的经济条件或在家中设佛龛，或在墙上张贴佛像。但是这些乡村的农牧民已经不会再把自己辛辛苦苦攒下的钱全部送进寺庙或用于其他布施，用于朝拜的钱只是家庭收入中很小的一部分（见表 3—6）。

通过调查可以看出，在日常佛教器具的投入上，地纳村的每个家庭虽有不同，但是也都控制在不影响家庭生活的范围内，最富有的家庭也只是在佛堂中多摆几张藏柜或藏桌。在家中请僧人，家庭条件最好的年支出 300 元。这样的人家，算上家里日常礼佛的酥油灯、煨桑的钱，总支出不会超过 500

元。到外地朝佛算上路上的开支，总支出不会超过 3000 元。受访的家庭中，富裕户尼穷家每年请僧人的支出是村里最多的人家，钱数也没有上千。显然，这些地区的村民会尽可能把累积的财富用作家庭生活开支，而不会为了来世捐献过多。

表 3－6　地纳村村民的宗教行为调查

家庭/名字	基本情况
拉巴扎西家	家里有 1 张"五尊佛"①、24 个净水碗、2 卷经书、3 幅唐卡，无佛像。家里的老人会时常去寺庙朝拜。
尼玛家	家里有 2 幅唐卡、7 个净水碗、2 盏酥油灯，无佛像。尼玛要去拉萨送孩子上学，但是不打算去寺庙，没有时间。
边巴家	家里有 12 幅唐卡、7 个净水碗，无佛像。今年没有去朝佛，太忙了。
次旺朗杰家	家里有 21 个净水碗、8 幅唐卡、5 个佛龛中供有佛像。家中的母亲年底计划去外地朝佛，主要是去玩。
边巴家	家里有 2 幅唐卡、7 张纸佛，家中没有看到佛灯和净水碗，但边巴说家里的老人会点灯和奉水。如果家里有事去寺庙朝拜了，每次最多给 5 元。
尼穷家	家里有 7 幅唐卡、1 尊佛像，"五尊佛"大中小各一张，一年家中请 2 次僧侣，每次 3 人，每次给 150 元。尼穷说他更想去其他省份旅游而不去朝佛。
拉丹家	每月的藏历②十五、望果节和年底农闲时都会去一次寺庙，喜欢供灯，专程去拉萨朝过一次佛。
欧珠老人家	家里有 1 张"五尊佛"。现在有机会了就去附近的寺庙朝佛，如果去大寺庙，殿堂多就 1 毛 1 毛地供，殿堂少就 1 块 1 块地供。家里人生病了会找僧人念经。每次请 5－8 人，原来每人 15 元，现在涨到 30 元。
曲巴家	家里有 1 张"五尊佛"，3 尊佛像。家中老人常去附近的寺庙，去年曲巴花了 14 天和村里的亲戚结伴去拉萨、山南等地朝佛。老人说，是朝佛也是旅游。每年的萨噶达娃节会到日喀则市里朝拜，布施的都是几毛钱。
冲吉家	有钱了去寺庙的次数多了，穷的时候不会去寺庙。家里人生病了也会请僧人来念经。
康罗家达仓家	有了钱我们去寺庙的次数多了，朝拜完就在寺庙外面过林卡。

① "五尊佛"是将五位格鲁派的佛像印在一页纸上供人朝拜。据说是十世班禅大师为体恤信众的经济状况而特意提出用这样简便的方式礼佛。

② 藏历：中国藏族的传统历法。

在林芝地区，我就家庭宗教习惯走访了几户本地村民。和日喀则不同的是，林芝地区更多村民在日常生活中会去转神山祈愿，较少到寺庙中朝拜。我走访了林芝地区公众村的布谷老人一家和鲁朗镇扎西岗村的嘎玛一家。这两户人家家庭人均收入都上万，以前家中没有专门建佛堂，在房屋翻新时才规划了佛堂。

佛龛已经不是家中最为华贵的家具了，村民愿意花更多的钱购置冰箱、电视等家电。大部分年轻人还希望手头宽裕后能买一部手机，最好是带照相功能的。

村民说富裕以后他们去寺庙的次数比以前多了，穷的时候没有心思去寺庙，也就是家人生病或遇到什么事了才去寺庙拜拜佛。生活的负担让农牧民在经济困难时把精力基本上都放到打工、操持农活上。村民们评价拉萨转经路上的人流说，那是城里人太有闲暇时间了。对于给寺庙的供奉，村民说以前求来世安宁，会尽可能多给，现在生活中要买的东西太多了，要过好日子，没有办法给更多的供奉。

江当乡鲁日村村长索朗说："我们村里的人常常去朝拜，每周一甲玛岗的村民都去祭祀，我们村的人也去。这是按照传统，为避免干旱祈祷。现在交通方便了，村民富裕了，朝佛的就多了，以前是想去朝佛也没有钱付路费，只有家里有人去世了在寺庙的供奉才多一些，平时给的供奉是比较少的。"

对村民们来说，如同从电视中获得国家鼓励个人致富的信息一样，他们从电视中了解到国家的宗教信仰政策，明白国家对宗教信仰的保护。电视中时常报道的宗教年节和国家投巨资修建某一个寺庙的新闻让他们在精神上获得了安慰。个人、家庭、宗族的信仰被政府如此善待，让他们感到被尊重。

宗教信仰虽然根深蒂固，起着安抚效果，但更多的时候它是作用于人们精神空虚、痛苦之时。现在，农牧民内心充实，有丰富的精神文化产品供他们打发闲暇时光，排遣苦恼、化解情绪的方式也很多，宗教活动不再是唯一的选择。即使是朝佛，也附带了旅游的功能，朝佛者乐于选一些风景好的地方，他们认为这样对见识的增长也很有好处。近几年西藏电视台播出的《西藏旅游》《西藏诱惑》等节目中时常介绍西藏各地的寺庙，这些节目中播出的寺庙成为村民去朝佛时的首选。

日喀则甲措雄乡地纳村村民尼穷是村里少数几个去过其他省的村民。他说他很想再去游览那里的名山古刹，但苦于不会汉语，他不敢独自去旅游。之所以会有这样的愿望是因为在电视中看到古刹很多都建在深山中，和西藏的自然风景完全不同，尼穷被深深地吸引了。

综合而言，农牧民对国家宗教信仰政策有了充分的认识，这依赖于电视的信息传播。电视在乡村生活中影响越深，农牧民就会更加清楚地认识到不能把生命的希望寄托给来世，今生的富裕、安宁是最主要的。电视提供的精神食粮分解了他们对宗教的专注，他们用更多的时间去看电视而不是转寺庙。在经济投入上，他们更多考虑的是满足现世生活的需求，要不是有生老病死等事需要做法事，他们给寺庙的供奉是非常有限的。

2. 偏远地域乡民的宗教活动

昌都地区在整个西藏的发展中要相对滞后一些，目前昌都有 11 个县的部分行政乡通了电，更多的村民自筹资金买了太阳能板，能解决夜间几个小时的照明。就让老百姓用上电的问题，昌都计划到“十二五”末实现 80%的户通电率、人口用电水平力争实现 90%的目标①。

没有电就意味着信息传递是难以通过电子传输的，接收不到外来的信息，人们的观念和生活方式更多会遵循传统，难以改变。

就拿昌都地区丁青县融通村来说，这个海拔 3,700 米、有着 3,000 人口的自然村落受电力和接收器材的限制，2012 年广播电视信号还未能实现“户户通”，没有一户人家有广播或电视，生活在完全封闭的状态下。

丁青县产虫草，时下，虫草的市价已达一斤十多万元。村民采了虫草卖了钱就开始过起了“奢华”的生活，酗酒、赌博的事件也屡屡出现。等花完了卖虫草的钱，又没有别的工作，他们就结伴去寺庙。

我在昌都走访了三个寺庙，其中一个是昌都地区果金寺。

据昌都地区果金寺的僧人统计，他们寺庙的朝拜者最多时能到两三千

---

① 昌都力争十二五末实现乡村通电率 100%，中国西藏新闻网，http://www.chinatibetnews.com/shehui/2010－04/20 /content_447251.htm。

人。这个寺庙建在崇山密林中,朝拜者通常都是步行而来。

主持的僧人和我交流时说他希望能申请低保,维持他日常的生活开支。他说他们寺庙没有钱,这些远道而来的朝拜者每天的茶水都是寺庙的负担。但果金寺刚投资300万元新建了大殿,这钱是朝拜者一块块的供奉钱累积起来的。

金碧辉煌的庙堂在纯净的天空下非常漂亮。绕着庙堂转经的信徒在寒冬穿着厚厚的皮袍子,完全沉浸在虔诚的祈祷中。生活在这里的农牧民穷困而不知前路,没有像我在日喀则或林芝感受到的活力与努力发展的梦想。我试着和他们沟通,他们却完全听不懂拉萨藏话或汉语。而在日喀则、林芝等被电视已经浸润十数年的乡村,村民们即使不能说也能听懂一些拉萨话或汉语。

因为实施广播电视进寺庙这一工程,果金寺已经有了电视。僧人看电视的时候朝拜者也会被吸引到电视机前。生活在全封闭状态下的村民依然靠着来世的信念支撑着今生,他们会把财富尽可能捐献给寺庙而不计成本,他们没有看到外面的世界还有很多种生活方式,他们的信仰没有受到过任何"干扰",执着而坚定。僧人依然是他们生命中备受尊重的人,他们可以过得清贫,却希望僧人们能富足。

与信息通达的乡村相比,这一类的乡村村民处在封闭状态中,他们的世界只有干活和朝佛,生活缺乏发展的参照和对比,对世界狭隘的认知决定了他们即使想过好日子也无从下手。要打破这种状况,在短时间内使这一类村民改善生活方式和观念,非外力不可及。而外力中,转变观念的电视信息无疑是建立乡村自我造血机制的关键环节之一。

3. 告别与背离

对个体而言,佛教信仰常常让生命在苦修中度过,甚至有些引起家庭悲剧。旧时的西藏,把家中的资产尽数捐给寺庙,自己踏上"磕长头"朝佛道路的信众屡见不鲜。我的外公、外婆就位列于诸多"磕长头"的信徒中,他们将幸福寄托给了来世,三步一叩从藏东徒步数千公里抵达拉萨,在折返的途中双双因病离世,留下一对女儿。这种时代和信仰造成的悲剧不是个案,直到今日，仍然有这样虔诚的信徒行走在漫漫长路上。但也要看到，有更多的普通藏民是理性对待信仰问题的。

70岁老人索朗顿珠是上世纪30年代生人，从1964到1996年他一直担任日喀则市江当乡江当村村长。索朗顿珠老人说自己是一个坚定的共产党员，从民主改革后就没有去寺庙朝拜过，不信神佛，只是坚定于自己理解的“共产主义信念”。

老人的观念和早年所受的党的教育密不可分。民主改革以来，入党积极分子和共产党员通过共产党的培养重新建立了社会的观念。这些老共产党员也是在旧社会尝尽了苦头，在那个时代他们就质疑“为什么达官贵人不为求来世而做善事？”他们看到虚无来世观带来的精神枷锁使劳苦大众难以获得丝毫的安宁。

电子传媒时代，通过电视，老人更多思考宗教和生存的意义，对宗教的实质提出质疑，说到对达赖的态度，老人说：“达赖一毛钱都没有给过我们，为什么要感激他？”老人认为有了钱就要好好生活，而不是去捐献给寺庙。

历经执着的信仰带来的坎坷生活后，更多人再也难以全情投入到宗教信仰中了。他们理性而自觉地思考：为什么越穷的人越是要捐出所有，而富有的达官贵族享受着奢华却很少救济穷苦人，更不用说把财富全部捐给寺庙。他们发出疑问：难道轮回之说只会发生在穷人身上而与富人无关么？

电视播出的专题片中时常可以看到在金银珠宝构筑出来的庙宇佛堂上，无数的财富不再流通，只为彰显神佛世界的奢华、神秘与富足。在庙宇神堂上，工匠极尽其能事，最好的手艺用于修建坛城和佛像，民间的农耕牧业技术却沿用多年不变的古旧方法。这一切让一部分觉醒的民众思考佛教与生活的关系。

对更多的普通群众来说，宗教信仰在他们的生活中虽然占有重要的地位，但他们的宗教行为也发生了变化。比如受宗教信仰约束是不能杀生的，包括不能用农药杀死害虫。乡村中的僧人多次提到不要用农药，他们告诫村民说，“这点虫能吃多少粮食？不要因为它们吃了一些粮食就杀死它们”。让僧人苦恼的是，村民回回都洗耳恭听，回去照用农药不误，不再对僧人的话照单全收。

在都市中成长起来的青年一代，依照传统习俗还会朝拜寺庙，但他们却变得更加理性、现实，对许多问题是带着思考去理解和对待的。农牧民子女接受教育的状况要弱于都市青年，但是在商品社会和信息传播的冲击下，他们的观念也逐渐发生了变化，尽管有时候还是会向宗教寻找寄托，但是也会作出理性的选择，比如家人生病时会做法事、到寺庙祈祷，同时也会将病人及时送到医院救治。

在一些农牧民的眼里，党员身份和宗教信仰是可以兼具的。我在基层遇到一位党员村干部，问及是否会去寺庙朝佛时，这位村长坦然地说，"会去，但我是要胸口佩戴上党徽再去。"在他们看来，加入党和信仰佛教并不矛盾和冲突。这样的状况，我认为要在一定时间内抱以宽容的态度来理解。农牧民朴素的世界观和固有的宗教观在现阶段必然会影响他们，他们会像雕刻六字真言一样将"共产党万岁"刻在玛尼石上，也会在毛泽东的画像前供上长明酥油灯，甚至会将毛泽东、周恩来的画像供奉在谷仓中，保佑年年丰收。

乡土社会、村居生活中，农牧民对人事的评价有自己的标准。妇女干部尼琼自从入党并担任了村妇联主任后就不再去寺庙朝拜了，但是因为他们家庭是一夫多妻的结构，这让她觉得愧于自己的妇联主任身份，于是在换届选举时她表明不再参与竞选，可是选举结果村民还是选了她。村民认为尼琼关心妇女，是个好妇联主任。新的社会秩序还不能完全冲击根深蒂固的乡土观念，在目前阶段，符合西藏农牧区实际的是发展经济与基础教育，并在此基础上渐进式地推进法制教育，随后，农牧民才可能更客观、理性地认知宗教，处理宗教信仰与其他身份之间的关系。

3.7.2 僧人与电视

从唐朝开始，寺庙就已经是西藏的哲人、医生、艺术家等精英分子的会集之地。在昌都地区的强巴林寺，喇嘛旦增元登在介绍寺中工艺精美的坛城时说，寺庙是西藏先进生产力的表现之地。从高大恢宏的殿堂到栩栩如生的佛像无不体现出寺庙集中了最有智慧的头脑、拥有最好的工匠、引领着社会最先进的技术。然而，随着社会发展进步，寺庙被现代高速行进的列车

图3—3　地纳村妇联主任尼琼

图3—4　地纳村民拉巴普尺和她的媳妇(右)

抛到身后，僧人一度成为和发展着的社会不同轨、有距离的一群人，他们生活在红墙高院中，头顶旋转着各类卫星，可是他们连电视都不收看。

现实中，僧人依然在西藏部分民众的生活中充当着传统沿袭下来的道德审判者、行为约束者、心灵抚慰者，他们的观念会通过各种途径影响到普通信众。分布在西藏乡村的寺庙，对农牧民的思想影响仍然不可忽视。多种现象表明，僧人这一群体和社会脱节对建设和谐新西藏有百害而无一利。让僧人看到最大范围的西藏变化、听到最强声音的民众意愿、了解到最新动态的政策变化，有利于他们换个角度认识自己的家乡，参与到家乡的建设中。

就安东尼·吉登斯的宗教概念来说，“宗教是一种文化形式，文化包含了一系列共享信念、价值、规范和观念，能够在人群中创造出共有认同。这些特征宗教也具备。”在西藏的文化传统中，宗教渗透到生活的方方面面，短时间内科学思维不可能完全取代宗教思维，现阶段，解决宗教与社会发展相适应的问题是较为理性、客观的操作方式。宗教和宗教人士本身的改变是带动信众改变的一个途径。

电视是加强僧人和社会的密切关系的最好桥梁，是宗教与社会相适应的推进器。从2010年开始，西藏依照先近后远、先易后难的原则逐步推进广播电视进寺庙的工作，按计划，即使偏远无电的寺庙也会在2012年年底靠太阳能蓄电板收看到电视。拉萨、山南等率先完成电视覆盖寺庙工作的地区，进一步推进电视进寺庙“舍舍通”工作，让每一个僧舍都有独立的电视。

对电视介入生活，个别寺庙因怕影响僧人修行不太愿意配合，更多的寺庙表现出无障碍的接纳，这些寺庙的僧人对能收看到电视节目交口称赞，表3—7中是多位僧人收看电视的感受。

表3—7　各寺庙僧人收看电视后的感受

我们寺的100多名尼姑，都领取到了政府免费发放的广播电视卫星直播接收设备，现在我们坐在寺里就可以及时看到国内外新闻以及社会的发展变化，对我们来说真是给生活增色不少。 ——拉萨市曲桑日追的尼姑郎珍曲桑
现在我们寺庙每个月都能看到两到三部电影，通过观看影片，我们更好地了解了西藏的历史，我们的文化生活也更加丰富，影片深受大家欢迎，特别好。 ——拉萨色拉寺僧人强巴扎西
开通了广播电视，节目很清晰，能及时了解和掌握国内外大事。 ——乃东县昌珠寺寺管会副主任米玛次仁
我们寺庙僧众都要聚在一起收听、收看广播电视节目，了解党和政府出台的各项好政策，也进一步坚定了我们做爱国爱教僧人的决心。 ——普兰县科迦寺僧人拉巴次仁
2009年“百万农奴解放纪念日”时政府给我们发了电视，看电视让我了解到了国内外的新闻和社会的面貌，挺有意思的，也很有用处。我每天一定会看新闻，别的节目有时间看看，没有时间也就不看了，藏语卫视从晚上九点半开始的国内外新闻我们每天是必看的。 ——日乌齐寺僧人夏迦旦增

全西藏自治区有数千座寺庙，逐一开通电视是一个浩大的工程，鉴于电视进入寺庙对西藏社会发展会起到积极的作用，开通工作克服了各种困难，稳步有序地推进。开通电视的寺庙逐渐显示出和世俗社会更易沟通的一面，僧人也变得更加开明，越是开明的僧人越乐于接受外界的信息。

2012年5月昌都地区强巴林寺通过数字电视光纤方式开通了广播电视，800间僧舍、7个集中收看场所安装了数字电视机顶盒，每两个僧人可以共同观看一台电视。小一些的寺庙也都能做到全寺的僧众共享一台电视。

随着电视机的增加，满足个性化的收视需求也不再是什么难事了。

昌都强巴林寺的僧人邓增朗加最喜欢看战争片，尤其是打日本人的片子。但是被问及“日本人坏不坏?”这个问题时，次仁很有分寸地回答说，“电视上说日本人很坏，但是真的是不是这样就不知道了”。

25岁的旦增出家前最喜欢踢足球，现在到寺庙后再没有机会踢球了。他的足球梦也只能在看电视时得到一些满足。

笔者：“你看电视时还会看到很多不太好的内容，你会不会受影响?”

旦增：“电视里面演归演，但受不受影响要看自己的心。我现在没有受到影响，希望以后也不要受影响。我现在修行好了，多祈祷、多做善事，来世不会堕入畜界。”

笔者：“你总是想着来世会怎么样，那你现在知道你的前世是什么?”

旦增：“这个我不知道。”

笔者：“你们强巴林寺是西藏最严格的寺庙，要会背300页经书才能进来修习。你进来时背够300页了吗?”

旦增：“会背300页才进来的。我在这里修行和你读书一样，要很努力才能升级。你明年考试的时候记得告诉我，我到护法神前给你祈祷。我们这里的护法是最灵的。”

在谈看过的节目时，僧人尽可能保持谨慎、独立的态度。每一个僧人都认为自己的宗教信仰足够坚定，电视节目中不适合他们收看的内容不会对他们产生不良的影响,他们都具有识别和区分的能力,不会轻易被他人的观点左右。

在节目的筛选上,受语言的限制,他们能看懂的节目原本就有限,在有限的节目中他们会尽可能选择信息量最大、和生活关系最密切的节目。

僧人首选的节目是新闻。白天要修习各种功课,没有时间看电视,下了晚课后恰好赶上藏语卫视翻译的《全国新闻联播》和《西藏新闻联播》。看新闻是僧人必修的"课程"。久居在寺庙,这是了解国家政策和外面世界的最便捷的渠道。

《西游记》《济公》是僧人们非常喜欢看的经典片子,我访问的僧人都看过这两部。这两部片子与佛教有关,宣扬因果善报、善恶轮回,符合僧人日常修习的内容,他们对信众说教时常常会用片子中的内容当论据。

昌都诸国寺是昌都地区除强巴林寺外最有影响力的寺庙,海拔 4,113 米,距离昌都地委所在地 42 公里。每年到诸国寺朝拜的信徒有 3 万人左右。

诸国寺驻寺工作人员伍金克秋毕业于浙江一所大学,兼通藏语和汉语,他在寺里住了快一年的时间了,亲历了"广播电视进寺庙"工程在诸国寺的实施,和僧人一起体验了电视从无到有的过程。诸国寺 42 名僧人人均一台电视,但僧人常常喜欢聚在一起边看边讨论。伍金克秋也就常常观察电视带给僧人生活的变化。伍金克秋眼里的僧人和他一样,遇到喜欢看的电视剧会一集集追着看,有时会控制不好作息时间。现在,寺庙中不时有上早课迟到的僧人,大多都是因为看电视休息晚了,早上睡过了头。这是没有电视之前很少出现的现象。

2012 年,就伍金克秋的观察我作了一次访问:

笔者:你觉得广播电视进寺庙对僧人有什么影响?

伍金克秋:寺庙通广播电视受到了僧人的一致好评,电视消除了以往信息闭塞的弊端,(让僧人)能够了解外面的时事、政治、经济、宗教领域政策等。尤其是通过观看中央重要新闻、会议内容,僧人憧憬着 2013 年以后的希望和梦想。

笔者:僧人的收视喜好是什么?

伍金克秋：僧人比较喜欢看藏语频道综艺娱乐节目、连续剧等。综艺娱乐以康巴卫视的节目为主，新闻时事以西藏藏语频道为主。

笔者：他们不看别的频道？

伍金克秋：稍微年长的人除藏语频道外，汉语频道几乎很少看，年轻人大多倾向于汉语频道，这应该是受教育程度和文化（水平）差异所决定。现在我准备在有限的时间，不耽误僧人正常念经时间，召集僧人，通过设立汉语课程等方式，教会僧人基本的汉语，我觉得这将让僧人受益匪浅。

电视进入昌都的寺庙时间还非常短，在拉萨、日喀则等地，三年前寺庙就有了电视，现在僧人们多多少少都能听懂一些汉语，藏语方言的障碍也在慢慢消除，僧人们还会就电视新闻的内容发表观点。

电视带给僧尼生活的影响恰如电视带给广大农牧民的影响，不仅仅增加了娱乐项目，也让他们接触到丰富的信息，这为他们重新去体验、判断外面的世界提供了很好的素材。电视带给他们希望，也让他们产生更多的思考，而他们思考的内容往往是他们会传播的内容，这也正好是传播者要关注的要点。

如日喀则地区日乌齐寺的夏迦旦增评论电视中的会议新闻时说："我看新闻时，看到会议报道总是说得很多，但是我很想看到具体落实（会议内容）的措施，如同邓小平说的'实事求是'，不仅仅是嘴里要说，也要实践落实啊。说那么多事情，很少落实，那说与不说有什么用呢？说出来的事情，无论大小都要做出来，我很希望能这样"。[①]

夏迦旦增主持的寺庙僧人不足10人，每年会有上万的朝拜者和他们接触沟通，他们的各种想法会通过对话直接影响到朝拜者，因果善报是他时常拿来劝诫信众行善的话题，电视故事成为他劝诫信众的最新素材。

他说："连续剧中我很喜欢看《西游记》《济公》，这些片子中的内容是关

---

① 见张玉荣：《媒体传播对西藏乡村生活的影响》，《中国民族》2012年第7期。

于因果报应的，从我们的世界观来说，要讲前生后世和因果报应。如果人们都怀有因果报应这样的信念，第一次世界大战和第二次世界大战中也就不会死那么多人，不会让生命像风尘中的烛光了。电视节目中放的乱七八糟的节目我们都不会看，也就是主要看看新闻。我们相信因果报应、生命轮回，就不会违背佛教中教诲的十诫，如同我们乱吃乱喝，身体就会不舒服一样。”

夏迦旦增非常会给人做思想工作，安抚人心，他也乐于和前来朝佛的人聊天。

调研中我感受到，不少僧人都有着强烈的与社会沟通的愿望。他们希望能通过电视这个平台发声，给农牧民解释一些宗教上的认识误区，让大家用正确的方式对待宗教，如拉萨功德林寺的僧人晋巴对我说：“信佛不是要你每天怎么去朝拜，怀着一颗善心过好自己的生活本身也是功德。”

传统上僧人是社会教化工作的承担者之一。现在，无论我们是否承认他们的这一作用，实际上它都存在着。信徒在朝拜中会遇到僧人，短暂的接触中也会有内容不同的教化交流，在流言四起的时候，民心惶恐的时候，僧人的发言更是让信徒奉为哲理。如何把僧人和信众私下的沟通转为公开平台的讨论是值得我们思考的问题，一些敏感的问题拿出来讨论，会不会达到“真理越辩越明”的效果呢？

僧人和媒体接触还有更深的话题值得我们关注，一方面是普通的僧人刚刚解决看电视的问题，另一方面是有一些僧人已经是新媒体的熟练使用者，成为微博、微信“明星”，在互联网上很容易就能找到他们的言论，僧人与媒体接触俨然已经出现了两极分化。

僧人网络“明星”中不乏堪布、仁波切等人物，他们的微博内容颇能吸引眼球，粉丝少者上千，多者逾百万。如在新浪网上身份认证为“喇荣五明佛学院堪布”的索达吉堪布[①]、加措活佛的粉丝都上百万，像他们这样注册为仁波切的出家人在新浪微博用户中为数不少。

每逢佛教节日，这些博主便会引导粉丝礼赞方法，劝诫行善、放生、供

① 堪布：原为藏传佛教中主持授戒者之称号，相当于汉传佛教寺院中的方丈。

灯。他们甚至在网络上单开了网页供粉丝顶礼上香供净水。此外教授粉丝如何打坐修行，如何进行心灵修养的微博也时常赢得高转发、高评论。

粉丝在微博中会了解到每一个重大的佛教纪念日，从而在评论中复述六字真言等礼颂的赞词为自己家人、朋友祈福。

互联网上的僧人“明星”已经形成了自己的舆论场，他们的微博、微信内容传播力远远超过一些地市报刊。僧人利用媒介影响信众和僧人被媒介影响一样，都是值得研究的课题。

第4章 电视在乡村的挑战与突破

在发展中的西藏乡村，电视给生活各层面带去了种种触动与改变，但我认为，这些成果并不意味着电视传播在内容设置、形式表达上已经做到了完美无缺。现在的成果更像是新建了一座多功能的建筑物，但这个建筑物的线条、装饰、内部布局都还是粗放式的，未及雕琢，有待于改进。更多时候，这些传播效果的取得是媒体营造的信息"大气候"影响所致，电视媒体传播的各类信息如同一个庞杂的机器，冲击着受众的听、视觉，让他们在潜移默化中有了改变。即使是在单一媒体作用的社会环境中，被电视信息长时间浸泡，受众自我意识会不断增强，而不只是甘于做完全的"接收器"，他们会希望反馈、发声、表达各种意见，他们也希望针对他们的需求打造出更适用的节目，而不仅仅停留在"观念""意识"被塑造的阶段。

在此，我需要强调的是，网络时代，各种新媒体虽然也已广泛运用，但西藏的媒体传播格局依然是电视一家独大。在这样的情景下，我们还不得不沉下心来，细细分析如何能把电视构建出来的这个"建筑物"布局得更合理，利于其功能发挥，推动社会发展。

电视在西藏乡村是一台开足了马力的机器，不断地运转着，用现代的生活观念、外部世界多元的思维方式重构人们的世界观、价值观。但在帮助人们提升生活品质、拓宽视野的过程中它带去的新鲜感也慢慢消退。我们要清醒地认识到，经过30多年的发展，受众需求在不断提升。

普遍缺乏针对性的内容已经满足不了他们的收视需求，农牧民经历了"给什么看什么"到"我想看的内容你是否能给我"这样一个转变后，对内容提出了更高的要求。

除此以外，不断变迁的农牧区社会，多种意识形态的碰撞和现实生活中的各种问题也给农牧民带来了诸多困扰。在农牧区电视传播不仅需要对抗“藏独”的宣传 ，也要帮助化解乡间现实的矛盾。相对而言，电视的影响越是显著，需要通过电视来化解的各种社会问题数量就越多，并且有些问题是较为急迫的。不可否认，在过去的近 30 年时间中，以西藏本地为主的电视媒体做出的种种工作中绝大部分是基于社会责任考虑、为推进社会发展而展开的，这些电视媒体屏幕上的内容是西藏农牧区受众获取各种资讯、学习各种技能的主要渠道，农牧区社会在短短几十年中的发展与推进不能不说得益于媒体的传播。在改革发展中，农牧民的生活也是不断变化着的，尤其是受到各种信息的影响，农牧民观念的转变极为迅捷，在这样的情态下，肩负着对农牧区宣传任务的电视媒体需要与时俱进，在有些时候要放下市场化的收视率考核，不断跟进农牧区的生活变化，一是在学理上加深认识，用以指导实践工作；二是明确农牧民受众的收视需求，调整节目形态和节目内容。

面对社会的发展和受众需求的转变，沉溺在已取得的传播成效中的时间越长越是固化，以及保持沿用已久的传播方式，电视传播的内容与乡村社会脱节的现象就会更加明显，若电视媒体看不到这些弊端，会让自己沦为效果微弱的“宣传器”和娱乐工具。

客观地说，很少有对西藏社会发展格局认识不足的西藏媒体工作者，二八开的城镇与乡村人口分布是地域辽阔的西藏社会真实的状态，但我认为，大量的西藏电视媒体工作者对这一情态的认识更加偏向于感性，这种感性在工作中的表现有时是“随性”，而非以理性的方式，有策略、有步骤、重规划地进行整体宣传策划。

4.1　乡村社会的存在

虽说有学者提出西藏的城市化可以追溯到四五千年以前，但是直到上世纪 50 年代，整个拉萨城也还只有三万人口，城市和乡村的概念在西藏并没有特别显然的差别，两者间的生活差异也没有那么显著。

进入 21 世纪，城市化在中国的发展中成为正道，在这样的大气候中，西藏的城市化也成为必然。西藏的城市化建设推动和扩张出了几个大的中心区域，包括拉萨在内的几个地委行署所在地成为西藏的经济、政治核心地。西藏有 300 来万人口，分散居于广袤的高原大地上：122.84 万平方公里的土地上散落着 890 个乡，7,577 个村民委员会，每平方公里为 2 人。气候、交通、地势较好的地方人口相对集中——全区 60%左右的人口集中居住在 25%的土地上，这些人口集中居住地带的海拔相对要低一些，不超过 4,000 米，沿着河流或峡谷地带，大多有森林覆盖，草场、农田肥沃，我调查的林芝、昌都、日喀则等地的乡村都是当地人口居住相对集中的地方。

乡村是藏族最基本的生活空间。和祖国其他地区一样，城市化车轮行进至 21 世纪，乡村人口比重依然高于城市，乡村的面积也远大于城市，但不同的是西藏村庄和城市之间的距离，村庄与村庄之间的距离都相距遥远，人口更为稀少、分散。1970 年以前的统计数据中没有划分城镇和乡村人口的分类统计数，1970 年乡村人口占西藏人口的 92.9%，30 多年来西藏乡村人口的比重趋于下降，1990 年为 83.6%[①]，1990 年为 80.57%[②]，从人口的数量来看，乡村人口数量还在增加，1980 年为 167.66 万人，1990 年为 187.37 万人，2000 年为 210.80 万人。

拉萨、林芝八一镇、日喀则市等地已经有了鲜明的城市特征，但在西藏广袤的其他地区仍是乡村的景象。即使被划分为镇也被人们称为“两分钟”乡镇或“一条街”乡镇，即只有一条主街道或开车两分钟就走完。西藏城镇的人口集中在拉萨或地委所在地的城镇，其他乡镇多是人口只有几千的小镇，经济和社会发展状况与乡村差异不大。相关学者的研究表明：只有当镇区人口达到 1 万人时，才能够发挥其基本的镇域资源的集聚和扩散作用。[③]按照这个标准，西藏更多的乡村小镇的城镇功能完善得并不充分。

---

① 资料引自西藏自治区统计局编：《西藏统计年鉴——1998》，中国统计出版社 1998 年版，第 34 页。

② 第五次全国人口普查，国家民族事务委员会经济发展司、国家统计局人口和社会科技统计司编：《2000 年人口普查中国民族人口资料》上册，民族出版社 2003 年版。

③ 杨剑萍：《加快区域中心镇发展：推进西藏城乡一体化进程——西藏城乡一体化调研报告》，《西藏发展论坛》2011 年第 4 期。

在整个中国，西藏乡村是最边远的区域概念。这种概念由三层相关的事实构成：

一则是地理位置上的边远。西藏被称为世界第三极，又地处祖国的西南边陲，海拔高、空间距离远，甚至被人们评价说“出国容易进藏难”。相对于西藏的城市，散落在广袤大地上的乡村更是偏远地区。

二则是经济文化和社会环境的边远。西藏被视为老少边穷地区，即使近些年经济发展、文化蓬勃，受益的也多是拉萨、林芝、日喀则等城镇。即使是旅游项目的开发，乡村依然因地域偏远，经济欠发达而被排除在优先考虑的范畴外。

三则是文化传统和社会潮流上的边远。西藏乡村与发达地区的生活节奏和生活状态有太多的不同，如裹卷大半个中国人迁移的春运、用工潮等等和西藏乡村基本没有关系，发达地区的社会事件、文化时尚基本上波及不到西藏乡村。

西藏乡村独立、安静、相对封闭地存在于祖国一隅。这样的环境结构，使得外来的信息传入也是相对有限的，比较西藏城市和乡村的异同就可以很清楚地看到这一点。不仅仅是城市和乡村具有不同的信息场，发展起来的乡村和滞后的乡村之间也有一定的差异。

人口数量大、居住分散、经济发展落后、观念滞后，这些因素决定了乡村在西藏是稳定和发展的重点。唯有乡村发展了才能代表西藏发展了，唯有乡村稳定了才能给西藏带来稳定。若说有限的几个发达繁华的城市是西藏实现现代化的景观名片，那么乡村就是城市之根，如何发展乡村，包括如何为乡村传播更多的信息，应该被纳入媒介工作者的视线，加倍重视，而非在发展中忽略它的存在，或将其放置于次序列的名单中。

研究乡村，避不开对乡村信息环境的研究，乡村相对于城市信息差异有哪些，状况较好的乡村和更为偏远的乡村又有什么不同，这些都是基本的问题。

4.1.1　不同的生活图景：城镇与乡村 · 乡村与乡村

60年来，西藏发展中逐步出现了城乡的差别，这是一个显著的变化。国家资源的配置大量向城市倾斜,城市居民生活水平的改善速度快于乡村。

拉萨的规模从新中国成立前不足两平方公里、人口不足三万发展成现在占地 52 平方公里,常住人口 15 万的城市。我幼年生活过的林芝地区八一镇过去只有几个寺庙和两三个自然村落。80 年代初期,镇上的建筑基本都是由木板搭成的,一个有三四个木制商品柜的国营商店被称为"大公司",整个小镇都建在河滩上,路上都是硌脚的鹅卵石,没有一条像样的道路。而今这里已经成为占地 5 平方公里,人口 3.5 万人的小城镇,甚至有些区域被规划设计为国际旅游小镇。

和八一镇的变化类似的还有西藏其他地县,原来没有城镇的地方兴起了城镇,原本有的城镇变得更大了。城镇的兴起使西藏人的生活有了"城、乡"两种不同的图景。

随着城市发展,农民人均纯收入与城镇居民人均可支配收入的绝对值差距显著,而且呈逐年加大趋势。

农牧民的劣势还表现为他们在信息社会中处于劣势地位。

蒂奇纳的"知识沟"理论认为,"由于社会经济地位高者通常能比社会经济地位低者更快地获得信息,因此,大众媒介传送的信息越多,这二者之间的知识鸿沟也就越有扩大的趋势。"

也就是说,电视普及的三十年,是城市和乡村,也是不同乡村之间拉开差距的三十年,同时,不同地域的乡村也有了不一样的景观。差距不仅仅表现在谁家有了更多的钱,过上了什么样的日子,还表现在信息空间和思维方式上的差异,这些差异会影响获得新的传播技术的能力,最终从信息格差演变为知识差异,并再一次对职业、收入、社会地位造成影响。

场景一:拉萨一家人的生活

2011 年,我访问了一批拉萨的居民,其中包括卓玛老阿妈家。卓玛老阿妈住在拉萨城东嘎玛贡桑,这是拉萨最大的自建居民小区。老两口都是企业退休职工,两口子的退休工资加起来有近七千元。家里最早是在 70 年代买了收音机,80 年代末买了第一台电视机,没有订阅过报纸,也没有买过电脑。收音机摆在放电视的藏柜上,老两口说,干活时偶尔也会听收音机,主要是听藏语歌曲和新闻节目。说到报纸,卓玛老阿妈说她不识字,老伴懂一点藏文，是在民主改革后扫盲时学的，但也只是看看藏文的历算。老两口汉语的听说都很好，这是早年和单位上的汉族同志打交道学会的。老两口的儿女们都读过书，时常会带报纸回家阅读，也会带电脑回家。

退休后老两口雷打不动的是每天要去转经。从卓玛老阿妈的家到布达拉宫广场的“孜廓”[①]转一圈回家要两个小时左右。老伴每天六点左右起来吃了糌粑喝了茶，然后拿着小收音机就去转“孜廓”了。卓玛老阿妈一早给佛龛上香、换净水，要忙到七点左右出门。

老伴会在布达拉宫广场西面的茶馆等卓玛老阿妈。茶馆中，老伴从收音机里听来的各种消息成为和朋友聊天时的谈资，还有一些消息是大家口耳相传的小道消息。这时候，报贩会在街头兜售《西藏商报》和《拉萨晚报》，个别老人会购买，不怎么认字是大多数老人不买报纸的直接因素。

每日的“转经”活动，对老两口来说不仅仅是信仰需求，这也是他们有目的地锻炼身体的方式。在三个多小时的城市户外活动中，赶巧能听到布达拉宫广场的大广播播送中央人民广播电台的《新闻与报纸摘要》，广场上的LED户外显示屏不时播放各种旅游风光片，老人看到吸引人的内容也会驻足观看，并和遇到的其他老人讨论。

城市主干道上的户外广告和过街横幅一年四季不停地在更换，传递最新的消息，有的是关于年节的，有的是关于会议的，更多的是商品广告。眼下，林廓路上的LED灯光广告上挂着的是甘露藏药的广告。这些信息不经意间会让老人了解外界的各种事件。

老人说，像端午节、中秋节这样的节日原本他们都是不过的，可是看到街头浓郁的节日气氛，各种信息扑面而来，他们也会忍不住买一些粽子、月饼之类的东西吃，逐渐也知道了这些节日的文化背景。

十点之前，老两口回到家里，稍微休息一会，卓玛老阿妈开始准备午饭，老伴侍弄一下花园中的植物就开始打开电视。子女工作忙，周末才回家。老两口自己吃完午饭，午休时间关掉电视。下午，老两口到沿街的小麻将馆打两三个小时的麻将，赶着中央电视台的《新闻联播》开始前老人回家，从看

---

① 孜廓(藏语，音译)：指绕布达拉宫的转经路。

《新闻联播》开始,电视一直要开到晚上十点左右。

晚间的电视要是停电或闭路断了,就会显得很沉闷,他们不知该如何打发时间。电视在夜间生活中尤其重要,遇到好看的片子,他们也会看到十一二点,甚至有时会影响到第二天早起。

老人说,子女一旦回家,尤其是孙辈回来后,电视是从早开到晚的。90年代初,电视只能收到中央一、二台、拉萨台和西藏一、二台,1994年左右陆续装上了卫星电视,能收到四十多个频道。频道太多了,选不过来,老两口基本就是看中央电视台、西藏电视台的新闻和西藏台的藏语译制节目。

对老两口来说,现在的生活安逸幸福。有钱了想买什么就买什么,家里的电器也都是电视里见得到的牌子。

他们想看电影可以随时到电影院去观看,不时举办的歌舞演出、大型活动也时常在剧院和广场举行,有条件时,老人也都会去看。

对生活在城市的民众来说,媒介给他们带来了生活和观念上的改变,让家庭的生活不那么单调和枯燥了,同时日常的人情往来和娱乐活动还是比较丰富的,信息来源渠道也是多元的。可以说,西藏城市的居民也许不如其他发达省份的大城市居民接触的信息丰富,但随着经济文化生活的繁荣,各类资讯也是越来越庞杂,这是西藏乡村所不具备的优势。

场景二:开放乡村一家人的生活

嘎玛家是我们随机选择的调查对象。她家一共六口人,她和丈夫次仁有一儿一女,她未成家的哥哥和90岁的老父亲也和他们一起生活。

嘎玛家所在的鲁朗扎西岗村距离西藏林芝地区八一镇80公里。虽说依着318国道,但是离公路也还有2公里左右的路程,村民没有一户沿着公路居住。这里的自然景观被游客赋予"小瑞士"的称谓。拿我在路上随访的一位背包客的话来说,这里的景致让人看着只想落泪,言语都是多余的。

对于游客难得一见的景观,嘎玛打开窗户就能看到。他们家世代居住在鲁朗这一带,过着半农半牧的生活。这两年地区旅游局和村民签订了开发协议,带动村民依靠旅游致富。在政府的扶持下,扎西岗村53户村民每家都办起了家庭旅馆。景观无须投资,自然的山水已经是最好的招牌了。每年从6月到10月陆续到访的游客需要有舒适的环境,于是家家户户安装了抽水马桶、淋浴器。为了接待游客，嘎玛家新修了一幢两层楼的房子，可以一次接待 20 个人。

在开发旅游项目之前，嘎玛一家就靠着 30 亩土地和为数不多的犏牛过日子。为补贴家用，嘎玛贷款买了辆卡车跑运输。自从旅游项目开发后，卡车基本上闲置了，现在仅是靠旅游年收入就有两万多。

扎西岗村在旅游项目开发之前每年能见到的外地人非常有限，村里仅有两个汉人：一个是从珠海来到扎西岗村租了十几亩地种植“玛卡”的老张，他基本上不和本地人来往，过着隐居的生活；另一位是一个从四川来的姓胡的农民，在本地取了一个媳妇，彻底把自己本土化了。

53 户村民家家户户通电话，但是没有网络。老张介绍说，当地旅游部门嫌光缆架在户外难看，就全部砍掉了。

嘎玛 19 岁的儿子在八一镇读完初中后回到家里帮工。听儿子说了网络这么一回事，嘎玛说：有网络那么好的东西，可以当电视看，还可以读写东西，等条件具备的时候她也会考虑买台电脑上网。

嘎玛家是嘎玛当家。对网络有所考虑一则是因为儿子总是谈起网络的好处，二来是游客总是抱怨上不了网。

女儿在西藏大学读书，一年要花一万多块钱。本地的习惯是尽可能让女孩子读书，找到公职，嫁个好人家。对儿子的要求是不需要学习太好，能帮家里干活就可以了。以后家产基本上都是留给儿子——儿子要固守老宅子和乡土，壮大门户。

我们在的那几天儿子找回了跑丢一年的马匹，嘎玛很高兴，专门做了火锅。火锅底料是从商店里买来的现成底料，产自四川。嘎玛说这是儿子最喜欢吃的食物。

一年四季，除去和夏季不时到来的游客交流，生活中最好的消遣就是看电视。家里接收电视信号的“锅盖”[①]是 2009 年“百万农奴解放纪念日”政府发的，可以收到 16 个频道，村民们亲切地管“锅盖”叫“党中央”。我理解有两层含义：一层是，“锅盖”是政府发放的，群众表达出他们对中央关切的感激

① 锅盖：指政府赠送的卫星电视接收器。

之情；另一层含义是，通过“锅盖”能听到中央的声音，了解更多的时事政治，被视为“中央声音”的传播者。

图 4—1　被西藏农牧民称为“党中央”的卫星节目接收器

嘎玛家是在 1995 年前后买的电视，早年是通过外接天线收看节目，频道很少。“锅盖”的使用大大增加了节目的选择余地。

富裕起来后，嘎玛家这两年购买了一个冰箱、一个冰柜和新房子上用的太阳能热水器，买的都是广告中宣传的品牌。嘎玛认为电视中宣传的品牌品质应该不错。购买大件家用电器时他们觉得无法作选择，会更多依照电视中的宣传购买物品，但是日常的一些用品，嘎玛觉得电视上做了广告的品牌东西较贵，不一定是最好的选择。

电视是家里使用率最高的电器，几乎整个白天都开着。90 岁的老父亲总是守在电视机前。老父亲说，他非常喜欢看民族歌舞节目，一辈子生活在家乡没有怎么出过门，基本上没有看过什么表演，现在他想看的内容电视中都有，尤其是逢年过节时播放的歌舞节目会很多，那时候会看得很过瘾。

晚间，一家人聚在一起，因为看电视的喜好不同，会尽量兼顾不同的口味。

全家人必看的节目是《西藏新闻联播》，新闻节目是丈夫次仁首选的节目。嘎玛喜欢看电影频道的电影，次仁最爱的是枪战片和武打片。遇到《西游记》《封神演义》这样的节目，基本上没有人会换台。即使是汉语节目，嘎玛说，大部分她都能听懂，只是不怎么会说。

更多的时候，大家去干活了，电视就是老父亲的消遣工具。如果没有民间歌舞节目，老父亲就把电视调到 CCTV—3，看歌舞表演。

图 4—2　西藏林芝鲁朗扎西岗村嘎玛家 90 岁的老人在看电视节目

嘎玛说，等旅游季节过了，农活也干不了，如果不去各地朝佛，唯一的消遣就是在家里看电视，这是了解外界最好的途径。不光他们一家如此，嘎玛说，整个村子都是这样。

有电视的日子快 20 年了，村民已经完全习惯了家中随时有电视的声音环绕着，一旦电视坏了，他们就陷入了坐卧不宁的状态，毕竟电视是他们为数不多的可以依赖的信息传媒。以前没有电视的时候他们都喜欢去村干部家听听上面传达的精神或报纸上的消息，现在，村干部也很少开会了，就是开会也基本上不念报纸了。

偶尔，有摩托车伴随着扩音喇叭的喧哗声驶过，这是外出放牧的村民在外面打发寂寞“研发”出的“随身听”，就是把收音机“嫁接”到摩托车上，再加上一个扩音喇叭。

在嘎玛家我们唯一见到的书是一本旅游画册。在村里，藏文版的《人民日报》《西藏日报》会直接送到村长家。他们并不觉得有报纸读的村长比他们消息灵通，电视给他们的感觉是内容足够丰富了，基本满足了他们的需求。更多外界的信息引发不了他们的好奇心。

场景三：闭塞乡村的日常生活

西藏昌都丁青县觉恩乡绒通村属半农半牧地区，村民还有一部分收入来源于挖虫草。2012 年全村人均年收入 3,421 元，其中现金收入 2,500 多元。直到 2012 年年初，这个村子 450 户 2,691 人，无一户家庭有电视，半数村民居住的地方也没有通电话，只是覆盖了移动的手机网络信号。

绒通村人的信息来源主要靠人的流动带来口耳相传的消息。党和政府的惠民政策很难传播到这样的乡村。孩子们生活在这样闭塞的环境中甚至没有看过任何一部动画片，对上学兴趣不大。调查显示，在该村的村办小学应到学生数为 126 人，实际常年到校上学的学生只有 66 人。

村子中多次发生草场纠纷、教派纠纷，打麻将、赌博、酗酒、打架斗殴更是常事。

有的青壮年到了农闲时节就外出朝佛，很少想着通过副业改善生活。常常去朝佛的人慢慢就习惯了在外面漂泊的生活，也就时常会去朝佛，并依赖人们的施舍度日。

这些乡村的农牧民渴望他们的生活环境能像其他乡村一样发生一些变化。他们认为要改变他们乡村的模样一靠修路，二靠信息流通。

2012 年藏历年前夕，政府为绒通村 450 户村民每户发放了直播卫星电视广播地面接收设备和十几台电视机，还特意为绒通村所辖的金卡寺和乃察姆寺发放了两套直播卫星电视广播地面接收设备，赠送了两台电视机。

一位驻村工作人员告诉我说，在村民们能看到电视之前，驻村队最急于做的就是政策传播工作，他们挨家挨户送《西藏自治区农牧民享受财政补助优惠政策明白卡》，对不识字的农牧民口头讲解政策。他们认为，电视落户这些家庭后直观的影像比他们的口语传播有效得多。而且他们相信电视会给这里的人带去观念和思想上的转变，村民通过电视看到别的藏区生活时会有所触动，能改掉一些不良习惯，慢慢培养出向上的生活方式。村民们也认为政府帮助他们就能改善他们的生活，他们理想的生活状态就是从电视中常常看到其他富裕地区农牧民的生活状况，他们尤其羡慕林芝地区的生态环境，希望可以搬迁到那样的地方生活。

27 岁的雍增一家是 2000 年从昌都地区类乌齐搬迁到林芝地区生活的"天保"搬迁户。她的家乡就属于偏远的闭塞乡村，在林芝生活的 12 年中她家的经济状况不断好转，到 2012 年雍增家盖了新房，买了一辆皮卡、一辆拖拉机，连电视机都买了三台。雍增说他们和邻居的交往方式和在老家时不太一样了，她丈夫会花更多的时间读报纸、看新闻，很关注政府的各种公告，喜欢打听招工的消息，一有机会就出去打工。这样的状态是搬迁后才形成的——以前更多是等待，政府不提供机会就完全没有主意了。

越触及外界的信息雍增一家的变化就越大，不仅是从服饰到口音的改变，对以前生活的认识也有了新的看法，让雍增感触颇深的是本地农牧民对教育的态度，她意识到了让孩子读书的重要性，认为在新的环境中最大的受益者应该是孩子，表示只要孩子愿意读书，他们怎么都要创造条件。

4.1.2　城、乡信息传播差别

不同生活环境拥有不同的信息传播方式，城市的信息源要远比农牧区丰富。

除了广播、电视，在城市还会接触到更多的信息源，如表 4－1 所举的例子：

不同的信息汇集到城市中塑造出城里人的生活方式。比如做一件女士藏装，店家会告诉你今年流行的印度布料和浙江布料在颜色、质地上的差别。老年人会相互转告哪家医药店可以免费测血压，并且药品折扣也大。

海量的户外信息会不断推送到受众眼前，受众再从中分拣出自己想要的信息。还有一些户外信息，即使受众没有特别留意，但是时间一久，也会影响生活方式。比如藏族不过元宵、端午、中秋等节日，但是到这些节日的时

表 4—1 西藏城市信息源

信息点	内　　容
横幅	节庆信息、商业广告
	重大会议召开、会议的主题词、核心精神
LED 屏	重大会议召开、会议的主题词、核心精神
	旅游信息等、商业广告、城市形象宣传
灯箱	商业信息
公交车身、车站	商业信息
招贴	演艺节目、广告信息、文化节日
招牌	商业信息
人群	各种信息都有可能
纸张类	报纸、直投广告、各种物品外包装上的信息
橱窗	商业信息
网络	可接触各种网络信息
各种演艺活动	时尚的演出信息
电影	随时在影院放映
各种宣传活动	按照不同主题展开

间节点各种宣传铺天盖地，假以时日，受横幅、招贴等广告的影响，藏族也开始过元宵吃汤圆、端午节买粽子、中秋节吃月饼。生活在本地的汉族也受益于这样的信息传播，知晓藏族消费习惯的改变后，开始营销一些适合本地人口味的新产品。

相比于城市，农牧区的信息渠道就显得很单一。

我曾在《浅述信息传播在西藏乡村的流变和影响》[①]一文中将西藏的乡村分为公路乡村和山坳乡村。这是依据乡村与交通干线的距离划分的，和乡村所在的地域关联不大。无论这个乡村是在富饶的林芝还是在贫瘠的阿里，乡村靠着公路和远离公路的境遇差别是显然的。

截止到目前，公路运输依然是西藏的主动脉，山坳村庄通常也是有乡间公路的。我所说的公路村庄是指原来就靠着省国道的村庄或后来迁移到省

① 张玉荣、张征：《浅述信息传播在西藏乡村的流变和影响》，《中国少数民族地区信息与传播发展论丛》，光明日报出版社 2011 年版，第 27 页。

国道附近的村庄。

山坳村庄现在大多还保留着村民聚会聊天的坝子，而公路村庄沿道路呈条状布局，已经没有这样的公用场所了。在山坳村庄，除了电视外，他们还会依靠表 4—2 中罗列的信息源：

表 4—2　山坳乡村的信息来源与特点

信息来源	信息特点	信息内容和用途分析
广播	及时迅捷	关于生产生活的信息过少，多用于听歌曲节目
报纸	时效滞后	内容深刻、严肃，多用于在会议上传达政策
村干部	信息贴近性强	乡里开会后带回与村民相关的政策信息，是重要的信息的把关人，能读懂报纸，分析政策
村中能人	贴近性强、新鲜、有趣	多为到城里打工者，他们将城里的所见所闻传播到乡村，他们本身就是一种生活方式的代表人物，见识远远广于村民，为村民的生产生活能提出建设性的意见
村里的宗教人士	信息贴近性强	多是与生活相关的宗教内容。有寺庙的村庄，僧尼是信息传播源之一。无寺庙的村庄，来村落中做法事的僧人或其他宗教人士是信息传播中不能忽视的环节
学生	新知识、新理念	各种从学校获取的新知识通过他们再度传播到村子中

公路村庄比山坳村庄在信息传播上更具优势，山坳村庄具备的信息流通渠道公路村庄都有，但是在交通上公路村庄的村民享受了更多的便利，更容易走出村落接触外面的世界。在信息内容方面，由于公路上南来北往的车辆多，带来了不同地方的新鲜事，对当地匮乏的信息是极大的补充。同时，公路村庄还有一个显著特点，在沿街开办的小酒馆或商店中普遍张贴着移动公司、电信公司和其他行业的商品广告，这些宣传广告介绍了村民们少见的物品，也传递着外界生活方式的信息。

无论是城镇还是山坳乡村，抑或是公路乡村，广播电视都能接收到的信息源。很显然，少数由于电力和接收器的局限还不能接收到电视信号的乡村，人们的思想观念和生活状态也全然不同。

广播电视信息作用于信息渠道单一或丰富的地方产生的效果也有明显的差别。生活在城镇的人接触了多元信息使他们见多识广，更加开放，对待传统、教育、婚姻、宗教的态度显然更加个性化。在乡村，相对单一的信息渠道使大众对事物的认识更加趋同，传统观念在生活中的沿袭、固化也比城市要明显。正是因为如此，我们才更要意识到强化农牧区信息传播工作是提升其经济发展、观念改变的关键之一。

人类学家露丝·本尼迪克特说："自有人类历史以来，整个世界上不管哪个民族都能接受别的血统的民族文化，人的生理结构中并无任何东西会妨碍这种接受。"[①]藏族自然也不会是一个固守传统而不接受新鲜事物的民族，过去新鲜事物难以进入并普及是大气候下政治、宗教、文化环境使然。而今，民众对电视、手机都不排斥，市场上出现新的电器他们也尽可能运用到极致。比如很多农牧区的家庭买洗衣机不是用来洗衣服，是用来取代搅拌机打酥油或打茶。传统的木质酥油茶筒如今基本上被电动的"牛头牌""马头牌"搅拌器取代。他们的饮食、衣着也紧跟其他地区的流行趋势，藏靴被皮鞋、旅游鞋替代，寻常百姓家都会做几个川菜。

农牧民深谙与时俱进的道理，希望既能跟得上现代文明发展的步伐，也能在现代文明的板块中保留老祖宗流传下来的优秀传统和文化。比如能借电视宣传各地优秀的"非遗"文化，把自己民族的文化传播到世界各地。在不少乡村，我都见到了极力宣传本地文化特色的村寨"精英"：有的人极其希望有机会让自己村子里最好的舞蹈队、最棒的歌手露露脸；有的不惜翻山越岭带我去看有传奇故事的泉水或古迹，希望能将其推广成众所周知的旅游景点。

他们逐渐从全封闭的思维中解放出来了，尽管这个过程中冲击不断，对传统形成了挑战，但是他们尽量进行自我调试，力图跟上时代的步伐，能让自己生活得好一些，让自己的子女有更好的发展环境。

在农牧区具有开放思维的人原本只是其中一部分人，但在这一部分人的感染下，当接触更多媒介信息后，越来越多的农牧民观念得以改变，比如人们在认识到地理位置的差异影响的不仅仅是信息的多寡，更是生活富裕与否之后，就不会恪守"故土难离"的想法，山坳中的农牧民会更加希望能搬

① 〔美〕露丝·本尼迪克特著，王炜等译：《文化模式》，社会科学文献出版社2009年版，第9页。

迁到信息更为通畅，交通更为便捷的地方生活，从而方便子女上学，也方便家中的劳动力得到更多的用工信息和打工机会。电视里说交通便捷的地方更容易得到政府部门的各种投入，也对他们产生了不小的影响。

昌都地区巴宿县同卡乡的多个村庄位于横断山脉的崇山峻岭中，多属于半农半牧地区，自然资源匮乏，年人均收入也就两千多元。当地的农牧民还不时受一些负面思想的影响，忌于采挖贝母等自然馈赠的药材、惜杀惜售牛羊。这样的乡村，2014 年夏我走访了多位牧民，他们都明确表示要移居到公路附近自然条件更好的地方去生活，即使是租用别的地方的土地。他们普遍反映的是公路旁的村庄更能得到政府部门的关注，更易于落实各项惠民政策。

同卡乡波察村是附近几个村庄中人口流动最大的，相比于自力更生，村民们更倾向于到城镇去乞讨。政府工作人员屡屡做工作，可是很难说服村民再在贫瘠的自然环境中居住。年过半百的村长多杰年轻时去过拉萨打工，能说简单的汉语，他反复强调说："以前有过搬迁到林芝的事情(指西藏天然林保护搬迁工程)，要彻底改变我们村的状况，让农牧民富裕起来，最好的办法就是把村里的 133 户搬迁到自然条件更好的地方去。"村民们普遍认为，山坳村庄和公路沿线的村庄得到的待遇不同，甚至偏执地认为政府把更多的优惠措施、用工信息仅仅传递和实施到了公路沿线的村子。

针对乡村的实际情况，政府近年来不断落实"九有"("九有"指有路、水、电、通讯、文化书屋、报纸、广播电视、国旗、四代领导画像)政策，逐渐改变乡村的面貌。但这个改变毕竟是一个漫长而浩大的工程，农牧区有些村庄山高路远，难以通达，依然闭塞。外界信息难以抵达的地方，农牧民也不太可能走出去——对外界的惧怕、缺乏一技之长都是他们与外界接触的障碍。

对于偏远的乡村而言，广播电视信息的作用无疑被凸显了。昌都地区同卡乡觉龙村是典型的半农半牧的村庄，村里生活着 36 户 197 人。这个村子距离昌都镇虽然不到 300 公里，但交通极其不便，从同卡乡去觉龙的路只能勉强通车，在乡间道路上行驶的基本上也就是农牧民的摩托。车行在路上不时要留心岩壁上的落石，还得时常下车清理滑落在路上的树干。几十年来很多村民没有去过昌都镇，直到 2012 年觉龙村部分人家才有了电视信号接收器，一年前移动信号才覆盖觉龙，由此部分村民才买了电视、手机。

54 岁的次仁新巴在村里算是做生意的能人，他家是最先买电视机的。次仁新巴很喜欢看汉语节目，他对自己的汉语水平有充分的自信。2014 年年初，他到宁夏去做生意，出去后他发现他听到的汉语和电视里的不太一样，有的完全听不懂，困惑中次仁新巴不时感叹电视在村子里开通得太晚了，影响了他更深入地学习汉语。

对觉龙这样的山坳乡村而言，更多的农牧民惧怕外面世界，缺乏改变生活的能力和勇气。唯独在这个村子，我看到农家书屋中的书籍被较多人借阅，但驻村工作队的队员介绍说，许多畜牧养殖、农业生产的书籍不适合高原地区，偶尔有本适用的，却编写得晦涩难懂。村民们强调，他们很需要浅显易懂且适用的农牧知识节目，而不仅仅是“好看的影视剧”。

西藏地域广阔，人口居住分散，即使是政府不断加大投入改善民生，农牧民生活改变的进程依然漫长。信息的传播只是其中一个作用力，还需要创造更多的引导方式，比如培养致富带头人，创造走出大山的机会等等——但目前，无论是信息传播的内容还是形式，都还有很大的改进余地，尤其是针对性强的节目，其质量和数量都有待增加和改进。

图 4—3　同卡觉龙村

图 4—4　同卡觉龙村

4.1.3　城、乡电视内容需求差别

城市和乡村在 60 年的发展中拉开的差距体现在生活的方方面面，随着生活方式、教育程度、政策环境的差异化，他们对信息的需求也有一些异同。

1. 对接近性要求的差别

我通过调查，发现像《西游记》《封神演义》《济公》之类的神话在西藏受众中普遍受到欢迎，但是对其他节目，乡村观众和城市观众的收视兴趣完全不同。

在城市中，大部分受众即使汉语说得不够流利，但是听是没有问题的。对他们而言，50 多个频道意味着更多的选择，他们中间不乏湖南卫视的忠实观众，有《甄嬛传》的粉丝。对乡镇来说，大部分藏族听汉语还是很吃力的，他们更青睐于藏语频道的节目。语言的使用能力成为内容选择的天然屏障，消除还有待时日。

生活的差别也让他们无法移情于汉语频道播出的一些影视剧。尤其是那种出入奢华场所、整个过程都演绎着在华丽场所发生的故事，这样的节目生活在城市的藏族中还观看，农牧区观众完全不能理解那种状态下的生活。他们更喜欢看家常里短的节目，尤其喜欢描绘其他省份农村生活的节目。在生活环境的接近性中，他们寻找着心理的共同点和生活共同目标。比如说看一场农村影视剧，他们会比较在致富途径上的区别、生活条件上的差异。如果影视剧中描绘的农村生活比较富裕，他们会找出原因并和自己的生活对照。他们甚至希望能把自己生活的环境纳入拍摄的题材中，从荧屏上观看自己的生活，表现出强烈的地缘接近性和心理接近性。

城市的开放度和认知度使城市的观众扩大了节目内容的选择，即使仅仅靠访谈来支撑的节目也会被接纳并收看，收看题材要宽泛得多。而农牧民的收视偏好受客观条件限制太多，致使他们感兴趣、能看懂的节目也实在有限。

2. 对实用性要求的差别

多点生活中用得着的节目内容，是城乡观众对电视教育功能的共同期待，但是在对内容要求上城市观众更倾向于如何保健、防病等类型的节目，和农牧民关注的内容有明显差别。

我在乡村期间，不止一位村民表达了对农牧业节目的失望。对他们而言，固然电视在娱乐上满足了一定需求，但是当他们把电视当作一个学习知识的平台时，他们感到电视工作者完全不懂得他们的农牧业生活，不能给他们专业指导。在我的调查中，农牧民普遍认为，其他省份的电视台播放的农牧业生产内容的片子并不适合西藏，而西藏本地电视台指导生产技能的片子太少了。

农牧区的生活水平决定了他们现在还没有关注到改善生活以外更多的话题，教育水平决定了他们把电视当作学习生存技能的全天候开放渠道，他们对电视节目实用性的诉求远超过城市居民，一些指导性的常识都能为他们的生活提供帮助，这些常识城里人早已熟知，比如发芽的土豆有毒、打酥油茶的清茶不易久熬等等。

3. 对电视纯净度的要求

藏族在日常生活中十分忌讳在异性或长者面前看搂搂抱抱的亲昵镜

头，在乡村不止一位观众对我说起电视中的这类镜头给他们的生活带来困扰——一家人围坐在一起看电视，往往会因为有这样的镜头出现而中断观看。

电视节目能再干净一点吗？电视节目中含有“精神污染”的内容让农牧区观众颇为难堪和困惑，这在城市中很少听闻。城市中一个家庭有多台电视机，家庭成员各看各的，在私密的空间中不会遭遇这一尴尬境况。再者，城市的开放和包容让人们也常常在街头巷尾能见到亲密接触的情侣或恋人，这已经改变了城市人对此类问题的适应度。

不仅仅是对“亲密镜头”，对一些暴力镜头，村民们也都无法不提意见。电视的教化功能村民们看得很重，在实际生活中也出现了一些电视节目带来的麻烦，比如孩子模仿电视镜头中的打斗、偷窃，甚至有些偷窃的技法也是从电视中模仿来的。青年人还没有太强的把电视和生活区分对待的能力，电视在他们生活中产生的移情效应远强于城市中的观众，我在农牧区多次见到因看电视节目而哭泣或大笑不止的观众，而将自己的情绪完全投入到节目中的观众在城市中相对较少。

需要强调的是，电视内容的纯净度实际上还有更深的社会影响。1922年李普曼在《舆论学》中提出“拟态环境”的概念，这一理论认为，现代社会变得越来越庞大和复杂化，对超出自己经验以外的事物，人们只能通过各种新闻供给机构去了解。这样，现代人的行为在很大程度上已经不是对真实客观环境的反应，而成了对大众传播提示的“拟态环境”的反应。西藏乡村的受众对外界的认知基本来源就是电视，电视中低俗、不健康的内容也成为他们对外界认识的一部分，会构成他们对祖国其他省份和其他一些民族的印象。我在林芝地区扎西绕登乡访问了一个十多岁的女孩，她说，“电视里的人挺不要脸的，他们就在大街上亲来亲去”。这些乡村居民完全不能接受大尺度的镜头，这些镜头让他们觉得外地人干着西方外国人才会干的事情，超出了他们接受的底线。这个问题同样会辐射到民族认同领域，我访问的农牧民大部分在现实生活中很少接触汉族和其他民族的人，电视提供的“拟态环境”构建出他们对其他民族的基本认知，这些基本认知往往会影响到民族团结和民族融合问题。

电视的纯净度也是阻碍电视进寺庙的原因之一，有些僧人抵制电视进入寺庙的理由，就有其中一些内容不能“观瞻”。尽管接受电视的僧人说他们会有所选择地收看，但是一些民众还是认为限制一些不良镜头更有利于广播电视进寺庙。

除净化荧屏外，还要考虑到外国影视作品和一些别有用心的影视作品对受众产生的“情感牵引”和认知误导。从这一角度来净化屏幕，涉及的思想影响就更为深刻了。

我也曾采访过一位叫洛桑旺姆的小姑娘，她最喜欢看印度电影，认为印度就是宝莱坞电影中展示的模样，于是拿了家里所有的钱偷渡到印度，真实的印度让她失望，也难以生存。洛桑旺姆对我说：“印度不是到处都是鲜花，夏天时的景象还不如我们家乡美。”这个故事不是特例，我的亲友中都有人提到“鲜花遍地、美女满街”的印度，这样的印象就是来源于风靡西藏的印度影视歌舞片。一些农牧民受众，尤其是孩子，没有分辨真实和虚构的能力，往往会深受电视内容的影响。

4. 对政策信息传播要求的差别

组织的传达对于城镇居民在获知政策上发挥的作用非常大。单位的工作人员会将有关养老、保险、教育等政策通过单位通知到个人，居委会会把居民需要的信息尽可能通知到户。而乡村的情况并不是如此，更多的信息是从村干部传达到村民家，让每一户农牧民都能理解并获益，难度非常大。村干部本身对一些政策信息就处在了解不全、吃不透、难解答的状态，经村干部“中转”，这些政策信息到农牧民手中就已经不是一手信息，他们更加难以理解了。农牧民急需由媒体开辟窗口详解答疑，即使是教会他们寻找合理的渠道解决问题也是进步。

政策信息传达不到位，农牧民就不会知道政府为他们做了什么。传递不到位的各项政策中，有个别政策存在各级政府执行力不足的问题，直接导致农牧民的利益受损，农牧民处在知晓和反馈的盲点中。低保补贴就是一个明显的例子：我访问的村庄中，村民认为低保的执行标准并不统一，有些有低保的家庭突然被取消了低保资格，他们却不知道被取消的原因。猜忌也会因此而起，被取消低保的家庭会认为是村干部滥用职权，偏袒自己的亲友。家庭利益的波动直接影响村庄的安定。

一位驻村工作队员告诉我，在他驻村的地方，农牧民了解政策信息执行细节的途径基本上还是靠口耳相传，效果不佳，国家给农牧民的优惠政策能落实百分之六七十就已经很不错了。

5. 对节目语言表达要求的差别

语言上的障碍还表现为两个问题。第一个问题是新词的普及。急速发展的社会在短短的60年中不断涌现出各种新事物，从来没有过的新鲜事要用全新的词语去表达，翻译的准确性、新词的传播面、受众的理解力等等都会直接影响传播效果。

我在前文中提到，1,551名被访受众中只有22%知道"跨越式发展、新农村建设、安居工程、和谐社会"，这些词翻译成藏文后在媒介中怎么表达，这也意味着大部分群众在收看电视时，这一类新词会影响他们准确理解电视节目内容。部分信息可以通过画面语言弥补，但是还有一部分内容是画面语言也无法解决的，尤其是抽象的政治概念词语，如"三个代表""道路自信、理论自信、制度自信"等，得反复研讨并加以解释才能让受众从另一语言的新词角度被认知。曾有昌都地区的一位乡村居民在回答什么是"三个代表"时，问其乡长："一个代表是习近平，一个是罗布顿珠，还有一个是乡长你吗？"[①]这段对话被当作笑话传播开来，可是从另一个角度反映出，农牧民对这类缩略词语的含义实际是不了解的。

第二个问题是藏语的敬语和书面语的使用。藏族的敬语十分丰富，《藏语敬语词典》中收录的敬语有5,500条。书面语是运用于文字上的表达方式，敬语在其中占很大比重。广播电视中运用的语言大多是敬语等书面语，于是出现了部分藏族不能完全听懂藏语广播、电视节目的现象。语言表达口语化是一个需要逐渐改进的问题，既不能影响到语言的纯正性，又需要让人们觉得简明易懂。已故藏族学者根敦群培对藏语与时俱进的问题早有建

---

① 乡间采访时的问谈笔录。罗布顿珠：西藏自治区党委常委，昌都市市长。

言，他说："随着时间的推移，语言变化了，但文字都未相应地变化，故产生了普通人看不懂藏文典籍中书面语的状况。倘若我大权在握，真想在藏族地区创制一套与当今语言相一致的文字和语法。"①

广播电视语言在运用中符合听觉习惯的要求之一就是口语化、简明化。要实现这一点不仅仅要解决具有时代气息的新词翻译，还得给语言换个"平民身份"，用另一个视角看待书面语和敬语的表达，强化语言文字的交流功能，淡化语言文字装饰身份、地位的色彩。也就是说，敬语和普通语词如何交汇使用，这需要考证研究并加以推广。要认识到在语言的使用上，电视和广播都具有收听"瞬时性"的特性。用口语和老百姓的语言去表达已经是汉语电视节目中的常态了，而在藏语的电视节目中这却是始终不曾认真提出并加以总结和改进的问题。

对于城市藏族居民而言，他们的生活环境能更多接触到书面语和敬语，听闻新词的途径也不止是电视一个通道，相对而言对他们造成实质性的影响要小，所以语言的运用还得站在农牧民的立场上设身处地地加以改进。

与此同时，西藏用"一沟一口话"形容地方语言的差异，各地口音上的不同也是造成收听、收看障碍的一个关键环节，应对措施是要加大拉萨话的推广力度。尽管藏族是一个口头文学很发达的民族，但在现代传播发展之前，发达的口头文学的流传对语言的统一帮助有限，方言依然是各地交流的最大障碍，如拉萨话和林芝、日喀则、昌都等地的语言不仅仅是口音上的差别，有的用词完全不同，造成沟通上的障碍。昌都地区的电视观众更喜欢收看的是四川台的康巴卫视，而不是西藏电视台的藏语卫视，语言差异是导致这一现象的主要原因。

2009 年西藏自治区党委宣传部在"四省"藏区的调查意见反馈中还提到一条，四川省部分藏区观众反映收看西藏藏语卫视最大的障碍是语言障碍。四川藏区汉语水平整体高于西藏，听不懂藏语频道节目的人会转而收看汉语频道，不会有太大影响。而在西藏农牧区很多受众基本上听不懂汉语，藏语频道是他们主要的收视对象，在这种情况下，就必须逐渐消除方言的

---

① 根敦群培著，格桑曲批译：《根敦群培文论精选》，中国藏学出版社 2012 年版，前言第 5 页。

壁垒。

电视能迅速出现在西藏不是媒体市场发展的必然，是国家政策执行的结果，面对西藏地域偏僻、经济滞后、观念落后的状况，电视在西藏更是担负着多项功能，也包括教育功能、语言上逐渐达成相对一致的功能，那么开辟类似于藏语普通话推广工作和相应的各类节目势在必行。

4.2　电视传播内容优化思考

在西藏，中央电视台各套节目和各省上星节目均已落地，但对西藏农牧区的受众而言，与他们生活最贴近的依然是西藏卫视的节目。面对不断成长的电视观众，西藏卫视的各类节目虽然已有进步，但在满足受众的需求上还有一定的提升空间。

我认为电视节目提升需在为谁传播、传播什么、怎么传播这三个维度上进行明确和调整。

西藏 81.5%的人口为农牧民，他们自然是主要的传播对象。姑且不说这些受众在电视节目中的参与性，首先要明确他们的主要需求是什么、有哪些收视问题。要了解这一类问题需要进一步作节目受众调查。但是截至目前，西藏卫视不曾进行过一次全区范围内的节目收视调查，缺少受众的反馈，节目的设置也有诸多需要改进的地方。

西藏电视台汉语频道按照“新闻＋旅游节目”的架构设计了整个频道，藏语频道倾向于单一的新闻综合频道定位。藏、汉频道的新闻专题节目重在对区内宣传各种宏观政策，缺少细节内容传播。

4.2.1　西藏电视节目现状

电视媒体对乡村生活所起的种种作用更多时候应该说是电视营造出来的信息“大环境”“大气候”在改革开放的政策下释放出来的能量，西藏电视台本身的节目宣传发挥的作用和能量还有很大的提升空间。分析西藏电视媒体在西藏的传播现状能得出这样的结论：新闻“高、大、上”的题材较多，社会监督功能缺失，负面报道基本没有；目标受众需求欠明晰，节目内容常与栏目定位不符；内容相对单一、形式有待突破。

2008年,中央下文,要求全国各省市无偿使西藏电视台落地,文件颁布后,目前最好的收视率是2011年第三季度在34个卫星频道中全天收视率排名到第26位。我认为,节目设置是与收视率相关的重要元素之一,通过表4—3的内容,可以分析出西藏卫视节目设置单一,受众定位不明确等问题。

表4—3　西藏卫视藏、汉语频道节目设置(2012年)

汉语卫视频道				藏语卫视频道			
名称	时长(分)	类型	播出时间	名称	时长(分)	类型	播出时间
中央电视台新闻联播	30	新闻	日播	中央电视台新闻联播	30	新闻	日播
西藏新闻联播	25	新闻	日播	西藏新闻联播	25	新闻	日播
午间新闻	10	新闻	日播	午间新闻	10	新闻	日播
晚间新闻	15	新闻	日播	晚间新闻	15	新闻	日播
西藏诱惑	30	旅游风情民俗介绍	周一至周六	故事园地	10	儿童节目	周一
在西藏	30	新闻专题	周一	农牧天地	30	农牧节目	周二
西藏风情	30	风情、旅游	周二周五	新闻综述	15	新闻评述	周三
今日西藏	15	新闻专题	周三	对话	30	访谈	周四
新闻视点	10	新闻评论	周一周三	雪域漫谈	30	新闻专题	周五
邦锦梅朵	30	儿童节目	周六	明灯	30	青少节目	周六
七色风	30	文艺专题	周日	飞天旋韵	30	文艺专题	周日
西藏旅游	20	旅游风情	周日	信息窗口	10	经济信息	日播

此数据是2012年的统计数据,目前《新闻视点》等评论节目已取消。

除了栏目表上安排的内容外,这两个频道其他的节目时间靠连续剧、广告填充。

从2012到2014年间,西藏电视台广告收入节节攀升,但是节目设置并无显著变化,甚至可以说栏目有减无增。2014年,藏语卫视频道广受农牧民欢迎的专题节目《农民天地》消失了,其余的自办栏目保持相对不变的播出节奏。除去新闻节目，更多充斥荧屏的依然是影视剧(见表4—4)。

表4—4　西藏卫视藏、汉语频道节目设置(2014年)

汉语卫视频道	藏语卫视频道
养生栏目	电视购物
五集大型理论电视片《百年潮·中国梦》	每周艺苑(小品、相声集)
西藏新闻联播	西藏新闻联播
西藏诱惑	新闻时空
午间新闻	信息窗口
每日一歌	飞天旋韵
今日西藏	每周艺苑《每日一歌》
如歌岁月	明灯
"中国梦"新创歌曲名录:歌曲	对话
西藏风情	雪域漫谈
邦锦梅朵	中央电视台新闻联播
七色风	
备注:另有一些非固定的专题,如《中国梦》等。	

和其他省的卫视横向比较，西藏电视台的收视情况并不理想，但是从纵向发展的角度来说，近两年西藏电视台的各类节目在数量和质量上都有一些改变，频道呈现出来的特点是：

1. 自办节目时长有所增加，但是数量依然不足

2011年《西藏新闻联播》播发藏、汉语新闻9,500多条，播出系列报道及开辟主题性专栏47个。平均每天播出13条新闻，每个月平均播出4个系列报道或主题性专栏；2012年《西藏新闻联播》播发藏、汉语新闻14,000多条，日新闻发稿量平均为19条。

就栏目而言，2011年西藏电视台的统计数据显示，全年专题、文艺共制作1,390期470小时的节目。2012年全年制作专题、文艺等栏目2,400多期、710多小时。折算下来，也就是说汉语频道每天播出的自办节目(不含重播)有一个多小时，藏语每天播出的自办节目要少一些，基本上也能保证每天有新节目播出。

2. 汉语卫视旅游风情节目为重头,“老牌”节目略显保守

在新闻立台的基础上,汉语频道还打出了特色牌:以旅游节目为主体宣传西藏的自然风光和民风民俗,让更多的人从自然、民俗的角度了解西藏,目标受众是区外受众。

如《西藏诱惑》就是为宣传西藏量身打造的节目。该栏目 2011 年共播出 260 期 130 小时,是西藏卫视这几年拉高收视率的节目,国家广电总局《收听收看日报》第 204 期专题点评《西藏诱惑》,作出高度评价,称赞《西藏诱惑》在内容与形式上都给广大观众耳目一新的独特感觉。①

该节目走的是“往事＋人文风情”的路线,是制播分离改革的尝试。如《西藏诱惑》中的《西藏往事》打造的是一档回述往事,有浓烈怀旧气息、浓厚历史质感的人物访谈节目。代表性选题有《阴法唐:一个将军的西藏史》《朋措扎西:见证 17 条协议谈判签订》《首批进藏女兵》《陈宗烈:镜头记录西藏民主改革》。青藏铁路通车特别节目《阴法唐:青藏铁路决策内幕》《张鲁新:青藏铁路首席冻土专家》《洛桑丹珍:藏北无人区开发纪实》等等。《藏地密码》板块播出的节目有《古格王朝消失之谜》《唐卡密钥》《措高湖水怪之谜》《喜马拉雅雪人》《问路墨脱》《藏族舞蹈的美丽传说》《东方神犬——藏獒》等,属于风情探索类节目。

这一类节目从讲故事的角度吸引受众,讲述了历史,展示了风情,在十几年未变的节目格局中有一定的新意,但是单凭每天 30 分钟的节目不足以提升整个频道的节目收视率。

但频道中的《西藏旅游》《西藏风情》和《西藏诱惑》是同类型的节目,且都是在黄金时段播出,节目同质化倾向明显。

汉语频道除旅游风情节目外大都是“老牌”节目,《在西藏》《今日西藏》《七色风》《新闻视点》都创办于上世纪 90 年代,十多年中在片头、片花、节目板块上有所改变,但节目整体的定位和表达方式并无根本性的改变,有的节目还有退步的趋势。如《新闻视点》,该栏目创办于 1997 年,当时全国各电视

---

① 据西藏电视台年终统计数据。

台都时兴运用新闻评论节目实施舆论监督，借着这样的大气候，《新闻视点》制作播出了不少批评性报道，在这一栏目的监督下，政府疏通了拉萨的中干渠，保护了有“拉萨之肺”称号的拉鲁湿地；停办了污染严重的北郊水泥厂；关注了民间的希望小学，掀起一轮轮抚孤助学热潮。因关注社会热点、民生问题，这一栏目早期极受观众欢迎。随后，这一栏目基本上以正面报道为主，很少制作播出监督题材的节目了，直至最后栏目被取消。

3. 藏语频道自办栏目有所突破，但针对性和规模都有待提升

西藏卫视原本只有一个上星频道，藏汉语混播。针对藏语观众的收视需求，更好地传播党的方针政策，1999年藏语卫视被批准单独上星。上星播出之初，因自办节目的力量不足，只能靠译制播出汉语卫视的节目。随着藏语电视事业发展，自采力量增强，藏语卫视加大了自办节目的力度，凸显出有别于汉语卫视的特色和定位。

藏语频道栏目设计的构想是尽可能贴近本地受众，播放和实际生活关联密切的内容，如《故事园地》是给少儿讲故事的，《明灯》会普及一些敬语，讲解一些文化知识。这样的贴近性虽然离受众的期望值还有一些距离，但是毕竟已经有一个整体的框架和概念了，只是节目设置上还是更多倾向于城市受众。

藏语卫视的亮点是译制剧的增长。2011年西藏卫视藏语频道全年共完成1,534集1,200小时的影视剧译制任务，平均每天藏语卫视的观众可以看到4集新译制剧；2012年全年共完成1,734集1,300小时的影视剧译制任务，平均每天藏语卫视的观众可以看到4.7集新译制剧。新剧的播出降低了电视剧的重播率，一定程度上满足了受众的娱乐需求。

藏语频道和汉语频道的节目设置有了不同，分化的标准是一个倾向于与其他省份接轨，对外宣传西藏，另一个倾向于打造更为贴近本地受众的节目，为本地受众更好地服务。前者对外宣传的节目已经做到了每天都有风情、风光介绍；后者只是显现出一个设计的概念，还有待于打造出和受众生活密切相关的专题节目。两个频道都有节目同质化倾向，藏语频道也是如此，如《明灯》是一档介绍萨迦格言、藏族敬语、民间故事和少儿才艺表演的

节目，属于青少年节目，和《故事园地》在定位上交错。这两个频道的共同特点是没有受众普遍关注的娱乐节目和针砭时弊的评论节目。

就影视剧而言，自办节目之外的时间靠连续剧的连播和广告填塞。由于电视剧的热门剧前几轮播出费用极高，西藏电视台无力购买，很难依靠电视新剧提高频道收视率，影视剧的重播率始终是难以控制的。藏语译制节目的情况稍好，受广电总局每年赠送千集连续剧的支援，本地受众观看的译制节目每年还有一些更新，如新版《水浒》《笑傲江湖》都能及时译制播出。

分析两个频道的栏目设置，可以看出显然是缺乏灵活多样的节目类型，尤其是在节目的贴近性上有较大的操作空间。纵向而言是取得了进步，但是和其他各省的上星节目横向比较，在节目形态、节目内容上都有很大的距离，对农节目更是在数量和质量上都有待调整。

4.2.2 对农传播急需调整的内容

在《大众传播媒介与社会发展》一书中施拉姆提出，传播对于任何一个社会来说，都总是处于生存正中心的位置。当有危险或机会需要加以报道，决定需要作出，新知识需要传播，或是变革已经迫在眉睫——信息就往那里流动。对于发展中国家，这些需要是特别迫切和普遍的。在那里，分配给传播媒介的任务比发展之前要广泛得多。如果信息流动和传播渠道不适应于这些任务，它们就必须建设到所需要的水平。传播者对社会发展的状况，信息的流向、需求的种类要有了解和判断。传播的内容和实际需求差距较大时，即使人们因为没有更多选择而收看了这一类节目，取得的效果也会不尽如人意。

短期内要增强传播效果，最恰当的操作方式是改变话语表达方式、依照受众的需要调整内容。

1. 提升政策信息传播的层次

按照施拉姆的理解，在一个发展中国家，管理者必须使它的基本决策最大范围地落在人们的生活中。

首先，一项政策在制定、实施时需要有广大的民众参与其中。传播学者施拉姆认为，当面对重大问题或困难时，需要民众自己有主见，能作出一定的抉择。当人们在现代化的进程中选择了改变,就要求人们相应地改变生活习惯、信仰和态度,并接受新的责任、目标。在这个过程中既需要信息,也需要引导。而且,信息必须流动,变革必须经过讨论,在领袖和农民之间要有双向流通的信息渠道,也要有横向交流的渠道,更多的人需要相互交谈,这样民众才能够讨论问题并实现集体决策。本地的需要与本地的声音更有必要得到倾听。换句话说,重要决策的基础必须加宽。教育作用是当发展正在顺利进行时,国家中几乎每一个人都在学习。

我非常认同施拉姆的分析。在西藏乡村,一项政策要广泛传播并起到作用,不是简单的"告知——落实——成果展示"这样的模式(见图 4－4),而是一个复杂的实践过程,涉及信息接收、信息反馈、政策修正和再传播这样的多重环节。

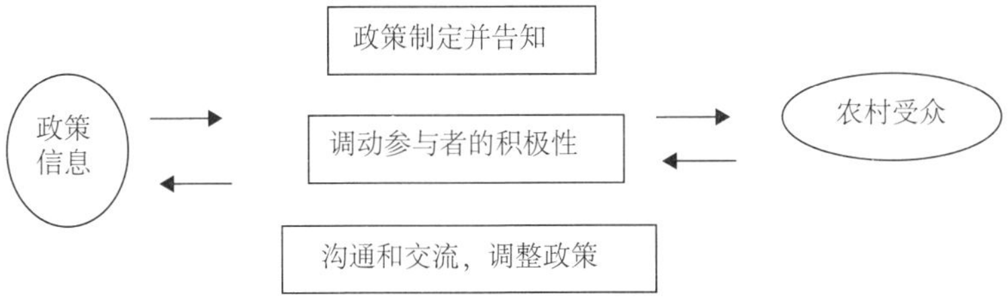

图 4—5　信息在乡村双向传播的模式

这每一个环节都不是单一概念步骤的实施,也不是单方面的调整,传、受的效果提升需要传受双方不断学习,反复沟通,为共同目标迈进。这些大量的工作虽然不能完全依靠电视传播,但现阶段在西藏农牧区没有比电视更合适的载体。在 2.5 人/平方公里的广大土地上给一家一户散布传单是消耗人力且未必到位的做法。电视入户一次性解决了传播问题,充分体现了电子媒体的传播优势。

在实际操作中,政策信息的传播变成了这样一个流程:有关部门通过电视告知某一项政策的实施——报道大略的实施方式和进展——同步报道取得的成绩、效益。这样固定不变的简单处理方式,在信息比重上,大量的时间分配给了取得的成绩和效果展示,政策的细节、实施的程序、方式、实施中遇到的问题相对于成果展示比重要小很多。

如2011年5月2日《西藏新闻联播》中播发的新闻“我区出台多项财政补助政策促进社会事业发展”是把新华社的消息拿来配图播报。在该条新闻中提到，西藏自治区正在实施的财政补助政策涉及8个方面，共计75项，其中惠农支农、环境保护是重点内容，补贴涉及农牧民技能培训、化肥亏损补贴、母猪补贴政策等内容。这一类的政策信息出台时有的甚至没有通过媒体告知受众就直接跨入了成果展示，如果不是看到对成果的展示，一些乡村居民都不知道有这样的惠民政策，受众对信息“应知”“欲知”究竟是什么，电视媒体并不加以关注，他们更加注重于宣传政府相关部门取得的成果。

固然，成果的宣传有利于鼓励更多农牧民参与到政策的实施中，提高他们对政策的积极性，但是如果忽略了政策的细节和执行中需要调整的问题，总是展示成果，会让人把这一类新闻归为歌功颂德的节目。

再者，任何政策在制定和实施中都不可能做到一步到位，这是客观事实。有必要根据不同地点群众遇到不同类型的问题及时调整细节，对农牧民不明白的地方进行重点解释，形成对话和沟通，化解执行政策中遇到的种种问题。政策传播的效果如何，还要通过考察对其观念的改变、生活的改进来确定。

在政策的传播上要实现的主要目标有两点：第一点是让广大农牧民感受到国家的温暖、认同国家的政策、更加坚定爱国统一的立场；第二点是让农牧民善用这些政策改善生活品质，过上更加安定幸福的生活。在实际的电视传播中，各项政策的制定和执行部门增加了一个新的目标——彰显自己工作做得到位，取得了可喜的成绩，而有些电视传播者舍本逐末，对成绩的赞誉变成了宣传的重要主题，这有违政策传播的初衷。具体操作上，电视传播内容基本上是综合性的数字汇总，清一色的是成绩，没有任何“问题”解释和播报，如此一来达到的只是单一的“成果展示”目标，农牧民所需要的信息依然是传播盲点。

如2011年2月23日《西藏新闻联播》播放的“‘十一五’以来农行西藏分行累计发放涉农贷款达165.51亿元”的新闻说，“‘十一五’期间农行西藏分行在支持农牧区经济发展及新农村建设方面加大了小额信贷、安居工程贷款、信贷扶贫等投入力度，五年来累计发放涉农贷款达165.51亿元，并开展了信用乡镇、村建设。”

这条新闻传播的信息是“农行做了这一系列的事情”，至于怎么做的，新闻并不涉及。我考察了西藏卫视近两年的各类节目，没有一档节目涉及“如何进行贷款”。尽管有村民说，他们生活的品质每一次的提升都是得益于银行贷款，但是对一个第一次准备贷款的农牧民来说，电视提供的信息仅限于“你可以贷款”，至于“你怎么贷款、贷款中遇到的问题如何解决”烦请到相关部门咨询，电视不会提供更多信息。

类似的新闻不胜枚举。比如农牧民已经从综合消息中得到了困难家庭能享受低保照顾的相关信息，但贫困家庭的标准、申报的手续、补助款发放的方式却只能从乡村官员处了解，没有相关的电视节目对此进行深化报道。

以村民现在的认知水平去解读宏观的地方发展政策是不切实际的，但是，和他们生活息息相关的政策却是应该让他们能够看(听)明白的，只要媒体说得足够清楚，就会有助于他们理解这些政策的执行，这一点恰恰是各电视栏目传播需要做到位的。如我在日喀则农村调研期间反复有村民问“为什么发放给他们的低保卡被收缴了?”这些问题若村长回答不上来，村民就得徒步几十公里，到乡里去咨询。有时，乡干部也未必知道原因。我把村民处收集到的问题拿去咨询江当乡一位副乡长，也没有得到答案。电视中若有此类信息的传播或搭建沟通渠道，会让村民省不少脚力。

有的村民的子女想申请助学贷款，可是听说一旦申请了助学贷款就不能报考公务员了，他们便十分迟疑。助学贷款已推行多年，相关的政绩在电视节目中也是一再播报，而基本的操作原则和途径对村民来说还是信息盲点。

再如2012年6月3日《新闻播报》的新闻说“中央民族大学今年将在西藏招收五名少数民族初中应届毕业生，享受毕业时在北京高考北京录取的优惠政策。家庭贫困的优秀考生将免收学费。报名时间截至6月25日，考试时间为7月7—8日”。

新闻中留有太多需要补充的信息：在哪报名？一定要赶到现场还是打电话就可以？报名带什么证明？在哪儿考试？如此多的问题难倒了乡村的家庭，对城里人来说，他们可以打电话到相关的教育部门补全信息，而乡村的孩子不具备同等的获知充分信息的渠道，这样的机会与他们也就毫无缘分。

基本政策信息内容传播的不充分，让乡村生活充满了许多想咨询而无从咨询的疑点，在这样的情景下谈改进政策的执行方式和力度是一件不可操作的事情。

在研究电视节目时，从来都只是见到农牧民夸赞某一项政策好，夸赞党和政府的帮扶、夸赞新生活带来的幸福，从不见有人就某一项政策的执行提出建议，希望能通过沟通让这一政策在执行中更加贴近实际。难道政策的制定、执行真的就是完美的？这不符合我在农牧区调查得到的结论，我清楚地记得地纳乡副乡长介绍农民相互攀比"建安居房过好日子反倒成了致贫的原因"这样的案例，我还记得搬迁到江当乡的郭家村以能拿到政府救济为荣，不思劳作，动辄出门去乞讨的案例。

政策信息传播不到位实际上是拉开了农牧民与基层政府之间的距离。农牧民看到政府不断出台符合他们利益的各类政策，而在落实中连咨询都无门可找，或看到好政策被恶意利用，破坏了公平的原则，他们对基层政府的执政能力会有疑问，会引发并积聚对执行者的作风、态度的不满情绪。政策信息传播固然不是电视媒体的一家之责，但是尽可能传递完备的信息不仅仅可以解除农牧民的疑问，也是推进社会进步的主要方式。

囿于语言、文化差别和地缘接近性等原因，西藏农牧民受众更多接触到的依然是西藏本地电视媒体制作的节目，所以对本地电视台的政策信息传播会提出更多的要求。

和其他省市的电视节目一样，西藏电视台的节目也是基于某一个标准进行设置的。在电视行业中，这些标准或是倾向于收视率，更多考虑市场需求；或是倾向于"喉舌"作用，更多宣传党的政策方针；或倾向于服务功能，把社会发展、知识传播放于重要位置。

西藏电视媒体承担着"守护舆论高地"的重任，"喉舌"功能从来都是第一位的。现阶段，各种政策的宣传稳定了民心，强化了国家发展、民族统一的意识，为社会的进步、繁荣起到了积极的作用。但就下一步宣传工作来说，我认为在目前取得的效果基础上，应该考虑社会的种种变化，加大传播内容变革的步伐。

“宣传是一种特殊的精神交往，它以单向传播为主，宣传中的双向交流是辅助性的，宣传者始终处于主动者的地位……宣传的本质是劝服。劝服的过程中宣传者本身的素质显然对宣传效益有决定性影响。”①故当下全方位提升宣传管理者、宣传实施者的水平是第一要务。随着管理者、传播者水平的提升，西藏电视媒体自然会改变生硬的话语形态，用更专业的方法进行政策的宣传，使得受众不因生硬、教条的宣传语态心生厌烦而使传播效果下降。

做好政策宣传的同时，要注重对科技文化知识的传播。更好地传播科技文化知识也是对国家政策的有效落实。在传播管理者、实施者水平提升的背景下，有必要明确在不断变化的环境中需要受众知道什么？如何让他们更容易接受需要他们了解的内容？他们又想知道什么？如何满足他们的需求？在社会剧烈变革的当下，如何利用已有的情境或发生的事件创造宣传时机，而不总是停留在把受众当作接收器或刻录机的阶段，漠视他们的需求和反馈？电视媒体要理解宣传不是自我欣赏，电视节目风格的表现还要顾及宣传对象的思想内涵。

因而要把受众放在真实的社会语境中分析他们的实际需求，而不是一味扮演马克思、恩格斯多次说到的“沙漠中的布道者”的角色，进行着不明确、不了解受众的空洞传播。②

2. 增加生产、生活服务类信息

传播学者施拉姆说：“当由于某种刺激，使得农民希望成为一个自由拥有地产的农户，使他的儿子希望读书以便在城里找到一份工作，使他的妻子不再只是生儿育女，他的女儿希望梳妆打扮时，现代化的进程就开始了。”

依照这一标准，西藏农牧区的现代化进程已经拉开了序幕。电视新闻工作者若不去农牧民中深入调研，他们完全不能想象农牧民对信息的渴望，也不能体会信息带给他们生活的改善。农牧民为富足生活而甘愿放弃闲

---

① 陈力丹：《精神交往论：马克思、恩格斯的传播观》，开明出版社1993年版，第217页。

② 同上书，第220页。

暇，甚至改变了去寺庙朝拜的时间，为了发展他们需要更多的致富信息。基于发展的远见，有的家庭愿意一直供养孩子读大学，指望孩子读完大学后能过上城里人的生活，在这漫长的过程中他们宁可节衣缩食，过着暂时贫困的生活。

西方的发展传播学者一度在第三世界国家播放妇幼保健、农业生产技术推广的教育片。因为宗教、风俗的缘故，很多片子不能被人接受。比如一部教妇女给婴儿洗澡的影片受到了乌干达妇女的抵触，她们不能让孩子光着身子被人看，更不能在洗澡时乱了先洗哪个部位的顺序。发展中的西藏，人们是以积极开放的态度接纳生活、生产信息的，乌干达妇女的抵触，西藏人是可以理解的，但一些与风俗、宗教相关的传播问题，即使有些忌讳，在权衡利弊后也会逐步化解，或找到和谐共处的方法。

农牧民渴望更实用的知识能通过电视媒体传播到他们的生活中，如大棚温室技术就是他们眼中的一个热点。为了学习大棚种菜技术，一些农民自愿给种大棚的汉族人当助手，拒绝农药杀生这一类的观念也在淡化。日乌齐僧人夏迦旦增对此多次劝诫家人不能为多一点收成就杀害生灵，家人虽不反驳他，但依然坚持使用农药。

对于抱以开放心态踏上现代化进程的农牧民来说，有太多的知识空白点需要填补，比如农牧区婴幼儿死亡率已经随着医疗技术的推广降低了很多，但如何喂养才能让这些活下来的孩子更健康？西藏农牧区时常有食物中毒的事件发生，如何才能避免这样的悲剧？现阶段，现有的条件下，结合农牧民本身的文化状况，为他们补全这些知识的最好平台就是电视。

其他省份的电视台各类医药健康节目、农业生产节目同样也是观众补全生活、生产知识的手段。但是让西藏农牧民听懂北京电视台《养生堂》这样的节目，受文化知识的限制，可能性不大。中央电视台的《农广天地》是农牧民偶然会收看的节目，但是高原独特的自然条件、生态环境和平原地区差别太大，电视中涉及的内容大多是在高原农牧民生活中不适用的。

我在拉萨、日喀则、林芝等地的问卷中“你认为电视节目中是否缺农牧业生产知识”这一问题的调查显示，72%的人认为这一部分内容在电视节目的整体设置中占的比例太小（见表4—5）。

表 4—5　调查:您认为电视节目中是否缺农牧业生产知识

	缺少	还行	不清楚	合计
日喀则	236	127	35	398
林　芝	224	118	13	355
拉　萨	659	35	104	798
合　计	1119	280	152	1551
百分比	72%	18%	10%	100%

在“你认为涉及农牧区的节目是否具有指导性”这一项调查中,有过半数的调查对象认为不少涉及农牧区的节目不具备对生产生活针对性的指导作用(见表 4—6)。

表 4—6　涉农节目针对性调查

	日喀则		林　芝		拉　萨	
节目数量太少	94	23.6%	91	25.6%	153	19.2%
指出了农村、牧区的问题,但是缺乏针对性指导意见	195	49.0%	162	45.6%	91	11.4%
节目内容在西藏农牧区用处不大	52	13.1%	41	11.5%	70	8.8%
其他	25	6.3%	35	9.8%	210	26.3%
空白	32	8.0%	26	7.5%	274	34.3%
合计	398	100%	355	100%	798	100%

西藏电视台唯一的一档周播涉农专题节目《农牧大地》的节目具定位是“根据中央建设社会主义新农村的要求,宣传党在农牧区的各项方针政策,展示我区农牧业发展成就,及时宣传我区建设新农村中出现的农牧业先进人物、致富典型、农牧业产业化发展动态。立足于广大农牧区,服务于农牧民,使本栏目真正成为广大农牧民的良师益友。”①

这一节目从创办以来就保持着三个板块的周播格局(见表 4—7)。

---

① 《农牧天地》节目组提供。

表 4—7 《农牧天地》节目的板块设置

致富之路	信息快播	西藏人口
22 分钟	3 分钟	5 分钟

严格按照节目板块设置操作，每年播出的“致富之路”节目是 19 个小时，“西藏人口”这个板块会有一些涉及妇女保健、优生优育的信息，全年这一节目内容播报累计的相关知识为 4.3 小时。但是，事实上即使不考虑节目质量，这样的时间长度也很难满足受众的收视需求。

从 2011 年 8 月和 11 月播出的《农牧天地》内容就可以看出，常常一个月都不会有生产、生活的知识内容播出（见表 4—8、表 4—9）。

表 4—8 《农牧天地》2011 年 8 月节目播出表

播出日期	标　　题	内容简介
8 月 7 日	欢乐的望果节（上）	该片以山南地区贡嘎县岗堆镇吉那村农牧民群众欢庆望果节为切入点，展现我区农牧民群众带着丰收的喜悦，喜迎党的“十八大”胜利召开。
8 月 14 日	欢乐的望果节（中）	该片以拉萨市墨竹工卡县农牧民群众欢度庆祝丰收的望果节为切入点，展现我区农牧民群众带着丰收的喜悦，喜迎党的“十八大”胜利召开。
8 月 21 日	欢乐的望果节（下）	该片以仲巴县农牧民群众欢度雅江源文化节为切入点，展现我区农牧民群众带着丰收的喜悦，喜迎党的“十八大”胜利召开。
8 月 28 日	亚东重建家园	该片以日喀则地区亚东县灾后重建家园的农牧民群众举行丰富多彩的文艺活动，以表示党和政府对灾区人民群众的关怀和无私援助。

表 4—9 《农牧天地》2011 年 10 月节目播出表

播出日期	标　　题	内容简介
10 月 6 日	优异的成绩迎接“十八大”的胜利召开	该片以新旧对比的形式宣传党的“十六大”召开以来我区农区所发生的巨大变化。
10 月 13 日	我区农牧民群众关注盛会	该片宣传我区农牧民群众关注盛会的同时，激发生活、生产的积极性。
10 月 20 日	亲切的关怀 巨大的鼓舞	该片以我区基层“十八大”代表拉巴回到家乡后，向乡亲们传达总书记问候的同时，讲述未来农牧民群众的生活、生产中会享受到的优惠政策。
10 月 27 日	我区农区掀起学习党的“十八大”精神的热潮	该片宣传我区农牧区掀起学习党的“十八大”精神的热潮。

这两张播出表显示，相关的节目内容会根据宣传的“大气候”进行调整，也就是要设置季节性的主题，而这样季节性的主题从年初到年末会不间断出现，如地方“两会”、全国“两会”、“3.28 百万农奴解放纪念日”等等。整个频道都围绕某一个主题展开时，个别栏目更是不能例外。由此，无论是“致富之路”还是“西藏人口”的保健卫生知识宣传都达不到 19 个小时和 4.3 小时的节目量。为和全频道保持一致的步调，需把大量的时间放置于对政策的宣传、学习、感悟上，不得不脱离了最初的节目定位。

针对乡村专门开辟的栏目仅此一个，在 2014 年，这一节目也被取消了。现实的情况是，大众媒介确实来到了乡村，但是占全地区 81.5%的乡村人口接收到的信息更多的是以城市为中心的消息。村民们说：如果有一个节目是拍我们的生活那会多好！他们太希望他们的生活内容能时常在电视屏幕上出现。在基本的生活技能上，也需要一个农牧业生产指导节目，我前面提及的同卡乡牧民不知道獐子菌可以吃便是一个鲜活的案例。同卡乡一位驻村工作队员考察了自己的驻村点后，认为，夏季当地的村民种些土豆是一件值得推广的事，于是这位队员买了七百斤土豆种子发放给当地牧民。牧民告诉这位驻村队员他们会种土豆。几个月过去了，收获时节，驻村队员却发现农牧民家的土豆根本就没有什么收获，连成本都没能回收。这位队员回访了种植户，才发现牧民是按照种青稞的方式在种土豆，不按照芽口切割、填种，把完整的土豆种子撒出去就不再搭理。这样被传为笑话的故事在牧区并不少见。

如果信息在当地被应用于农业、社区发展、政治参与以及诸如此类的领域，就必须有一种适于在当地传播的形式。节目上需要在耕作、季节、习俗、发展阶段、接受程度，甚至语言的类型上都要有鲜明的差异。如对高寒以牧业生产为主的藏北和农牧业兼有的后藏，生产、生活指导的内容都应该有所不同，不能粗线条地一刀切。

藏族在国内的分布地点还有甘、青、川、滇等省区，他们也是西藏卫视的主要收视群体，他们对西藏卫视的电视节目提出了类似的意见。

2009 年西藏自治区党委宣传部分别向四川、云南、青海、甘肃四省宣传部发去了《关于请求帮助提供西藏电视台藏语卫视在四川等四省藏区收视情况的函》[①]，调查四省藏语群众对西藏电视台藏语卫视当前设置的栏目、节目收视等方面的反应，回复的意见中也提到了希望“结合农牧民的生产生活实际，丰富科技节目的内容”“加大对科普知识、法律法规和党的民族宗教政策方面的宣传力度”等具体的意见。

西藏的农牧民还处在电视推送什么就看什么的阶段，主动选择符合需求的节目尚是梦想，电视媒体要做的是让他们有所选，所选择的节目能满足农牧民的实际生产生活需求。毕竟在乡村社会，网络、报纸的使用者还寥寥无几，即使是个别年轻人掌握了上网技术，也有能力上网，关于他们现实生活的问题还得要靠本地媒体关注、解决。

为加速社会变革，应充分满足农牧民的愿望，更充分地发挥他们的天分与潜力、改善他们的健康、扩大他们的知识面、使他们成为更讲效率的而且更幸福的公民，需要媒体介入和参与，尤其需要西藏的电视媒体考虑农牧民受众的需求并有针对性地展开报道和宣传，这是农牧民的期待，也是党和政府的要求。

3. 加大对各类生活事件的关注度

毛泽东说过：有进步就会有矛盾产生。近些年随着经济建设的飞速发展，西藏和祖国其他地区一样，在剧烈的社会变革中出现了许多需要调整的问题，但这一类问题基本上不会出现在新闻报道中。通过对西藏卫视新闻节目的梳理，《西藏新闻联播》中占九成的新闻都是成就性报道，历来在“稳定压倒一切”的思想主导下，新闻监管部门对“负面报道”总是采取非常谨慎的态度。

现实乡村中有哪些负面事件亟须引起关注呢？

(1)乡间种类繁多的矛盾

乡村生活中乡村干部和村民之间的矛盾导致的负面事件较为普遍和典型。基层组织软弱涣散、名存实亡，基层工作在群众基础上失去了本应该发挥的作用，在群众层面，诉求表达渠道的不畅使得矛盾越来越激化。对行为

① 调查资料由西藏电视台总编室提供。

违规、不作为的官员缺乏监督，即使处理了也不在媒体上公开播报，致使民众对干部队伍失去信心。

我走访的乡村中，有村民反映乡村干部借用自己手中的权力扣押发给村民的财物，或自己占用低保的名额。还有乡村干部到村民家借钱不打借条，变相索取钱物。甚至有村民互相告诫："不要和公务员打麻将，他们会欠钱不给。"

我在日喀则江当乡调研期间反复约见事先约好的某一副乡长，连着三天副乡长都回话说在醉酒中——为要去挂职的乡长送行的"林卡"[①]要开三天，这三天中村民在乡里办事基本上找不到人。

而正是在这个乡，民众生活中积累着诸多问题致使负面的情绪不断扩大。一个典型的例子是江当乡日乌齐山上有一座天葬台，这个天葬台在百姓心中的地位很神圣，人们认为在这个天葬台天葬灵魂更容易超脱，更容易转世。日喀则和平机场的建成开通给天葬台带来了很大的困扰。飞机起落的时间恰好是煨桑烟召唤鹰的时候，但是因为飞机的轰鸣声，鹰害怕常常不肯降落。

我到现场去考察了一下，看到鹰盘旋着，听到飞机的声音它就没影了。天葬原本应该在日出后不久就结束的，但是往往到了中午时分都没有办法结束。

机场和天葬台无论哪一个都不可能搬迁，乡民认为调整一下飞机起飞的时间能缓解这一矛盾，但是这一工作需要乡政府出面。乡政府的工作人员始终对这件事抱以置之不理的态度，使得村民很有情绪。

电视屏幕上很少展现乡村生活中的矛盾，也很少给农牧民和在乡村工作的基层干部提供话语空间，他们之间实际上缺乏化解矛盾的对话窗口。媒体对基层干部的监督是缺失的，民众也不能通过媒体反映对基层干部的意见。

西藏人口只有 300 来万，但土地面积占 120 万平方公里，地广人稀，大量的工作交由基层政府管理，对这些基层工作的付出要充分肯定和赞誉，也要

---

① 林卡：西藏人到户外郊游的一种娱乐形式，类似于"耍坝子"。

对他们的工作开展监督式的鼓励，唯有他们作为，基层的矛盾才能在第一时间化解。这一部分工作应该在电视媒体中成为一个公众的视点。

各类政策执行中出现的种种问题、乡村开发产生的矛盾都是村民生活中的大事。如 2011 年山南地区某一公司要开发羊卓雍湖，开发后可以乘坐快艇游览湖景。该消息一经传出就遭到了周围乡村百姓的强烈反对。羊卓雍湖是本地的圣湖之一，这类开发完全背离了民俗。而管理者、开发合作者"利字当头"，全然不顾百姓的感受，也不征求大家的意见，单方面作出了开发决定。此消息在微博上传得沸沸扬扬，新华社、《西藏商报》都进行了报道，电视只字未提。

类似的事件还涉及矿产、土地开发等问题。但凡处理欠妥就会激发地方政府和当地群众之间的矛盾。

2009 年在拉萨的郊县，一个矿老板因采矿运输等问题和当地百姓发生了摩擦，这原本是普通的经济纠纷，但被划入了"影响稳定的事件"范围中，对这样的事件，新闻媒体是不能报道的。与此类似的"孩子注射疫苗"是否有不良反应、乡村发现的一例鼠疫疫情、"禽流感"疫情等等事件都是不能公开报道的，导致了社会上不断有新的谣言版本出现。

西藏上星频道至今没有开办过一档法制节目，原因也在于法制节目会播出涉法事件，担心可能会被国内外"敌对势力"利用。因此，西藏电视台的各种新闻报道往往是"报喜不报忧"，与其他发达省份逐步形成的电视新闻监督环境形成了较大的差距。

对生产、生活中矛盾的忽略使西藏基层群众缺乏表达意见的平台，难以真实地说出自己的意愿，形成了"耐受"的习惯。而缺乏情绪宣泄口的社会往往会积累矛盾，对社会稳定形成威胁。电视媒体对负面事件报道做得越好，越能够增强民众对执政党的信心，能够让他们感受到社会的公平和正义，反而会起到安抚人心的作用。

换个角度去看"负面"报道，区别出哪些负面报道会影响社会稳定，如果是到了这个量级，媒体理当以社会大局为重，一些民生类的新闻是可以通过负面报道形成正面效果的。通过专业处理既达到引导舆论、消弭知识盲点的作用，在一定程度上也是杜绝谣言，以媒体的义正词严批驳各种不实之词，维护社会稳定。如果长期忽略受众需求的报道形态，在媒体“向上不向下”的风格导引下，媒体工作者的专业水平很难得到提升，而独立思考、监督社会这样的新闻功能只能是教科书中树立新闻理想的一部分。

(2)重视民众对突发事件的信息需求

突发事件发生之时，恰恰是人民群众最需要获取信息的时候，如何抢占舆论先机，对减少人民群众的财产损失，保障他们的生命安全有重要意义。对于一些社会性的突发事件，新闻报道应该抢占国际舆论高地，及时让人民群众了解事情的真相，有利于维护中国的形象和促进事件的平息。西藏的电视媒体如果面对突发事件缄口不语，在舆论上难免会陷入被动应付的不利局面。

例如，2009 年不丹王国发生了地震，西藏的部分边境县也受到了不同程度的损害。《中国新闻》第一时间通过在藏工作的记者用电话连线的方式报道了这一消息，晚上 20 点的新闻中对地震又进行了更详细的报道。

作为西藏本地的电视媒体，西藏电视台对这次造成 165 户房屋受损、3,000多人受灾的自然灾害反应迟钝，仅在当晚的联播中临时增补播出。

笔者无法设想地震带给农牧民多少恐慌——除了电视，他们没有第二个公共通道可以了解发生了什么。

关注过拉萨“3・14 事件”的不少人还记得在“打砸抢烧”苗头刚出来时，西藏电视台出人意料地作了“刀枪入库”决定，收起了摄像机，限制拍摄行为——姑且不用说报道，首先是不能拍。第一时间“发声”的缺位致使谣言四处传播，反而使民心陷入惶惶不安之中。而国际上一些别有用心的媒体或采用“移花接木”的手段，或“张冠李戴”，炮制了大量的假新闻歪曲事实。

中央电视台播出事件细节的时候，最了解事件真相的西藏台记者只能待命，甚至只是给中央电视台的新闻节目提供新闻素材。随后西藏电视台关于“3・14 事件”的报道，重点却放在连篇累牍的各界人士的“声讨和表态”上，将人们急切想得知的事实及相关背景放在其次。

统计“3・14 事件”之后十多天的 93 条新闻，我们做了一个简要分析(见表 4—10)：

表 4—10 "3·14 事件"后的 93 条新闻统计

新闻评论	领导看望慰问	政府工作安排、发表言论及社会机构发言、动员	单位、个人痛诉	事件报道及社会秩序恢复情况
4 条	11 条	19 条	37 条	23 条

通过分析可以看出，在随后 12 天的报道中，对事件本身的报道（含局势恢复、口播目击者见闻、对犯罪嫌疑人的处理、受害人的状况）等有 23 条，每日平均不足 2 条，大量的新闻时间消耗在了"声讨""痛诉"上——有单位集体的痛诉、有个人的痛诉。具体分析，发现痛诉者更多是自我表态、表明立场、言辞雷同、情绪相近，但很少有亲历者对事实的陈述。

新闻的失语，让不敢出门的群众无法知道事件发生的状况，也不知道该如何进行自我保护，从某种程度上来说，这是媒体对其担负责任的"缺位"。

对突发事件形成的长久以来的报道模式使得记者只注重完成宣传管理部门的指令性计划，而对真正的新闻表现得很冷漠。真相报道的缺失、信息的不流通都会造成谣言四下蔓延和人心恐慌的状态，甚至会致使事件恶化。如拉萨市达孜县不少村民出于各种心态也到县里参与打砸，如果新闻节目及时对事件加以报道和评论，部分盲从、盲信的乡村群众是否会加以克制，保持一定的理性呢？

时至今日，面对每年都会有的谣言，新闻依然保持沉默。

2012 年年底玛雅预言传闻也波及西藏乡村，各类"预见"通过电话和口耳传播从拉萨飞抵乡村的各个家庭，一种说法是要停电三天，另一种说法是会地震。农村的孩子从班上的同学中听到了这一消息，急忙赶回家，在昌都地区，有村民搬进了帐篷，小店中的蜡烛也脱销了。

这样的谣言总是有强大的生命力，尽管有人在微博上调侃说：买蜡烛的人，去年的盐吃完了吗？也有僧人在微博上用佛教的理论证明玛雅末世言论荒谬不可信。但是，在那样一个地方，毕竟只是少数人能看到微博，更多的人出于不同的原因加入了信谣传谣的队伍中。

2011 年，在日喀则有几个乡村发了洪涝，村民中有传言说是修铁路动了土，触犯了自然中的神，于是大家开始放下农活转山祈祷，以至于地方出动警察维持秩序。

2010 年，农历中全年没有“立春”，被称为“寡妇年”，说年份不好。西藏民间也有传说这一年是“黑年”，会有大量的老人去世。

2009 年，“甲流”猖狂之际，政府紧急调拨了一批疫苗，在分配疫苗时率先考虑学生。有人散布谣言说疫苗不成熟，是拿藏族孩子作实验。

2014 年，昌都镇一些群众开始拒绝吃鸡蛋，把鸡蛋纳入荤菜的范围中，但是经过一番讨论，得出一个民间认同的结论——菜市场的鸡蛋不能吃，而超市中的可以吃。

同样是 2014 年，昌都镇部分群众中开始流传，不能给到家来念经的僧人吃萝卜炖肉，因为吃了萝卜容易拉肚子，一旦拉肚子，经文就白念了。

再早一些，2002 年西藏赛康集团曾建立了一座现代化的酥油加工厂，注册并销售“曲登嘎布”牌酥油，一改市面销售的酥油长期依靠民间作坊生产、供应的局面，酥油生产更卫生了，价格也比民间作坊的酥油便宜。然而，不久之后市井间就传出了关于这种酥油的种种流言……

这样的话题层出不穷，花样百变。严重干扰了民众视听，影响了他们正常的生活、工作秩序。有的话题甚至涉及“民心向背”的问题，这一类话题丝毫不见电视媒体报道，些许的引导都没有。

(3)乡村的陋习

乡村在其变迁过程中，不同的自然环境下会演变出地域特色浓厚的生活方式，有的生活方式值得提倡，有的却需要指导。

比如，西藏多地产虫草，随着虫草价钱飙升，一个夏天挖虫草所挣的钱就够村民一年开销了。在这样的背景下，有的村民不再耕种和放牧，致使土地荒芜，牛羊减少，祖祖辈辈沿袭而下的传统不再保持。一些年轻人，已经完全不知该如何种地牧羊，也不大愿意像父辈们勤俭持家。

如果说赚来的钱变成生产性的流动资金，为当地的农牧民开辟出新的生存方式，那也值得鼓励。然而，有了钱他们便酗酒、赌博，很快就把钱消耗掉。他们挣到的钱没有更好的花销方式，他们的文化水平、教育背景也不足以给他们提供更好的营生手段。

传统上，藏族认为每一座山都有其守护神，树木绿草好比神山的毛发，要以珍视的态度来对待，每挖到一根虫草要取草回填泥土，保持环境尽可能不被破坏，这样的行为也在逐渐消失。利益驱动也使得虫草产量和质量都明显下降。

昌都地区丁青县也是虫草盛产地。驻村干部对放弃传统生活方式而安于享乐的乡间生活充满了忧虑。试想，不会耕作放牧的农牧民在哪一个年景中采不到虫草了，他们的生计该如何解决？眼下，对手头有钱的农牧民需要作何种引导？

藏族是一个非常惯于忍耐的民族，他们对各种苦难的态度是习惯忍受而不是努力改变。在这样的思维模式下，有些农牧民有了钱就花，没有钱就忍饥挨饿，等着政府救济，全然没有储蓄的习惯，没有发展的远见。

虫草采挖地存在虫草引发的新问题，而传统的农牧业地区也有不同的需要引导的问题。比如我访问过的日喀则江当乡郭家村——村民搬迁到相对富饶的地方，有了新房子、有了土地，然而这些村民已经习惯了被援助的生活，宁可坐等也不愿意出力。

1997年前后，我和我的同事做了一个拉萨乞丐调查的专题，极少部分乞丐是因为年老体弱无以为生，又不知如何求助政府而乞讨的，更多的是观念所致，喜欢游散无拘的生活方式，不愿被土地牧场羁绊。不良的生活习惯也缠绕着他们，有的人在乞讨中要了些钱就换成酒。还有些人自己要钱过日子也罢，还常常生三五个孩子，让孩子跟着他们从小就过着流浪的生活。

他们在教育观念上也是痼疾繁多。我在农牧区调查期间，发现初中毕业的孩子们的读写能力都到不了拉萨小学五六年级学生的水平。读书在农牧区还没有形成习惯，让这些孩子坐下来读书是比出门放牧乏味许多的事情，有的家庭中缺乏对读书的正确态度，基层教育部门操作不规范，再好的“三包”政策也无法发挥原有作用。我甚至听说在乡村学校，一旦有上级部门检查“三包”落实情况，在田间地头干活的孩子就换上校服赶回学校，平时不上课，统计数据时却不会落下他们。有的家庭注重眼前利益，在孩子能干活时就完全把他们当劳力使。这一类人群思维中固化着“差不多就行了”的满足感，这样的观念制约着家庭的发展，也成为提高藏族整体文化素质的障碍。

我在前文中提到的婚姻问题也是需要花力气解决的。在婚姻生活上，有太多法律知识需要在农村传播。我访问中遇到几个案例是结婚时男女双方都没有领取结婚证的概念，男方外出打工，长了见识，又结交了新的伴侣，就完全不负责任地离开原来的家庭，家中的妻子完全不知该如何保护自己的权益。

以上种种都是变迁社会中出现的问题，如果不及时引导和纠正，让民众的观念跟上社会变化的种种新事物的话，难免就会变成阻碍社会发展的因素。

整个中国新闻界都对负面新闻的认识发生了巨大的变化，经历了从反对、抗拒到适度报道的过程，尤其是对重大突发性负面新闻的报道。媒体在失误中积累了丰富的经验，意识到新闻议程设置的缺失在互联网高度发达的时代是何其荒谬的事情。西藏电视媒体也要认识到，缺失负面报道只会让负面新闻更加负面，只会让谣言漫天飞。因此，不能视负面新闻为洪水猛兽，适度的负面新闻报道是对新闻知晓权的尊重，是对现实生活的反观，是对不实言论正面的澄清，也是政府面对社会不良现象的态度表达。

社会学家刘易斯·科塞形象地把“排气阀”应用于社会学，指出：社会存在着各种矛盾和冲突，面对这些矛盾和冲突，社会主体会产生一些不满情绪，如果长期得不到释放，使这种情绪不断堆积，便会产生许多社会问题。社会需要设置一类经常化的、制度化的通道，以实现不同社会主体之间的沟通及发泄不满情绪，它将保障社会运转的安全，及时排泄累积的不满情绪，从而利于社会的稳定发展。

大众传媒作为一种信息和意见的平台，可以起到这样一种作用。也正是在这个意义上，传媒被形象地喻为“社会的排气阀”。在信息高度发达的网络时代，更多的人通过互联网表达自我。西藏广大农牧区还不具备在网上发言的条件，就要考虑在传统媒体中建立“排气阀”的机制。

4. 认识并改进新闻的表达方式

从技术操作层面和新闻意识上来说，最大的问题在于要认识现在新闻的表达方式上的不足并加以改进。新闻中主要的问题有以下几点：

(1)新闻选题脱离受众生活

西藏电视新闻选题对于社会热点、群众诉求重视不够,甚至忽略不报,造成领导活动和会议新闻占新闻报道量的一半以上。在新闻编排上,主题报道通常在重要领导的新闻后播报,然后才依照新闻价值大小排序播出其他信息。这种模式也可以称为"要求体"新闻,新闻会配合某一领导的身份以"某某出席并讲话""某某要求""某某强调"贯通全篇。

在社会发展变革中,西藏也和其他省市一样面临诸如分配不公、官场腐败、贫富悬殊、青年失业等各种社会矛盾。由于西藏的特殊性,其转型期显现的社会矛盾和文化冲突会更加剧烈,西藏的电视媒体有必要学习中央电视台和其他省市电视台,将社会热点问题纳入新闻选题的视野,为化解社会矛盾、建立公平的话语权作出努力。中央电视台的《焦点访谈》以"焦点"模式为范本,带动国内电视媒体创办了200多个反映群众呼声、揭露社会矛盾的焦点类节目。

正是因为这样的新闻文体,致使不少观众觉得新闻跟自己没有太大的关系,就算是看完了一整条新闻也不会记住什么内容,这一点让不少农牧民受众感到困惑,带给他们的是很强的疏离感。

我在调查中提出了一个问题:"电视节目中的信息和你的生活关联大吗?"(见表4—11)

表4—11 节目贴近性调查

问题:电视节目中的信息和你的生活关联大吗?						
	日喀则		林 芝		拉 萨	
	人数	比例	人数	比例	人数	比例
关联很大	237	59.5%	141	40%	331	41%
有关联,但是不大	131	33%	167	47%	337	42%
基本没有关联	6	1.5%	16	5%	88	11%
不清楚	8	2%	19	5%	22	3%
空白	16	4%	12	3%	20	3%
合计	398	100%	355	100%	798	100%

表 4—11 中调查数据显示，接受调查的部分受众已经感受到这样的新闻话语和自己的生活关联不大。实际上这样的新闻话语也伤害着新闻本身的信誉度、影响力。

电视新闻节目中直接使用报社稿件，也降低了新闻的视听性。电视新闻之所以比电台、报纸新闻更加有诱惑力、能吸引受众，其声画并举的传播特性是一个重要的原因。电视的新闻除要求有效果声、同期声外，其稿件也需要尽可能口语化，以适应听觉的瞬间性。

在西藏电视台的新闻稿件中，经常用报社稿件配电视画面播出，电视记者经常不再对采访内容进行深度挖掘，很多时候自动放弃了电视生动鲜活的优势表达手法——原生态的画面和同期声。

报纸稿件改为电视稿件会出现语言书面化、难以安插效果声和采访声、画面语言和文字语言重复等问题。口播报纸稿件极为考验"播音员"功力，是直接把电视变成了"可视"广播，无法发挥电视媒体的优势——如同不能用广播来"看"魔术表演一样，也不能用电视去复制报纸新闻，毕竟报纸可以反复看、仔细揣摩，而电视新闻一听（看）而过，长句子、书面语都会影响普通受众对内容的理解。

经过研究发现，《西藏新闻联播》曾有过这样的记录：一天之内重要新闻全部使用报纸稿件。一年中很少有不用报纸新闻的天数，尤其在冬季"稿荒"时节，更是依靠报纸稿件度日。

如 2009 年 8 月 11 日的新闻，当日共播出 9 条新闻，有 7 条新闻是完整采用报纸稿件（见表 4—12），有一条是综合快讯，综合快讯中仅有 1 条是自采的新闻。

表 4—12　2009 年 8 月 11 日《西藏新闻联播》中采用报纸的新闻条目

新　闻	信息源	字数	时长
张庆黎会见湖北党政代表团	《西藏日报》	800 字	3'
张庆黎会见中国国电集团赴藏工作组	《西藏日报》	600 字	2'15
列确在西藏日报社就做好《人民日报》藏文版出版发行工作进行调研	《西藏日报》	660 字	1'4
布达拉宫珍宝馆对外开放	《西藏日报》	580 字	2'

续表

新　闻	信息源	字数	时长
自治区政府与中国国电集团公司签署开发西藏能源项目合作协议	《西藏日报》	800 字	3’
我区赴其他援藏省市答谢演出团在江苏演出	《西藏日报》	500 字	2’
拉萨市以旅游业为主的第三产业发展迅速	《西藏日报》	250 字	1’

再如 2012 年 5 月 31 日的新闻中的核心稿件都是采用报纸的稿子(见表 4—13)。

表 4—13　2012 年 5 月 31 日《西藏新闻联播》中采用报纸的新闻条目

新　闻	信息源	字数	时长
辽宁省援藏工作促进会在沈阳成立	《西藏日报》	2600	9’
白玛赤林与拉萨少年儿童共庆“六一”	《西藏日报》	1500	5’
认清形势 坚定信心 全力做好当前“维稳”工作	《西藏日报》	1500	5’
董云虎在“百幅唐卡”绘画项目领导小组第一次会议上要求:举全区美术界之力,打造政治内容与艺术形式统一的传世之作	《西藏日报》	1000	4’

记者大量使用报纸稿件,从受众的角度来说,这样的新闻和听广播、看报纸差别不大,降低了电视新闻的感染力,减弱了它的传播效果,使新闻枯燥、乏味,缺乏吸引力。

(2)口号式的说教充斥主题报道,无益于乡村受众提高认识

时政新闻和主题报道属于《西藏新闻联播》的两大主要内容。主题报道是根据新闻主管部门的要求预先设定好的,属于规定动作,这也是上级部门考量新闻单位的标准。在内容中设定主题是为了就某一个主题报道更好地教育和感染受众,使他们的认识和价值观能统一到共同的点面上。

主题报道虽然是规定动作,但必须找到恰当的、有针对性的新鲜事实来表达主题,被行内称为“凤凰落在梧桐树上”,即主题与新鲜事实相匹配的报道模式。但是西藏电视台的一些主题报道在具体操作中,常使用综合稿件,社会和动态新闻较少,而新闻中有时会将报社的综合稿件直接拿来贴上陈旧空镜头播出。

以上的操作方式是造成主题报道空洞的直接原因。既然缺乏生动事实

的支撑，新闻内容只能充斥“感恩”“应该”“必须”的说教，只能充斥政治理论拔高的词语。这样的节目枯燥、乏味、千文一腔，对观众毫无吸引力。

随机抽取 2011 年的一篇主题报道来分析，2011 年 5 月 8 日播出的新闻《我区大力推进乡村旅游富民工程》是取用《西藏日报》的稿件，整条新闻为 50 秒，通篇为“配图说文”，没有现场声和采访，没有靠着旅游富起来了的农牧民生活景象，通篇都是各种抽象的数字和概念性的展望。

再如 2011 年 5 月 4 日播出的新闻《山南大力实施黄牛改良品种战略》，时长 52 秒，也属于展示基层科技运用的主题报道。这篇报道也是采用报纸上刊登的稿件配画面的形式播出，通篇不乏“思想认识提高、积极性高涨”之类的词语，却没有一个农牧民站出来说说他家养的黄牛。

这类主题报道往往以“肯定”和“赞颂”为主调，充分表达了对党的热爱之情，而忽略了“用事实展示新闻”这一基本的传播规律。

电视在农牧民的家中被置于客厅，没有人愿意在客厅中放置一个喋喋不休的教育家，即使是说教，也要考虑能接受的表达方式。“新闻事件化、事件故事化”早已经是电视新闻操作手册中的常用手法，而西藏台的新闻却时常脱离这样的新闻理论，执着于说教的方式，难免被人视为传播观念落后。

(3)新闻改版 “高浓缩”语言依然不变

2012 年 6 月，《西藏新闻联播》的一次改版在新闻编排上和话语形态上有了些许的变化，表现在尽量减少采用报纸的稿件，主题报道中加大基层群众的采访数量，提高采访质量，节目编排中将时政消息单独划拨出来统一编排。较为见成效的是能听到一些群众生活中鲜活的话语。这和采访内容的选择有莫大的关系——新闻有一些“务实”的迹象，不仅仅是要求被采访对象就几十年的变化表明态度，还要求被采访对象就某项建设发表看法，如修村际道路时政府解决了部分资金，个人在投劳上付出多少时间，对日常的生产、生活有没有影响等。内容具体化直接反映出新闻有“干货”了。

新闻整体的话语表述应该沿着这样的方式继续发展。但高度抽象和浓缩的表达方式现在依然占据着主要的新闻时段。这种高度浓缩的表达听起来头头是道，但归根结底是虚空的一种表达方式。如 2012 年 6 月 8 日《宫保扎西主持召开区党委统战部工作会议》中是“某某要求”的语态，内容上是

“要结合我区实际，研究制定进一步做好宗教领域“维稳”工作的措施，要有真招、实招、好招”，究竟何为“真招、实招、好招”，新闻中并未提及。

会议新闻是改革难点。大量概念化、思路化的综合概括语言让新闻成为建构社会制度的反观物，是一种官方话语的表现形态，甚至可以用原北京大学光华管理学院院长张维迎所说的“语言腐败”去分析。要解构这样的话语方式，建立鲜活的话语形态得靠每个新闻工作者的共同参与。要认识到在新闻平台长期这样“发言”，无疑会陷入“对着空气说话”的状态，使观众失去倾听的耐心，还是要着重于落实。

好比日乌齐寺的僧人夏迦丹增所说：“我看新闻报道时总说得很多，但是我想看到具体落实（会议内容）的措施。就像邓小平说的实事求是，不仅嘴里要说，也要实践落实。说那么多不去做，说那么多有什么用?”夏迦丹增的这番言语应该是众人对会议新闻的期望。

编排上出现的问题是，单划了“时政消息”，实际上编排反而混乱了，搞不清哪些内容是真正的时政消息。如 6 月 9 日的新闻编排中时政消息为：

自治区领导视察色拉寺文物维修工程

首届非物质文化遗产保护成果大展开幕

自治区领导在仁布县调研

自治区领导审查文艺剧目《金色家园》

当天新闻中“抓好防灾减灾和安全生产”“宫保扎西主持召开区党委统战部会议”“齐扎拉出席金色池塘生态景区项目开工”等新闻又未被列入时政新闻的范围。

时政新闻是关于政治生活中新近或正在发生的事实的报道。主要表现为政党、社会集团、社会势力在处理国家（地方）事务和国际关系方面的方针、政策和活动。显然，新闻编辑不能准确划分时政新闻的范畴，反而将新闻编排得缺乏整体感。

5. 净化荧屏上的广告

从 2009 到 2012 年西藏电视台的广告收益从 8，000 万元一路飙升到 1.7 亿元，这个数字也就意味着广告的量也在不断攀升。村民对广告的认知从“是卖不出去的东西”逐渐变成了“是好东西”这样的概念。而广告播出单位——电视台对广告筛选的标准是各类手续齐全就可以播出，并不会从社会影响的角度去考虑能播和不能播。如此一来，大量丰胸、瘦身的广告充斥屏幕，显得极为低级趣味。

此外，假货广告的出现祸害了识别能力不强的农牧区受众。生活水平提高了，农牧民往往也会慕广告之名购买药品和保健品，电视台播出的假广告已经不止一次给受众带去了损失。这样的假货广告也引起了国内其他媒体的批评，《京华时报》曾以整版揭露西藏卫视播出的某治疗“肝病”的广告后面的骗局。

假货也依托着广告在乡村通行无阻。一些走村串巷的小商贩向农牧民推销某一物品时常常介绍说是电视中打了广告的产品，不懂得看商标、生产厂家等内容的农牧民看到物品和电视广告中播出的物品外观一样也就打消了戒备，毫不犹豫地购买。村镇已成为假货的集散地，而给农牧民讲授识别商品真伪、认识商品“三有”标识的节目却少之又少。

2014年8月有青年人在微信中发起倡议，要求政府治理小学周边的小店铺，倡议者认为，小店铺卖的小零食中大量的是“三无”产品，影响了孩子的健康。一方面是孩子们缺乏识别“三无”产品的能力，另一方面家长、学校也没有这样的意识。原本这可以做一个很好的电视节目，但是，它依然很难在电视中露脸。

媒体和商人结成利益共同体时，很少有人真正关心受众的感受和权益。出钱多少决定着产品露脸的次数和时长，各类广告中，农牧区的生活是不被当作重点的。以都市生活和消费精神为主体的广告没有给乡村留有任何话语的空间。广告描绘的华美世界更多时候与乡村生活关系不大，是电视构建出来的仿佛就在身边实则无法实现的生活图景。

4.2.3　缺失节目类型增补

电视网络的迅速建立使得电视在西藏的信息传播格局中成为最有效的传播手段，将此资源最大化利用无疑是助推社会发展的有效途径。这一类工作也只能由本地媒体来开创——西藏电视台能在国家的扶持下成为第一批上星的频道，现在还享受全额事业单位的补贴并受着多方支援，这一切都是基于它在西藏乃至整个藏区所承担的宣传任务是别的电视频道所无法替代这一点考虑的。要完成党和政府交付的任务，电视传播者就要思考如何更全面地满足西藏最大多数受众的信息需求。

倘若把电视比作生活中的向导，它在给人们示范如何过上好生活的过程中必然会不断树立榜样，提供可参照的模板。同时，它也应该有足够的力量和威严，评判和批评不合理的现象。要实现这些功能，传播者在节目设置时就应该从频道的定位出发，充分考虑受众的实际需求，尽可能多地设置贴近受众的多种类型的节目，并用最合适的方式进行表达。

我通过考察认为，根据乡村的情况，除上文中提到的应该增加农牧业生产指导节目信息，还应该根据不同的时节由专业的技术人员分门别类地讲解各类生产知识，最大化地推广农牧业技术、推广农牧业机械化，此外，在节目类型上还应该增加生活类、法制类节目：

1. 家庭生活类节目

家庭生活类节目包括婚姻观念的移风易俗、婚姻中妇女的自我保护、孩子的教育、家庭理财等等和农牧区生活密切相关的节目。通过故事性的讲述，让观众能从他人的生活中学习到相关的知识，填补自己的经验不足，提高解决生活问题的能力。就拿家庭理财节目来说，我在昌都地区访谈时了解到，一些牧民采挖虫草富裕后，先后解决了家里的债务问题，接着又盖了新房、买了新车，随后就不知道怎么用手中的钱了，于是就开始聚众赌博、酗酒，有限的生活经验使他们很难想到更多的发展途径。

再有，生活中的困惑也需要有释放和解答的平台。我曾在西藏人民广播电台担任过一档谈话类节目的主持人，直播现场陆续有听众打电话和我沟通。有的妇女被酗酒丈夫家暴，无力抗争，需要开导和指引；有的孩子成绩不好，屡屡和父母冲突，不知该如何面对苦涩的青春。这一类的问题在城市有，在农村更是显著。城市还有可以沟通的渠道，而农村，基本就是沟通空白。有些妇女备受妇科病的困扰，羞于问医求药，忍着痛苦带病劳动，如果有相应的电视节目给她们以日常卫生指导，岂不是可以免去太多后续的麻烦。一个对位的指导措施就能提升她们的生活质量，电视正是可以潜移默化赋予她们此类观念的最好方式。

2. 即时沟通类的节目

电视和广播节目的直播早已是常态节目了，这一类即时沟通节目借用直播的理念，用最快的速度回复观众的各种咨询。其流程为：公布电话，由专人整理，通过电视回答观众的疑问，做到即时沟通。

这样的沟通平台才能形成信息的对流，给政策的制定者、执行者以参照物，反观政策是否到位，执行中是否需要调整。即使是遇到所谓的“敏感问题”，把关权依然是在传播者手中。只有对话才能改变电视“自说自话”的状态。这一类节目也是行政管理部门和基层群众之间联系的桥梁，真正做到了“为民服务”。曾有一段时间，拉萨开设了市长热线，可以考虑将相关的问题汇集起来加以解答。一旦农牧民了解到这样的咨询、沟通渠道后，必定会打电话反映他们遇到的问题。很多时候，与村干部、乡干部出现交流障碍后，农牧民就完全不知道该找哪个部门反映问题了。近几年，驻村工作队不时充当这样的交流沟通角色，作为长效和开放的平台，应该考虑利用公共媒介。

3. 法制类节目

法制类节目始终是西藏电视台节目设置的难点，包括法制类的新闻都是在严管中，即使是一个普通的刑事案件也不能随意上星播报。对法制信息的严管与普法精神是相悖的，农牧民极度缺乏法律知识，仅靠政府几年一次的普法宣传力度远远不够，借助法制故事进行法律知识的普及是必要的。害怕某些不良社会事件会被敌对分子利用而不上法制节目是“因噎废食”的防治法，牺牲的是社会的进步和法制精神的普及。我在乡村接触到的一妻多夫或不拿结婚证等案例，当事人都不曾想过这是不合法的行为。一个最极端的案例是，我在少管所采访到6个乡村的小学生，他们在“黑影厅”看了“黄色片子”后将自己的同学骗出去轮奸了，而这些孩子压根儿就不知道自己的行为是犯法的。2009年电话诈骗和街头行骗在拉萨涉案金额高达几十万元，但百姓完全没有自我防范意识。

法律节目能彰显法律的威严，培养受众的法制精神，在教育落后的地区增设法制节目是当务之急。法制节目因为故事性强，有冲突和矛盾，也是受众喜欢的一种节目形态。我在西藏调查的问卷显示，法制节目也是观众最喜欢的节目类型(见图 4—5)。

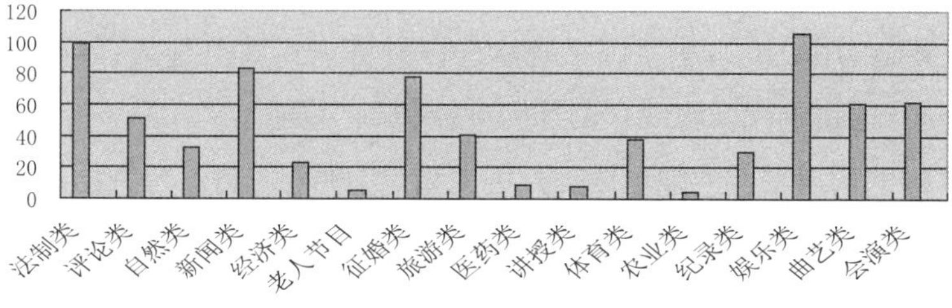

图 4—6　受众想要看的节目类型调查(拉萨的数据)

由此，大可以借观众喜欢看法制节目的心态传播法律知识，填补受众在法律知识上的不足和空白，这一点在乡村尤其具有社会意义。中国的法制化建设和推进不可能忽视乡村的存在，而乡村本身生活水平的提升和法律观念的普及也有着密切的关系。

值得一提的是，2014 年拉萨市公安局开办了“平安拉萨”微信公众号，这一微信公众号中就设置了“本地警讯”“公安通告”“警方提示”等板块。开办不久，关注的粉丝就达到 5,000 多人，个别微信的转发量也以千数计，传播影响远超西藏的地方报刊。只是在当前阶段，更多微信的使用者还是城市青年，相对而言，农牧民更需要这一类的信息指导。

4. 精英访谈节目

沟通和对话是思想碰撞的一种形态。访谈节目早已经是新闻类型中的常态节目了。有记者抱怨碰到好选题了，找一两个好的时评人在西藏都挺难的，而媒体人恰恰忽视了学者做时评工作也需要电视节目来培养，如同新闻发言人是要培养的，好的学术型的时评人也是要在镜头前历练的。一旦这些时评人习惯了运用电视语言表达，他们本身的话语权威身份就是很好的说服身份。一些有争议的问题也可以摆在台面上，由他们用专业和权威的解释和受众沟通。

如 2013 年 1 月中央电视台八套播出了《西藏秘密》，剧中参演的藏族演员在藏区受到一部分对剧情有异议的观众的抵制，不少藏族网友在网上质问导演“居心何在”。这些对剧情有异议的观众提出《西藏秘密》与历史不符，对民俗不尊重，对佛教有所亵渎。

该剧的导演在网络上争论时说：“（认为《西藏秘密》剧情）与历史不符者是站在分裂者的立场上了。”这一观点更是激起了藏族网友的各种情绪。

我分析了上百条微博，很多藏族网友并不能有理有据地说出“与历史怎么不符了”，如对僧侣、对达赖喇嘛称呼上的不妥、对宗教器皿使用上的不妥、对贵族官员穿戴上的不规范等等都可以拿出来讨论，这部剧是不是违背了历史事实这一核心也是应该被讨论的，但是网友不以事实为论据，只是一味地表达不满。

藏学家次仁央宗发微博评述这部剧的优点，她作为《西藏贵族家庭》的作者评价这部剧作应该是权威人士了。次仁央宗的发言很好地缓解了部分有偏激观点的观众的情绪。

建立这样一个有专家意见参与的讨论平台既能说服受众，又能给政府提出建设性的意见。

我访谈过宁玛派传人向彭塔约，他在乡村是广有名气的僧人，他曾经在乡村担任多年村干部，是日喀则市市政协委员，他是一个标准的“乡村精英”。在访谈中，向彭塔约认为媒体应该给他们这样的人更多的话语权，让他们站出来帮助政府做群众的工作。他认为他们对乡村和村民的了解深，知道村民的需求，了解村民的心思，能更好地做群众工作，群众和他们沟通起来比较容易。他认为建设社会他们有很大的责任和义务，他们也很爱这个国家，应该利用自己的资源为国家做些事情。

在生活中，向彭塔约已经在这样实践了。当地新上的开发项目挖山动土，群众说冒犯了山神，大量聚集“转山”，影响了日常生活，造成了社会不稳定，向彭塔约到现场和大家沟通，甚至用宗教诠释一些现象，在平息“转山”行动中发挥了作用。

我认为我们的电视媒体应该迈出这样的步伐，主动让像向彭塔约这样的人参与到电视节目中，通过他们向大家摆事实、讲道理，让多方观点亮相讨论，消除私下谣传话题的影响力。

4.3 电视在乡村传播的深化

西藏本地的电视节目近期内的改进是在现有节目的基础上进行内容调整或技术调整,是较为容易实现的改变。而电视在乡村若要在已经取得成效的基础上有更高的提升,需要分析受众需求,并对已明确的传播目的施以有效的手段。这是更深层面问题的考量和调整,也是电视传播需要更进一步实践的领域。

4.3.1 国家·民族意识的建构与引导

国家意识建构包括对国家过去、现在和将来的认识,完整的历史记忆是社会稳定的因素之一。共同的历史命运可以将不同年龄段、不同地域的人凝聚在一起,加强人们的国家认同感。认同可以划分为个人认同和集体认同两个层面,国家认同是集体认同的一种,是一种对共同体的认同。关于共同体,鲍曼认为理想的共同体是能给人带来安全感,是一个温暖而舒适的场所,如同为我们遮风挡雨的家和用来取暖的壁炉。

对于经历过新旧两个时代的农牧民来说,上世纪50年代开始,让他们重新认识祖国的宣传不断在推进和加深。以最简单的案例来说,新中国的概念外化的表征是国歌、国旗、多民族融合等元素,生活中,农牧民每天都能听到国歌的旋律,即使唱不出歌词,也知道那就是国歌。作为政府爱国教育的一部分工作,要求农牧民家家户户挂国旗,这些都有助于加强农牧民的国家认知概念。作为五十六个民族的一分子,藏族在国家认同建构中,解决了"我们是谁""我们从哪里来"的身份问题。这样的认同对西藏的新生代来说,从他们出生起就是极其明确的问题。但对新生代来说,要在原有的"我们是谁"这样的意识中引入"我们会成为谁""我们会如何被再现"这样更深层面的问题。

共同体意识建构在复杂的社会形势下依然是不能松懈的大事,我们必须正视另一些政治团体虎视眈眈的意识侵入行为,并且要关注到,在社会急剧变革的当下,思想的多元和价值观的冲突对国家意识和民族意识的建构和维护提出了新的要求。

现代媒介迅猛发展，凭借其强大的力量，已然成为塑造国家认同的重要手段。而在西藏乡村，这一现代媒体共同承担的重任大多由电视媒体担负着。电视传播者如果不审时度势、与时俱进，不根据新的形势进行新的宣传的话，以往取得的成绩就会湮没在不断出现的新问题中。已经有人对此预言，如西藏党校的一位老师所言，“我们在吃民族团结的老本”，在国家意识建构上，我们也要摆脱“吃老本”的状态，尤其是要加强青少年的国家意识培养。

有些极端的案例显示，藏区的新生代中个别藏族青年否认西藏农奴制的黑暗，大肆宣扬“被同化”的观点，不理解爱国主义教育。倘若新一代的青年人有这样的认识，必然会影响地方安定、影响民族团结、制约经济发展。

国家意识的培养首要的是培养国家认同、民族认同，建立主人翁的观念，对国家、民族之命运，有共同关注的情怀。

新闻是乡村观众最为重视的节目，我调查发现，乡村民众看新闻时，一些关于国家和民族的常识内容却未曾成为他们记忆的重点，对于一些基本的社会问题，部分电视受众都感到难以准确回答。上世纪 90 年代传出一个段子，说某电视台的记者在西藏农村请一位老人唱一段国歌，而老人唱出的是电视剧《封神演义》的主题曲。这样常识性的问题在乡村却得到错解不是个案。

是否了解自己的国家、了解自己的民族是由一些常识性的问题作为表征的，如同你关心某一个个体必然想知道或者会了解他的一些特征。

表 4－14 是对领导人认知的调查：

表 4－14　拉萨、日喀则、林芝等地受众对国家、政府领导的认知调查

	日喀则 总调查人数 398		林芝 总调查人数 355		拉萨 总调查人数 798	
	知道人数	比率	知道人数	比率	知道人数	比率
国家主席	307	77%	158	45%	574	72%
国务院总理	101	25%	105	30%	286	36%
自治区党委书记	208	52%	66	19%	232	29%
自治区政府主席	126	32%	66	19%	145	18%
自治区人大常委会主任	138	35%	37	10%	83	10%
西藏自治区政协主席	116	29%	32	9%	76	10%

此项调查展开时自治区人大常委会主任已是向巴平措了，但是不少受访对象依然认为还是热地。2010 年恰好习近平视察了西藏拉萨、日喀则等地，不少受众对此记忆犹新，也比较关注国家领导人的换届问题。对其他多位政府领导，受众的辨识度不高，即使他们常常出现在新闻中，受众也很难记住他们。

对另外几个国家和民族认知问题的调查结果也不是很理想。让人意外的是，像民主改革这样的内容是新闻中时常提及的，但关于民主改革的时间却少有被调查对象能准确答出（见表 4—15）。

表 4—15　拉萨、日喀则、林芝等地受众认知常识调查

	日喀则（总人数 398）		林芝（总人数 355）		拉萨（总人数 798）	
	知道人数	比率	知道人数	比率	知道人数	比率
我国的民族数	350	88%	327	92%	627	79%
国歌的第一句词	258	65%	273	77%	627	79%
西藏民主改革的时间	166	42%	101	28%	79	10%

我在林芝尼池村和村里的孩子聊天，问及国旗上有几颗星、国歌该怎么唱时，孩子们回答得都很犹豫。

在昌都调研期间，我访问了十几位村长，没有一位村长会唱国歌，只是说熟悉国歌的旋律，关于国家的民族数和民主改革时间，十位村长的答案也都是空白。

这样的调查结果让人不能不担忧。加强藏族对国家的认知度是国家统一、稳定的重要内容。但这方面内容的传播实际上是高频率的，比如国歌，每天都会在电视中出现它的旋律，国旗每天都会在电视节目中出现，为什么受众的认知度反而不高？为什么时政新闻天天播出的领导人反而不被受众认识？

我在访谈中感受到对于在其他省份发生的许多事情，受众观看时带有极强的“他者”心态，许多受众很少和本民族以外的人打交道，甚至没有一个汉族或其他民族的朋友，在现实生活中对其他民族和其他的地域有很强的陌生感。加之本地各类节目和外来的摄制组在拍摄西藏时常常强化其民族特色,致使信息中"自我映象"不断投射在心里,强化了受众"岛居"的疏离感,觉得很多外界的事件和自己没有关系,和自己所处的社会距离遥远,看不到共通性,不能拓展视野,放宽心胸。

在国家意识建构和民族融合的内容传播上,媒体需要反思并改进传播策略。要真实地反映生活在西藏的汉族同胞的生活形态,也要反映生活在其他省份和其他民族密切交往的藏族的生活形态,不应仅仅把目光投射在民风民俗上,要用富有感染力的镜头展示个体在祖国大家庭中的自我发展和奋斗的精神。要善于用被采访对象的话语表达他们对国家的情感,对民族的认知。如果我们在国家、民族问题的传播上总是沿用"会议体"和"口号体",而不注重人们真实生活和情感深处的转变,不把脉于时代矛盾并加以化解,这一场域的宣传问题以后会变得更加棘手。

此外,在宣扬"民族的就是世界的"这样一个概念时,不能把这个民族变得内心只有自己,只关注自己,总是把自己搁置于"被援助对象"的弱势心态下,不停地提及获得了多少。这样的"获得体"报道不利于培养一个民族的胸襟,他们的"弱势地位"不能培养他们和各族同胞同患难、共呼吸的平等心态,会逐渐妨碍对等意识和参与意识的树立。

电视中要传递更强大的力量来显示"我和我的祖国"的关系,要用平等、真实的镜头还原藏族的生活,而不是总以落后、贫穷、艰苦、恶劣这样的概念去获取关注。要拓展报道的范围——西藏的卫视频道有别于其他地区的卫视频道,需要将自己搁置于融合各民族的高度上去透视更多的问题,而不是缩小视野,只报道自己的"一亩三分地",要以卫视的视野培养受众开阔的眼界,要用更真实的手法去表达普通受众对国家的感情。固然,报道一位365天一天都不耽误自愿升国旗的老阿妈是表达爱国情怀的一种手段,但是这件事太特别,不能引起受众的共鸣,要用"心贴心"的平视姿态报道普通人对祖国的赞美、对国家的情感。

青少年是国家和民族的未来,尤其要通过电视的有效传播强化对青少年的国家意识和民族自尊感的培养。电视媒体在传播中,对国家意识和民族意识的培养要有意识树立从"大"到"小"的概念,首先要强调国家身份,继而才是民族身份。

我们国家是多民族的集合体，每一个民族都拥有正确的民族观是整个国家健康发展的前提，也是中华民族持续发展的重要内容。

西藏青少年教育问题尖锐而复杂，媒体一味地回避致使很多负面影响成为暗流，对民族政策的误读和误解让一些青少年认为“对少数民族的照顾”可以超越法律的束缚，一些青少年在学校打架、酗酒的行为也会假借少数民族身份逃避惩罚。电视担负着的沟通教育职能需让这些青少年正视国家和民族的概念，避免他们因自身不努力而得不到机会却迁怒社会，强调自己的民族尊严受到损伤。

我参加少数民族信息论坛时，一位高校教授困惑地说，一位特立独行的藏族新生被要求完成学校要求的某项任务时，尖锐地认为学校磨灭了她的民族身份，让她和汉族变得一样了。民族身份究竟是什么？很多人解答不出来，却有人将“民族身份”当作搞特殊化的借口。

我在西藏做的问卷调查显示，被调查对象都有很强的民族意识，在回答藏族主持人是否可以不穿藏装上镜时，多数被访对象认为一定得穿藏装以此表现出自己的民族身份(见表4—16)。

表4—16　藏族主持人主持节目时的着装要求调查

	日喀则		林　芝		拉　萨	
一定要穿藏装	307	77%	242	68%	709	89%
可以偶尔不穿	37	9%	29	8%	21	3%
可以偶尔穿	10	3%	59	17%	3	0%
无所谓	22	5.5%	14	4%	1	0%
空白	22	5.5%	11	3%	64	8%
合计	398	100%	355	100%	798	100%

在民族意识的建构上，众人已关注到表征上的问题，深层次的问题他们逐渐也有感触。比如被调查对象普遍承认藏族在日常习惯中过于懒散，有小富即安的思想等。日喀则的被调查者中有79%的人认为自己民族的一个不良习惯是喝酒，这个数据在林芝是58%，我也认为对酒的迷恋和依赖是藏族诸多习惯中最影响发展的恶习之一，与我有相同认识的大有人在，因对酒

文化带来的负面影响深恶痛绝，昌都电视台的播音员四边发愿滴酒不沾。媒体在民族自我意识的培养中要强化正确自我认知的概念，并加以合理引导。要在民族习性上加以引导而非将民族自我认识停留在浅表层面上。

在建构国家意识、民族意识的同时，媒体还要有目的地引导乡村建立和保持社会主义农村的新风尚，能互帮互助，共同发展。在日常宣传的细节中传播互帮利人，建设和谐社会的观念。

我在日喀则首个万元村调研期间，村民普遍反映，富裕后村里的人际关系发生了变化，拿村民边巴的话来说，"有什么用工信息大家也不会讲，富裕人家的司机助理也都是从外村请，不会找自己村子里的人"。江当乡日乌齐僧人夏迦丹增说："我有时在茶馆餐厅听人们聊天，聊天的内容是让我高兴不起来的话题，都是怎么吃了、怎么喝了这样很糟糕的事情，聊这些糟糕的话题完全没有考虑因果问题，甚至不会考虑到对身体的伤害，还把这些很恶劣的事情当作骄傲的事情来炫耀，这真的是很不好的(风气)。现在经济状况好了，人们没有注重精神修养，就顾着打麻将喝酒抽烟了。"

精神文明建设也是农牧民的愿望，这也是社会和谐建设的重要内容。除以上谈及好的生活方式意识的培养外，更重要的是国家、民族认同的意识建构。

在国家和民族意识的建构中，时刻不能松懈与境外"分裂势力"作斗争的弦。"分裂势力"尤其会把青年人当作目标对象，宣传的手段灵活多样，不仅仅是书刊、图像会对识别力不强的青年人产生影响，依托影视故事、流行音乐传播不良思想也会改变青年人的认知。

对境外"藏独"宣传势力的消解应该从两个层面做工作：一方面是严控信息流入的渠道，不能让识别能力不强的受众随意接触到这一类的宣传材料；另一方面是提高我们的宣传软实力，从内容和话语形态上加以改进，达到真正影响受众的目的。我看过宣传十四世达赖在达兰萨拉生活修行的电视片，通片表达的是仁爱、道德、普度世界等观念，是温暖基调的讲述与劝诫，没有明显的高调和宏论，手法上是全写真，而不是简单的"文配画"，现场的全方位展现主导着镜头，基本不配任何解说词。这一类作品得到西方纪录片制作手法的真传，对观看者的心理掌握得很准。我们的电视媒体也要参考这样“抓心”的传播方式，强化传播效果，达到培养农牧民国家意识、民族意识的目的。

4.3.2 影视剧感染力与现代感的强化

在影视传播中，美国精神、个人主义、英雄主义凭借美国大片的流传在全世界通行。无独有偶，凭借宝莱坞的影片，加上达赖在达兰萨拉的宣传攻势，印度成了一些藏族人心中的圣地。影视剧无疑已经成为意识形态统领的另一个阵地，它会不断塑造新的观念，也会激发人们隐藏的固有观念。

传播学者唐·韩德尔曼有这样一段经典论述：“电视屏幕上的图像，以及观众的触觉与虚拟凝视，共同营造了一个虚拟的互动空间，而这一空间也存在于观众内部的互动机制中。借用麦克卢汉的说辞，媒介实际上变成了自我的延伸，于想象的虚拟空间中激活了个体的反身性。”①在这里唐·韩德尔曼把“反身性”解释为自我意识，即自我回归自身的观念。对农牧民来说，尽管这些年，他们的思想有了很大的转变，认识到幸福生活的根本，也体验到这样的甜蜜生活，但是宗教思想在生活中如影随形，很容易左右他们的行为。

因为历史原因，西藏始终存在两种意识形态的斗争。尽管主流媒体的宣传已经尽可能全方位覆盖，文化传播监管工作也在持续展开，但以十四世达赖为首的分裂主义分子不曾放弃过争取西藏民众“民心”的工作，这在意识形态领域里始终是一个敏感而尖锐的问题。不能忽视在意识形态中一些民众依然迷信着达赖在民间的身份，能靠近达赖、生活在他的身边是这一部分民众思想中深植的观念。这些观念一经影视片的蛊惑，会更深地影响有着追随宗教领袖思想的受众。

1. 一个案例带来的思考

9岁的巴桑已经是第二次被父亲带着去“投奔”达兰萨拉。每一次在被相关工作人员收留、帮助后都表现出悔恨的情绪，但是每次回家一看（听）达

---

① 〔美〕伊莱休·卡茨等编，常江译：《媒介研究经典文本解读》，北京大学出版社2011年版，第153页。

兰萨拉的"宣传"品又控制不住想带女儿去过"有神佛关照的生活"。[①]

拉萨市曲水县的洛桑旺姆 9 岁时常常倚靠在乡下的小茶馆门口看电视中播放的印度电影，她所构想出来的印度就是影片中干净、富裕、华美的模样。加上乡间时常有人提到达赖在印度，洛桑旺姆就萌生离家去印度的想法。这时她遇到了一个承诺可以带她去印度的妇女，于是洛桑旺姆拿走了家里所有的现金，翻山越岭到了尼泊尔境内，此后辗转到达兰萨拉的学校读书。期间三年时间被带她出来的妇女"安排"在尼泊尔一户夏尔巴人家当仆人。

16 岁时洛桑旺姆的父亲找到了她，说服她回家。我在日喀则收容所里见到洛桑旺姆时她困惑地问我："夏天，我们家乡随便一片草地上的鲜花都比印度的美，为什么电视里面看到的印度那么美？"

在收容所里我见到了五个和洛桑旺姆一般大小的孩子，无一例外，他们都是被影像中宣传的印度或达兰萨拉所吸引，加上日常生活中听闻达赖在印度办有英文学校，他们就以为投靠到达兰萨拉可以开始全新的有"仁波切"[②]光芒照耀的生活。现实是，出逃的日子让他们吃尽了苦头，而不得不再想办法逃回家乡。17 岁的男孩洛桑旺堆告诉我，他把一个夏天挖虫草的钱交给"蛇头"，带他投奔达赖，但到了印度生存都很困难。为了回国，要给"蛇头"几百块，积攒这些钱，远不是一个夏天能做到的，付出几年的劳动心血后，才得以返回家园。

电视节目在创作中原本就期待人们产生"投射""移情"心理，能缓释现实生活的压力，带来精神的愉悦。但西藏的情况是，农牧区的青少年受教育的时间短，家庭中也缺少相应的教育环境，电视中传播的观念和他们自身固有观念相结合时，就进入自我内部话语中，凭着想象虚构着一种生活或情景，容易走偏，让自己的人生付出惨痛的代价。

宗教在藏族的生活中伴随始终，很容易影响他们的观点。在西方游走多年的达赖善用"软宣传"争夺民心。他在民众中树立的是一个慈悲的老人形

---

① 巴桑及其父亲为作者在日喀则某机构的访谈人物。

② 仁波切：对活佛的尊称。

象，他所宣扬的达兰萨拉[1]是一个在他的治理下重教育、有发展前途、安乐祥和的城市。再者，西藏受众酷爱宝莱坞的影视片，常常着迷于片中鲜艳的色彩、纯洁的爱情、动人的歌舞。多方面因素混杂产生了强效力，尤其是青少年受众不能够区分电视的拟态环境和真实世界的差别，以为印度和达兰萨拉就是天堂。这一类影响产生的后果很轻易消解掉主流媒体多年的努力。

在意识形态的建构和斗争中，我们的节目却很少用更易于受众接受的方式告诉“向往”印度的受众印度的真实情况，展示在印度生活的藏族移居者对故土的思念和他们的生活状态。

农牧民见闻有限，对外界事物的认识有限，能接触到的信源较为单一，更容易受到蛊惑，而影视剧是对他们进行蛊惑最好的工具。有看过好莱坞电影《西藏七年》[2]的藏族青年问我，片中讲述解放军进藏屠杀上万藏民是不是真的？一个影片、一段谎言就动摇了他们原本的认识，干扰了他们正确的观念。

如此状况的形成究其原因既有我们电视媒体工作者的“忽略”之过，也有我们的认识、宣传水平有待于提高的缘故。宣传者往往认识到问题的存在，却缺乏改变的方法，对这样的话题只要能不触碰就不触碰，往往在宣传的定式中形成了死角。

除了用影视剧加大意识形态的传播外，媒体也要重视影视剧的艺术感染力。在一个新闻都要讲究故事性的时代，影视剧本身的感染力更是能打动人心，让人们在价值观、生活理念上达成一致。

2. 对涉藏影视剧现代感的需求

上世纪 80 年代，西藏影视工作者对本地题材的影视剧摄制有过很好的尝试，无论是西藏第一部电视剧《还愿》还是掀起了新的流行色的《三个拉萨姑娘》，都是与现实生活密切结合的影片。像《丹增的一天》这样的电视创作及时反映了人们生活中的种种矛盾，批评了社会上不文明的现象，深得观众好评。

---

① 达兰萨拉：达赖在印度的流亡地。

② 《西藏七年》是美国 1997 年拍摄的涉藏电影，剧情上有大量违背真实历史的内容。

这些本地影视工作者独立摄制的影片数量少，但是对少数民族影视是有益的尝试；虽然在深度上有待提高，但是真实反映了现实生活，有力触动了对身处改革开放中广大民众的观念，树立了不断化解矛盾努力向前的西藏人的形象。

自上世纪 90 年代末期开始，西藏本地的导演创作涉藏题材电视剧的热情降低，译制剧这种二度创作的作品占据了更多的播出时间，西藏形象则几乎完全依赖政治专题片和历史剧来建构。新拍摄的影视剧主题大多集中表现上世纪 50 年代的时代变迁，对于当下生活中无论是城市还是农村的教育、就业、购房、婚恋观等等都鲜有展示，“电视必须反映现实，跟上时代步伐”[①]要让观众在电视中看到自己的生活、愿望和梦想。要借电视剧尽可能宣传主流价值观，让人们的观念尽可能达成一致，并让这种观念和他们所处的时代相契合。

一个民族应该牢记历史，不断在历史的参照中前进，可是不能因为注重历史而忽略了现实生活。现实生活得不到表现必然会出现观众的移情对象空白，这样一来，他们的休闲时间就让位给港台剧、印度剧、泰国剧。在回顾历史、弘扬主旋律的同时，还需要花笔墨描绘眼下的生活，反映时下的情感和矛盾。

多位导演集中拍摄历史剧的原因在于怕现代剧容易触碰“敏感话题”。避开现代生活，从某种程度上来说，不是我们主导着意识形态领域，而是变相“放弃”了主导。要让眼下的生活通过艺术的表达方式来“说话”，就要把对历史的评价高明地融合在现代的生活剧中，通过过上好日子的民众之口告知世界我们自己的选择，让人们知晓这一选择带给 300 万民众翻天覆地的生活变化。

如今对现代生活进行展示的影视片少而珍贵，但却能不断拉高收视率。2010 年西藏几位青年独立制作的第一部家庭情景剧《快乐生活》就是很好的例证。这部情景剧涉及的话题都与当下生活相关，房子、票子、乐子都在表现范围之中，民族团结、社会发展等内容也被有机地融合在故事情境中，富

---

① 〔英〕安德鲁・古德温、加里・惠内尔编著，魏礼庆、王丽丽译：《电视的真相》，中央编译出版社 2001 年版，第 70 页。

有感染力的对白，无说教的表达极易让受众接纳（见表 4—17）。影片播出期间，观众互相见面时都会聊上几句关于影片的轶事和风趣内容。

表 4—17 《快乐生活》的部分主题罗列

主题	内　容	主题	内　容
生活中的变化	《退休故事》老年人离开麻将桌过上有益的生活	生活中的矛盾	《欢送月》让人苦不堪言的“送礼月”给人带来沉重的负担
	《从乡下来的女孩》乡村青年生活和观念的改变		《一盆花》《邻里之间》《借“大叔”》邻里矛盾的处理
	《超前消费》消费观念的改变		《儿子的梦》《望子成龙》孩子成长的误区，对子女教育问题的思考
	《晚饭》拉萨百姓吃的变化		《中奖》金钱带来的烦恼
	《青春年华》生活水平提高后人们也开始美容了	歌颂好政策	《家庭旅馆》青藏铁路开通带来了五湖四海的朋友，借游客之口夸赞西藏发展
			《有朋自远方来》藏汉民族的深情厚谊
	《洛桑戒酒》嗜酒带给生活的困惑与问题，戒酒后生活状况的改观		《传统和现代》政府对民族文化的保护
			《青梅竹马》新农村建设中西藏农村的巨大发展

这 20 集情景剧的贴近性是获取本地受众眼球的关键。剧中基本上都是藏族演员在表演，主要演员是本地知名的喜剧演员；97％以上的节目内容是拉萨藏话，偶尔很自然地串点汉语和藏语方言；音乐和片花都有很浓郁的民族风格——整部作品充分考虑了对藏族整体形象的塑造。

该剧的每一集都是依托一个生动的故事或展示生活的变化、或批判不良的社会现象、或表达某种深切的感情。贯穿整个系列片的主线是对党的好政策的赞颂，有几集还特别明显，如“藏汉一家亲”“新农村建设的成效”“青藏铁路惠及老百姓”“政府对民族文化的扶持”等。但赞颂之言是结合生活中的家长里短说出老百姓的真实感受的，是聊家常，不做作、不拘谨，反而很真切、有说服力。

生活中的问题、矛盾在整个系列作品中时时有展示，如怎样教育孩子、怎样处好邻里关系等等，如酒鬼洛桑这一集表现的是酒让洛桑沉沦很多年、没有追求、被村子里的人看不起——嗜酒如命的人在西藏不是少数，对酒的依赖降低了他们的生活质量。酒鬼洛桑戒酒前后的变化是对嗜酒的生活方式作了明确的告诫—— 好日子和健康的生活方式不可分离。一些基本的道德、伦理观念通过作品被展示出来，正确的价值观念在作品中处处有传播。影视片中表现的矛盾和他们的生活关联非常密切，而在以往的节目类型中，这些问题很少会用这样尖锐、显见的方式提出来，当它们一经被摆上“台面”，每个观众都会反观自己的经历和生活，这就为带动他们生活方式和观念的改变打下了基础。

加大贴近现代影视剧摄制、播出的力度，从生活中提炼出故事，用艺术的力量感染受众，用艺术为乡村精神文明建设添砖加瓦已是当下西藏社会传播重要的需求。

4.3.3　乡村经营与电视传播的联动

政府以行政命令的方式投入大量的人财物力，用最强的执行力度把广播电视直接嫁接到广大农牧民和僧尼的生活中，让他们有了一个重要的认识外部世界的窗口。在这个窗口中电视通过丰富的内容，特有的表达形式，发挥着深远影响。

包括电视在内的大众传播被丹尼斯·勒纳称为社会发展过程中“奇妙的放大器”，这位美国大众传播学家认为大众传播能加速社会发展，提高社会的现代化程度。

认为大众传播在社会变革中能发挥重大作用的学者还有美国传播学者埃弗里·罗杰斯(Every Rogers)。上世纪 60 年代，他出版了《创新与发明的推广》《大众传播与社会发展》两本书。在《创新与发明的推广》中他明确指出普及推广新思想、新事物是一种特殊的传播形态，而社会变革在很大程度上是创新、发明、被推广和采纳的过程。随后，在《大众传播与社会发展》中埃弗里·罗杰斯提出了“知晓、劝服、决策、证实”这一创新推广过程的模式。

发展传播学中的理论和观点很快被应用到大规模的社会实践中。在这样的理论支撑下，西方国家的这些学者心怀期望地关注着发展中国家，希望这些国家能分享他们的经验，乐于接受他们输出的某些工农业和交通方面最有效的技术，缩短社会发展的历程。

西藏的大众传播完全是靠外部力量植入的，本身的社会处于经济极度落后的状况，无法在短时间内满足内部需求发展，衍生出能促进社会变革的传播方式。发展传播学的理论在西藏社会中切合实际，但也要注意到这种“切合”只是停留在前期理论和观点的运用上，现阶段应根据本地实际的经济发展状况、传统观念的固化程度、日常习惯改变的可能性等多方面因素进行适时调整。

现阶段在西藏农牧区电视传播所取得的效果随着农牧民观念改变、素质提升、需求扩展也会发生变化。前期所取得的效果像是在平地上建了座楼房，这是以前没有的，拔地而起会很醒目，短期内解决了不被风吹日晒的问题，作用被人们交口称赞。但随着房子住久了，关于它美观、实用、功能提升等问题自然就会被提出来了，这就要涉及内容细分和传播技巧的运用。

对于西藏乡村的发展，我认同中央民族大学少数民族经济研究所王文长教授提出的乡村经营概念。王教授指出：“重视西藏乡村建设，加强西藏乡村建设，是西藏现代化的必然环节，是西藏城市化和构建和谐社会的重要组成部分。”①根据王教授的观点，要从市场经营的视角去看待乡村的各种资源，无论是乡间物产还是人文风俗加以整合、宣传，培养民间的知名品牌，就能为乡村的发展拓宽道路。

我认为，昌都地区这两年在乡村经济建设中的传播手法值得推广。政府专门拿出经费制作电视宣传片，从花椒到辣椒一样都不少，宣传到位的结果是增加了农牧民的收入。昌都地区的索多西辣椒常常是生产跟不上市场需要，虫草、糌粑、荞麦茶都成为游客和本地人外出的伴手礼。2014 年 9 月的物交会上，农牧民家自磨的糌粑和自种的花椒都销售一空。这样的物交会惠民利民，而市场接受这样的产品离不开媒体的宣传。

要认识到，乡村宣传离不开媒体，电视媒体是乡村宣传的主力军。

乡村经营首先要认识到乡村的资源(见图 4—6)：

如果加以善用，图中的内容会成为电视摄制的丰富资源。

---

① 王文长：《西藏乡村的出路：经营乡村》，《中国藏学》2006 年第 2 期，第 96 页。

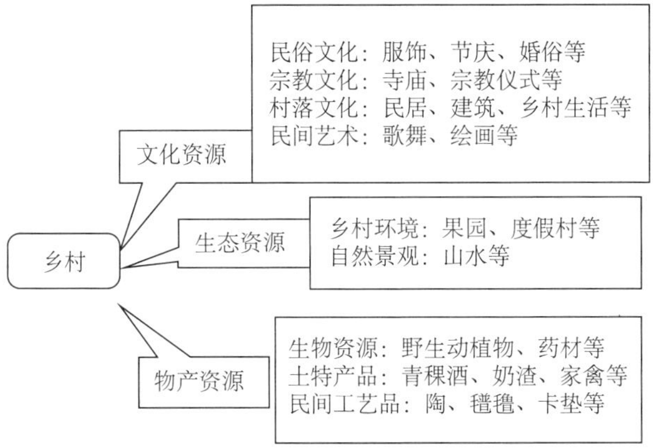

图 4—7　乡村资源分项

西藏电视台的节目设置中至少有三档节目涉及以上乡村的部分资源，如《西藏诱惑》《西藏风情》《西藏旅游》，区外的电视摄制组到西藏来拍摄影片，大多也是涉及这一类的内容。区外的电视媒体不是宣传西藏的主体媒体，在经营理念中首要考虑的是西藏媒体的整体打造，故而不能只是停留在风情、民俗上，要加深节目的精神内涵和沟通交流作用，更完整充分地宣传乡村。在村民对环境的认知中，我们已经看到了让村民利用自己的环境、文化资源起到改变的作用。目前，西藏电视媒体的内容再创新在尚未发展起来的乡村中还有很大的提升空间。

这个打造可分两步走，第一步是改造乡村观众的观念。乡村的经营者理应是农牧民，要灌输给他们经营乡村的观念，让他们认识自己的资源，并能合力整合这些资源，加以运用。在这一点上已经有较为成功的典范了，如前文提到的林芝鲁朗扎西岗村的村民就是在搞好农牧业生产的同时开办了家庭旅馆，利用秀美的山水吸引游客，游客一旦入住，他们会以各种民俗娱乐活动作为附加产业。扎西岗村的村民的观念是在实践中自己摸索出来的，但是外部信息会给他们诸多参考意见。普及和推广扎西岗村的经验，让有同等自然环境的农牧民效仿，本身也是经济的带动。

第二步是在村民们改变观念后的动手实施阶段，媒体应该主动做好宣传和配合工作，用各类型的娱乐活动节目扩大传播面，增加吸引力。目前的宣传中散落着这样的操作点。我认为在经营乡村的理念下，电视应该是规模化、系统化地展开宣传:为乡村和城市的物质文化交流建立平台,吸引资金、开发者等要素走进乡村,带动乡村开发,为乡村物产资源、文化资源走出乡村开辟道路。

此外,在节目类型上不应该只拘泥于信息播报,也可以发挥娱乐节目的能动作用。此类节目形态在中央电视台已有较为成功的范例,其日常乡村娱乐节目和依托节假日做的“国庆七天乐”等节目都值得参考。

在频道形象上要整合包装片、形象片、公益广告等多种资源,打造一体化宣传效应。

电视对西藏的报道往往侧重乡村“偏远”“落后”“贫穷”的概念,强化了人们需要被扶持、无法靠自己发展的思想,日久天长这样的思想被固化,使得村民缺乏开创发展新路径的自信和主观能动性。我在西藏察雅县和一位老村长谈到绿化问题时,我问老村长,察雅气候好,海拔低,植物容易成活,为什么不种些树木改善环境、增加收入种类?老村长的回答让我极为震惊,老村长认为他们不能白劳动,如果要投劳种树,政府就得给钱,完全没有自觉改善生活环境的意识,“等、靠、要”的思想牢牢根植在生活中。

是该用全面、客观的方式对西藏乡村进行全方位、多层面报道的时候了,这有利于真实西藏的展示,也有利于西藏乡村受众正确认识自己生存的环境,政府扶持固然是发展所需,但一些自然条件好的农牧区应该在经济上逐渐步入自我发展的阶段。

4.4 电视传播有所突破的核心节点

电视在发展中的西藏乡村作用明显,乡村的下一步发展对电视传播提出了更高的要求,这就需要电视传播本身实现突破。我认为实现突破的关键点在于管理者改变观念。唯有管理者的观念改变了,西藏电视传播从内容到体制上才能有所改变。

4.4.1 外部管理上的适当“脱敏”

各级行政部门高度重视的“维稳观”使得相关单位对电视媒体的监管极其严格,电视媒体从娱乐到新闻节目都得围绕“稳定”的大局展开。

因历史原因，至今西藏的稳定、发展不时受到“藏独”势力的干扰。西藏的电视传媒在建立之初就担负着维护社会稳定、宣传国家政策、消除“藏独”影响等重任，这一重任现在依然是电视传媒的要务。电视传媒要为社会的稳定不断出力，它本身的发展又要借助社会的稳定才能实现。

在这样交错的局面中，对“稳定”的认识本身就成为电视发展的关键。我要提出的第一个问题是：在电视传媒发展的今天，对待一些社会负面问题能不能实现管理上的“脱敏”，重新对待因“维稳”被屏蔽的报道题材，让媒体拥有再多一点的自主权，在“维稳”态势下，媒体有一点实施舆论监督的空间。

因为“维稳”的需求，国家无论在政策上还是在资金上对西藏都有极大的倾斜。靠西藏的一己之力无法短时间内将电视网络覆盖到全藏区，也就无法实现电视在乡村所起到的各种作用。电视所承担的“维稳”任务自然不能消减，可是电视毕竟是“社会现状的代言人”，社会的状况复杂多变，可以说每一件社会事件都能与“维稳”挂上钩。以“维稳”为由，一点不报负面消息，屏幕上总是一片赞誉和褒奖，这和真实的生活情况不符，也不符合我们对唯物主义的认知，长此以往会让新闻失信于受众，而且还会进入另一个误区，使一些社会事件的真相被掩饰，导致谣言满天飞，社会不稳定因素增加。如何在不影响“维稳”的大局下，实施媒体的舆论监督和正面引导工作是一个值得研究的话题。

从某种程度上来说，为了“维稳”，得撕开一个口子，通过这个口子，任何一个普通百姓的困惑、困难都可能成为报道的主题，媒体能就百姓关注的话题去监督、督促各级政府部门履行“执政为民、立党为公”的承诺。让权力在阳光下运行，让媒体的“喉舌”作用与维护群众利益相结合，不被“维稳”羁绊，束缚了手脚。要清醒地认识到，维护稳定的目的是让人民过上幸福安宁的生活，而非为了“稳定”以致牺牲社会发展。

在社会发展中敢于直面遭遇到的一些问题，也是让社会问题不被别有用心者利用的好办法。

青藏铁路的建设就是一个极好的报道案例。间或有民间传闻说青藏铁路建设破坏了高原生态，甚至在国际上都有反对的声音，分裂分子更是拿这个问题不断做文章。青藏铁路的报道在环保问题上下了工夫，声画兼备的镜头向观众展示了专门留给野生动物的涵洞和高架桥，也反复报道铁路路基修到哪固沙网就用到哪，在路基上还会铺上草，就是乘客在车上的垃圾都会作专门处理等内容。

很快，群众不但不议论了，相反，还不断盼望铁路线再延伸一些，能修到自己家乡，一曲《天路》能广泛流传正是群众心声的表达。

由此看出，应该重新审视“维稳”与媒体的关系，一旦能从辩证角度去认识“维稳”工作，相应地，对电视媒体的管理方法也会发生变化。

“维稳”的根本目的是为了发展。要从客观、专业的角度区别“维稳”问题和“社会”问题，并正视这两者不时会交错，形成我中有你、你中有我的状态。我借个别“敏感”题材，重新审视“敏感”问题的范畴，也借此深化一个论点：民众生活中的部分“敏感”问题恰是媒体该勇于直面的问题。良好的沟通和对话有助于化解社会矛盾。

管理者本身要用发展的眼光看到，电视作用于社会的发展，就必须要成为敢于直面社会问题、敢于揭示真实生活、敢于面对矛盾的舆论“战场”。要了解受众的需求，有的放矢，而非把媒体仅仅演变成“光荣榜”和“政绩栏”。在做好宣传性服务工作、营造和谐社会的同时，要转变认识——意识到回避问题往往会导致问题的滋生和泛滥。

半个多世纪发生在西藏的一切证明了，西藏之所以能结束黑暗的“喇嘛王国”统治，向着光明行进，依靠的是新中国的建立和中国共产党的领导，其基础是西藏各民族对党和国家的拥护。我们党应该有充分的自信、智慧和更开放的态度面对种种导致社会不稳定的因素，要充分相信过上了好生活的民众对党、对国家的感情，他们会充当“反分裂”的主力军，维护西藏的和平安定，打击排斥一小撮不成气候的分裂分子。我在访问农牧民期间多次看到国家领导人的画像被他们供在谷仓中，而我所访问的家庭全部都贴有四代领导人的画像——农牧民用这样朴实的方式表达了他们的爱国之情，少数分裂主义者的行径也为他们所不齿。

图 4—8　西藏林芝农民家张贴的领袖像

可以肯定地说，西藏电视台的节目构成、话语形态与其背后的意识形态管理关系密切。管理者如何在网络时代对待电视传播是影响行业队伍建设、观念改变、宣传水平提升的关键。即使电视媒体的直接管理者短期内不能给媒体放权，适当的观念更新也会提升媒体的整体传播水平。

当下，随着网络的普及，自媒体也在不断发展，管理者会遇到越来越多的信息管理问题，比如微信上的言论传播，如果说电视还是可以控制的话，那么掌控微信等网络信息的传播难度就大得多。在网络媒体前，电视已然跨入了传统媒体的行列，管理者还没有从管理电视的难题中回过神来，微信等传播方式又扑面而来。我在访谈中接触了多位不用微信却管着宣传口的管理者，他们不用微信的原因之一是“信息太多了，没有办法分辨，干脆就不用了”。

这样连“体验”都惧怕的思维让人忧虑——连十岁的孩子都开始接收和频发微信了，生活中各种矛盾也在微信的朋友圈中辐射传递开去，在这样的话题思维下，适当的引导、多种媒体的联动传播是社会信息管理的有效手法。比如，微信中的假消息可以通过电视节目辟谣，主流媒体也有必要开微信公众号，引导舆论。

最终，惧怕“体验”的管理者还是得面临种种网络信息监管问题，晚适应不如早适应，还可以多积累些经验。

4.4.2 内部机制的调整

内部机制的调整涉及频道的定位、人员设置等问题，它是媒介管理的核心。目前西藏电视台在机制上需要面对的主要问题是：

1.“喉舌”功能、市场道路“双轨”并行

目前，西藏的电视媒体一方面要承担“喉舌”功能，一方面还要顾及市场盈利，是双重身份定位。

喉舌功能要求弘扬主旋律，屏幕尽可能“干净”，需摒弃低俗节目，为此，西藏电视媒体多年来都是由财政全额拨款。但是媒体本身并没有限定不能播放广告，尤其是财政拨款数额和媒体收入相挂钩时，广告更加不被限定，这促使西藏电视台这几年在广告上加大工作力度并取得显著效果——西藏

电视台广告收入 2011 年为 8 千万元，2012 年达 1.7 亿元。

为了提高广告收入，一个广告的“贫矿区”把自办节目和影视剧之外的大量时间卖给电视购物、医药广告，一时间，大量的丰胸健乳、增高补钙的广告充斥了荧屏。

政府经费的划拨和广告收入决定了电视台在自办节目及购买影视剧上的投入。作为媒体，电视依然是以内容为王，内容上除语言表述部分外，音乐和画面都是要依靠技术投入的。短短几秒钟的一个片花少则上万元，多则几十万元——投入决定着电视媒体画面语言的品质。

以社会效益为重还是以经济效益为重始终是西藏电视媒体现阶段体制上无法厘清的问题。

以上种种“尴尬”使得西藏电视媒体一直在寻求“中间”身份，结果是在导向上宣传的痕迹重；在娱乐性上，不能满足受众的需求；在服务性上，又不够细致、专业和深入——无论从媒体的哪个功能来说都不能令人满意。

2. 体制制约下的人员运用

人员不足是制约西藏电视台发展的重要因素。日常的工作量和人力的投入不成正比，活多人少，只能靠拉长节目周期或缩短节目时长来解决问题。

表 4—18　1985 年等五年节目时长和人员增长情况

年份	人员编制	日自制节目量	日播出量	年自制节目量
1985	约 70	约 30 分钟	8 小时	约 183 小时
1995	201	约 1 小时	11 小时	约 365 小时
2000	221	约 1 小时 40 分钟	25 小时	约 609 小时
2005	251	4 小时	53 小时 30 分钟	1460 小时
2009	263	5 小时 30 分钟	65 小时 30 分钟	2008 小时

数据来源：西藏电视台提供。

从表 4—18 中可以看出，近 30 年来西藏电视台节目日播量翻了八倍，日自制节目增长了十倍多，但是人员在原有的基础上仅增加了四倍。原来的老员工没有退休的大多都是后勤人员，不在一线工作，真正从事采、编、播的人员也只占总员工的五六成,额定编制的260人中,从事新闻、专题、译配工作的人员不足200人。

参照表4—19,可以看出西藏电视媒体人员缺乏的问题在整个西部地区都显得较为突出。

表4—19 西部八省区人员情况对照表

序号	名称	编制(人)	聘用职工(人)	合计(人)	语言
1	甘肃电视台	820	340	1.160	汉语
2	广西电视台	700	450	1,150	汉语
3	青海电视台	480	285	765	藏、汉
4	新疆电视台	1,000	460	1,460	维、哈、汉
5	内蒙古电视台	780	420	1,200	蒙、汉
6	贵州电视台	780	552	1,332	汉语
7	陕西电视台	760	640	1,400	汉语
8	西藏电视台	263	262	525	藏、汉

数据来源:西藏电视台提供。

不足人员需依靠招聘人员补齐,人员工资支出带来的压力、财政拨款不足部分又需要依靠广告收入填补。

一些在行内工作十多年的员工,受体制之限,始终是聘用员工的身份,他们的工作质量无论怎么让人称道也只能拿编外工资,而体制内的员工就是不干活也可以一分钱不少地拿工资。

以上种种情况都阻碍着事业向前发展。体制上不加变动,要引进人才或调动人员的积极性就变得极其困难。

"软实力"不改进,即使国家不断投资,盖高楼、投硬件,设备上和任何一个省区都可以比肩,节目的质和量也仍然无法与其他省区相提并论。

3. 专业水平的提升

21世纪的竞争是人才的竞争,依照现在西藏的电视人员结构却很难形成竞争力。

西藏电视台的一份内部资料上对人员情况的评价是:"我台编辑、记者队伍大部分人员虽受过业务培训并具有相关专业的学历，但因缺乏与同行，特别是与发达地区同行的交流、沟通，加上对全国电视新闻业务发展状况不够了解，信息相对闭塞，在自身业务水平和工作认识提高上受到阻碍。另外，西藏电视台采编业务各个岗位上有大量招聘员工，这部分人员大多没有受过专业训练，缺乏电视业务理论知识和对电视业务的系统了解，只能在实际工作中逐步认识和掌握。"

西藏台现有的人员结构为全台在编职工 260 人，其中研究生 16 人，占全台正式职工总数 6%；本科 106 人，占 40.8%；大专 84 人，占 32.5%；中专以下 54 人，占 20.7%。聘用职工 271 人，聘用职工占全台职工总数的 50.7%，其中本科 12 人，占全台聘用职工总数的 4.1%；大专 73 人，占 26.9%；中专及其以下学历 186 人，占 68.6%。这样的人员结构要应对两个上星频道、一个城市频道每天近 60 小时的节目播出量，因此，只能把最有能力和经验的人员放置于最重要的岗位，此外只能保证有节目播出，很难再在节目质量上下工夫。

包括新闻稿件的写作都有太多专业问题需要解决。我随机翻阅了一篇 2012 年的新闻稿《"五一"期间我区接待海内外游客 10 万人次》，稿件全文如下：

> 导头：今年"五一"期间，全区共接待海内外游客 10.2 万人次，比去年同期增长 12%。
>
> "五一"假期，正是我区春夏交替之际，宜人的气候，优美的景色和众多旅游观光景点吸引了国内外游客来我区观光旅游、休闲娱乐，使我区旅游业呈现出一片火热景象。
>
> 今年是我区实施旅游倍增计划的第一年，做好旅游旺季的游客接待工作(删除)，由于我区旅游部门做足了旅游旺季的各项准备工作。"五一"假期，我区个旅游景点都呈现出游人如织的场景。在享誉国内外的旅游景点布达拉宫入口处，每天更是排起了等候参观的游客长龙；罗布林卡、八廓街也迎接着一批批来自各地的游客；刚刚开发几天的天湖纳木错景区，虽然湖面的冰还未完全褪

去,但游客们已经按捺不住兴奋向往的心情,一波波前往纳木错,欣赏这里独特的景致;在西藏博物馆,《世博回眸》大型展览每天也吸引着各地游客前往。

据不完全统计,“五一”假期,全区供接待海内外游客 10.2 万人次,比去年同期增长 12%,实现旅游收入 1.16 亿元,同比增长 13.8%,我区旅游市场呈现出节节攀升的态势。

我录入的这篇稿件是随机翻取的自采新闻稿件(大量报社的稿件文字尚可),我在录入时连标点和错别字都没有动。这一篇稿件有太多专业上的问题,尤其是新闻的核心段落文字累赘不说,核心的新闻事实没有一个是具体细节,不用去现场采访,打个电话问旅游局几个数据完全就可以写成这篇稿件。

这样的稿件送到编辑部,除标注出删除的那一句外,编辑没有动一个字就播出了。

正是因为人员专业水平不够,近年来,西藏台建立了人才引入机制,但是因为体制和发展平台的问题往往又留不住人。

人才的培养不是一朝一夕能解决的,要想在专业上整体有所提升,无疑要建立长效的人员培训机制,提高专业人员的政治、专业、文化素养,唯有此才能为电视行业的长远发展夯实基础。

4. 节目运作机制

西藏电视台现有管理制度中缺乏激励机制,现有人员的积极性未被调动起来,且人员不足的现实使得节目基本上是在保证量的播出,还未到提高质的层面,由此,基本上只要不触及敏感话题,栏目工作人员做什么播什么。即使是同一个选题短期内改头换面再播出都会顺利通过审核。

在人力适当补充的前提下,西藏电视台在管理上需要进行调整,建立并严格执行审片制度,保证播出节目的品质。

因此,应建立选题策划制度,在每一个选题落实到拍摄层面之前都有论证,杜绝选题重复拍摄和盲目拍摄,进行有指导的拍摄。

现行的节目运作流程是(见图 4—9):

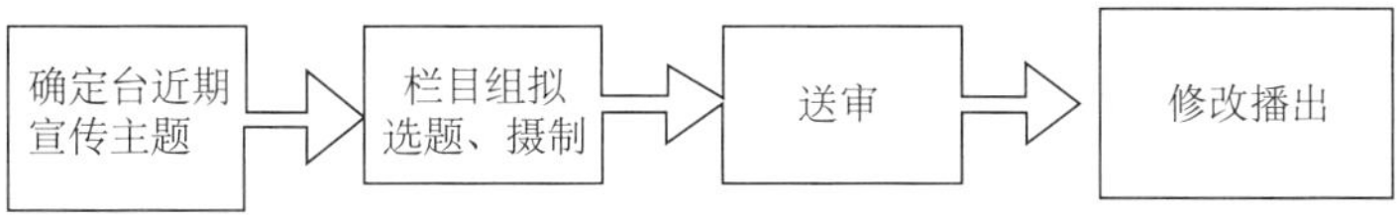

图 4—9　西藏台现有栏目制作流程

审核人员在播出前审看的节目是本期播出的唯一候选节目，无论质量如何，为了不开天窗，都只能提出修改意见后播出。各个栏目组的选题很可能重复，但栏目之间不沟通，很难在播出前发现问题。

管理上需将整个频道纳为一盘棋，统筹部署，节目制作流程上有多种可选方案，图 4—9 是我列举的其中一个方案：

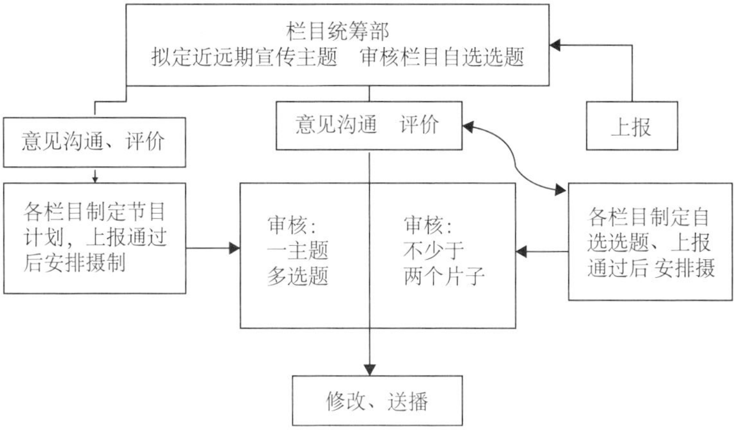

图 4—10　建议栏目制作流程

在这样的模式中，每一个选题都会被监管，在整体策划中推进，被纳入了全频道的宣传部署中。这种模式避免了选题重复之类的问题，播出前的审片不会没有选择。这样的节目机制有效地加强了对栏目的贯通，能提升频道整体的节目水平。评价机制在节目监管的同时加以实施，打破了“吃大锅饭”的局面，能激励员工发挥积极性。

4.4.3　提高受众的文化素养

第五次人口普查时，西藏的文盲人口还占有相当大的比例。我了解到乡村的村民没有阅读习惯，即使是学会了认字也会很快忘记。阅读能力造成了报纸在乡村的弱传播效果，但这个问题也同样值得电视媒体重视。农牧民文化素养提高不明显也会直接影响到他们对电视节目的理解，继而会进一步影响到他们下一步生活品质的提高。目前的认知水平让农牧民能理解通俗易懂的内容，但略深一些的内容，包括农牧业技术讲解中稍微复杂一些的内容，他们理解起来都有难度。

也就是说，如果农牧民的文化素养总是停留在现有水平上，要提升他们对生活中各种事物变化的认识也会成为难点，知识结构也将决定他们获取信息的能力和改变生活的能力。

提高乡村受众的文化素养在强化系统教育的同时，还需要对现有的文盲半文盲人口展开持续不断的扫盲工作，营造乡村发展重视教育的良好氛围，提高农牧民的综合素质，唯有如此才能在现有基础上提高农牧民的认知能力和理解能力。

在电视覆盖率如此高的情况下，扫盲教育工作也是电视传播本身应承担的职责之一。唯有和教育相辅相成，才能更好地改善乡村大众传播的环境，使电视实现更好的传播效果，完成时代赋予的使命。

第5章　未来与希冀

当其他各省区电视行业或多或少地受到互联网的冲击，受众被多元传播方式分流之时，西藏的信息传播还是由电视主导着。这是由西藏现阶段经济、教育发展水平决定的，但是这样的局面随着整个国家的发展和西藏自身的进步会出现改变。在此我对未来的发展作一些展望和分析。

5.1　电视：下一阶段目标

西藏农牧区正处于发展的关键时期。在党中央建设社会主义新农村的重要决策指导下，西藏的基础设施得以改善，对外交流不断加强，特别是青藏铁路的建成和旅游业市场的繁荣为西藏加快发展创造了条件。未来五年，西藏乡村面临更多的机遇，也将面对更大的挑战，而它发展的方向已然确定。在此发展计划中，传统的农牧经济社会要实现向城市化、产业化转变。

对于西藏农牧区这样地域偏远、观念滞后的地区来说，发展就得解决重重困难，不仅仅是地理环境劣势带来经济发展上的困难，也是传统观念和现代观念交互融合上的困难。新的思想、观念要在各种利益博弈的情景中生根发芽并带来新的气象不是短期能实现的目标。

在旧西藏，农牧民的传统观念中，他们生命存在的意义是今生忍受苦难，换取来世的幸福；而现在，当下的奋斗和争取是为了今生的价值实现和生命体验，仅仅是这样一个核心观念的转变就牵连到太多生活内容。未来，在农牧民的生活中从来没有像今天这样被设计、被规划，即使是个体遭遇了困难，他们也能看到希望，感受到来自社会的温暖，而不是充满“孤儿”情绪。

西藏农牧区的主流建设参与者是这些观念有了巨大变化的农牧民。历史背景、现实状况、人员因素等等都决定了西藏农牧区要有独特的发展路径，它可以参考国内其他省份的乡村发展经验，但不能照搬。实现发展也是一个漫长而艰难的过程，在这一过程中，信息沟通和交流始终要扮演社会助推器的角色，而短期内这一角色依然非电视莫属。

5.1.1 乡村发展对电视的依赖

西藏自治区“十二五”时期，国民经济和社会发展规划纲要为乡村描绘了未来五年的生活图景、奋斗目标。在此目标中电视网络的推广建设本身就是一个子项目。它的重要性不止于此，在其他项目的建设和推行中，电视也会起到助推加力的宣传作用，甚至成为项目推广的载体。

1. 多元发展的需求

在商业化大潮不断涌动的今天，乡村的资源转化为产品是农牧民实现富裕生活的有效途径。乡村发展过程中，电视与农牧民的认识改变伴随始终，电视使农牧民了解了外面的世界，知道拿出自己的产品能换取生活需要的物质，能改善生活的状况。同时，电视也教会他们重新审视自己身处的环境，分析哪些内容和项目是可以开发和挖掘的。

对西藏乡村拥有的资源，政府已经有系统分析：广阔的土地、丰富而独有的资源显示出乡村发展的巨大潜力。要使这些资源转变为产品需加大流通，为此政府配套了“万村千家”市场工程农家店项目。这一项目实施的核心目标是增加农牧民的现金收入，争取实现农牧民人均纯收入达到全国平均水平的80%的目标①。在商业化的进程中，农牧民身份会相应转化，不再是单纯的农耕者或畜牧者，也会成为市场的考察者和经营者。

农牧民密切关注电视信息，从电视节目中获知市场的动向，关注每一年

① 西藏“十二五”时期国民经济和社会发展规划纲要中预定的目标。

的赛马会、物交会。在日喀则珠峰文化艺术节的商品交流会上我观察到有一条街都是来自乡村的产品。西藏拉孜的藏刀和六弦琴原本是个人生产的，随着市场需求量的增加，变成家庭作坊生产。根据电视传递的信息，他们也改进了自己的产品，传统藏刀和六弦琴更加注重锋利和音色，而今外观的艺术性也被生产者纳入其中，拉孜的藏刀工艺传承人普达瓦还别出心裁地将客户的名字翻译成藏文，刻印在刀柄上。卖六弦琴的匠人告诉我，每年物交会的时间有些不固定，他们会在差不多的时候收看电视确定时间、地点和程序，以此敲定自己的行程。通过电视新闻的报道，他们的六弦琴早已供不应求了。

一位50多岁的阿妈在农闲时节组织村民织藏被、披肩，由她在物交会时拿去销售。他们通过电视了解到游客尤其喜欢异域风情的产品，在色彩上他们会采用更加鲜艳的染料。

农牧民虽然生长于乡村，但已不拘泥于土地带来的单一营生。集约生产、概念经营都是他们逐渐摸得着边的操作方式了。概念经营中的品牌塑造观念更是来自电视的传播，如民间的顺口溜“拉孜的藏刀、姐德秀的邦典、桑桑的酥油、艾玛岗的土豆”在电视上总结传播后，为产品打开了更加流畅的销售通道，有些产品甚至供不应求，拉孜藏刀就曾经出现了一刀难求的状况。

电视成为打造农牧区品牌产品的重要平台，这个平台作用在现阶段只能更加强化而不能削弱。对已经成为品牌的农牧区产品要加以营销引导或技术指导，使电视传播的内容不但要实用，还具有前瞻性。电视在多元的乡村建设中扮演的角色已经越来越重要了，它需要为农牧民思维更加灵活、观念更加开放提升宣传品质。

未来，乡村的希望在农牧民自己的手中，资源在他们生活的环境中，政策为他们的发展和建设提供了种种便利。农牧民可涉足的发展领域更宽泛，他们所需要的指导信息种类更加具有多样性，甚至不同地域生产者的信息需求重点都不相同。电视要在农牧区产品商品化的过程中，架起宣传的桥梁，对那些已经成为品牌的农牧产品提供更优质的信息。

在上一阶段中，电视成功扮演了有力的说服者，让希望过好日子而不知从何着手的农牧民逐渐有了方向，但是在更进一步的发展中，电视需以更高的节目品质、与市场发展更贴近的信息指导农牧区受众。

拉萨市古荣乡糌粑兄弟的经营发展就是很好的例子。

2000年前后电视刚刚落户古荣乡，电视拓展了村民的思路，达瓦两兄弟带领村民以集体化的方式生产糌粑，并拿去城市中销售，很快村民的生活就有了改善。达瓦两兄弟被称为“古荣糌粑兄弟”，他们带领村民致富的故事成为电视中宣传的乡村致富经验，被推广到更广大的农村地区。

这十多年中，古荣村也就是产青稞、卖袋装糌粑，没有在产品上再作进一步拓展。而市面上已经出现了糌粑饼干、青稞饭，就算是销售新鲜糌粑都有真空独立包装的了。我2011年回访糌粑兄弟时，他们说在城市里他们已经看到种类不同的糌粑产品，觉得自己观念落后了。他们认为他们的认识和眼界决定了他们没有办法想得更多。他们依赖的信息渠道依然是电视，电视信息却已经不能满足他们的需求了。能提供更多信息，拓展他们视野是电视媒体下一步发展的关键。

对农牧区的生产、经营者来说，如果电视信息不能提供这样的学习窗口和资讯服务，短期内又无法找到替代的信息传播平台，他们就会转而依靠别的渠道，这对他们现有的知识和能力来说都是挑战。

2. 覆盖更广的需求

在下一个五年中，电视仍然是不可替代的大众传媒，与农牧民的理解力、教育程度更为相契的依然是电视——教育发展会逐步让农牧区的第二代、第三代识文断字，具有接触新媒体的能力，但是老一辈的文化水平基本上会保持现有的状况，很难逆转他们与电视接触的习惯。越是偏远的地区，提高教育的需求就更迫切，电视要承担的职能就更加鲜明。

“十二五”经济发展目标中电力的人口覆盖率目标是从80%提升到95%，随之，电视人口的覆盖率也要从91.4%提升到95%[①]。提升电视覆盖率首先要解决基础面的收看问题，让最广大的受众通过卫星地面接收器直

① 数据来源：西藏自治区“十二五”国民经济与社会发展纲要。

接收看电视节目,继而扫除死角和盲区,解决偏远地区的覆盖问题。

除了上星卫视之外,基层电视台需要依托电信光纤和有限网络开始拓展他们的覆盖面,而不仅仅把城区的收视群体作为目标受众,靠近城区的农牧民也能接触到本地的电视频道。这些基层的电视频道节目内容与他们的生活更加贴近,更能满足他们的信息需求。

在社会主义建设中,我们党提出了要让全社会共享发展成果,其实电视本身就是社会发展的成果之一,而以电视为载体,党的政策、各种知识类的信息、令人愉悦的娱乐节目更是我们这个时代的精神成果,社会有义务让生活在国家任何一个村落的民众共享电视传播及以电视为载体的精神成果。

5.2 前路:新媒体进入乡村生活

虽然现阶段电视依然是西藏乡村生活的媒介主角,但这并不意味着新媒体的触角不会延伸到乡村。

西藏曾经历过被世界科学技术滚动的车轮远远抛在后面的历史阶段,那已经随着“喇嘛王国”政权的终止而成为记忆。新生的西藏受惠于国家政策,社会发展、民众安居乐业,新事物、新科技也不断地出现在人们的眼前。网络、手机媒体等20世纪人类文明的重要产物毫不滞后地现身西藏,让西藏各族民众享受着与世界科技接轨的同等文明。

单就互联网而言,1995年后,西藏依托于国家的扶持,与其他省市同步开始建设互联网平台,历经20年,取得了显著的成效。数据显示,2010年,西藏网民增速排全国第一,已达81万,增长率达52.7%①,半数以上的城市家庭拥有电脑。

在西藏乡村城市化的进程中,互联网必然会从城市延伸到乡村,如此一来,乡村会和城市一样被电信网、广电网和互联网同时覆盖,各种新媒体会在乡村出现。

国家正在大力推进的“三网融合”将会在西藏乡村有超乎人们预想的发

① 数据来源:第27次互联网统计报告。

展，这样的发展会使乡村生活发生前所未有的变化。

5.2.1 乡村个体与新媒体

乡村青年是率先接触新媒体的群体。这些青年受过现代教育，有在城镇中读书的经历，喜欢包括游戏在内的网络新事物，网络上的歌曲对他们的吸引力也很大。我访问林芝鲁朗扎西岗村的嘎玛家时嘎玛就和我们谈起网络。嘎玛从18岁的儿子巴桑处听说了网络，巴桑在附近的乡镇读书时偶尔会到网吧上网，学校的老师也会普及一些简单的网络知识。嘎玛接待南来北往的客人，也常常被问及能不能上网。嘎玛认为合适的时候他们家会买一台电脑，解决上网的问题。但是据村民们说，本地在作旅游开发时，有政府部门嫌碍事，把所有的光缆砍了运走了。我问巴桑，如果有网络他会不会在网上宣传他们家的家庭旅馆？巴桑的答复是：会！

电脑因其价格昂贵，在乡村中推广有难度，但手机是在乡村越来越普及的终端设备，用它来上网减轻了经济上的压力，更为乡村青年所接受。全国农村的情况也是如此，统计数据显示，在2012年刚开始上网的新网民中，农村网民比例达到51.8%，这一群体中使用手机上网的比例高达60.4%。[①]

我在乡间见到几个酷爱用手机听藏语流行音乐的青年，他们听的歌曲是到网吧下载的。他们的手机中还装有QQ之类的聊天软件，不时会和朋友通过网络沟通，他们也会拍摄自己的照片放在网络空间中，彰显个性。

这些青年的社会认知能力、活动能力远强于父辈，他们人数虽然还不多，但显然是未来乡村建设的领军人物。

在其他省市的农村，尤其的东部发达省区，农民拥有电脑率达到80%以上，上网销售农产品或发布旅游信息在我国东部地区的多数农村已经比较普遍。[②]

国际上，网络在乡村的运用也早已不是新鲜事了。在印度，网络在乡村被广泛运用，他们在偏远乡村的教学中使用网络教育，降低了教学成本，扩大了知识流通的空间，延长了信息存在的时间。他们的乡村也建立了多个

---

① 数据来源：《第30次中国互联网络发展状况调查统计报告》，2012年7月19日。

② 王德海主编：《农村发展传播学》，中国农业大学出版社2012年版，第256页。

上网点，由专人负责帮助乡村居民在网络上发布或查询信息。

在信息飞速发展的今天，我认为网络也会在西藏乡村逐渐普及开来，不仅仅会成为农牧民娱乐的工具，也会为他们改变生产、生活发挥作用。

事实上，这样的情景已经出现了。从乡村到拉萨做小生意的藏族残疾姑娘卓玛就在网络上发微博推销她的商品，虽然她运用汉语还不是那么流畅，但是能清楚地表达她的想法，配上她小店中和几位残疾朋友一起缝制的藏式手工艺品，她的微博引起了大家的关注。

网络世界带给人们的是相对平等的信息交流平台，虽然名人身份会在网络的虚拟空间中更有感召力，更能引起粉丝的关注和回应，但是每一个普通人在网络空间中都能发言，都能展示自己的生活。

对网络运用更为自如的是西藏的僧人。能出家当僧人多少都是有文化、读过一些书的，在寺庙他们也会有更多的课程增长知识。如今即使是生活在偏远乡村的一些僧人也时常在网络上发言。

他们在网络上传播佛教知识、分享人生感悟、教化民众、拓展自己的话语空间。网络上也出现了不少僧人微博"明星"，如加措活佛的微博粉丝有 205 万，索达吉堪布的微博粉丝有 98 万。[①]

最新锐的传播方式以其超强的感染力逐渐向乡村蔓延，目前它在西藏乡村的功能发挥相对有限，但是前景可观。随着新一代乡村青年的成长，网络在乡村终会和电视一样普及开来。

5.2.2　媒介建设的远景

1998 年《中国电讯产业发展报告》中首次提出了"三网融合"的概念，十多年中对这一概念的落实和推进历经波折。目前，NGB[②] 模式的网络建设让我们看见了"三网融合"的一线曙光。在这一线曙光的照耀下，西藏乡村的媒介远景也将发生实质性变化，互联网终将走进农村，为村民获取信息带

---

① 2013 年 2 月 19 日统计数据。

② NGB(Next Generation Broadcasting Network)，即中国下一代广播电视网，是由科技部和广电总局联合组织开发建设，以有线电视网数字化整体转换和移动多媒体广播电视(CMMB)的成果为基础，以自主创新的"高性能宽带信息网"核心技术为支撑的下一代广播电视网络。

去更多选择。

西藏的发展要看乡村的发展，乡村的发展要依赖于信息化，信息的传播要达到“授人以渔”的目标。无论技术上采取哪一种路径，终极的目标都是实现用互联网信息去推进农村的现代化进展，为农业、农村、农牧民架起致富的信息桥。

互联网在西藏乡村的运用将极大改善电视信息内容少、缺乏交互性等问题。西藏乡村的农牧民可以通过互联网和农技专家沟通（文字、语音皆可），解决现实生产中的难题；也可以自主学习新技术，目前互联网上远程农业技术课程覆盖了农药、生物肥料、园林花卉、瓜果蔬菜、特种养殖等多个种类，有视频也有文字资料；互联网还将实现农牧民生产与销售挂钩推销，为农产品走向市场打开信息通道。

网络时代，信息资源极大丰富，不会使用网络或没有条件使用网络的乡村人口处于“数字鸿沟”的另一端，是网络革命中的“数字贫困”人口。要让农村信息化“叫好又叫座”，首先就要利用各种各样的应用服务，让农民获取有用的涉农信息，直接帮助其生产和销售，让农民“想用”互联网，而在“想用”之后，还得“能用”“易用”，改变电视在乡村一家独大的状况。

乡村青年介入网络生活是在乡村普及网络的基础，是“软件”的改善，乡村的新一代识文断字，乐于接受新事物，未来乡村面貌的改变得靠他们的突破与创新。

在硬件连通上，网络进乡村还有一段距离要走，但是目前西藏部分地区已开始相关的实践了。拿西藏昌都地区来说，该地区已开始将双向数字电视信号接入部分农村家庭，这些家庭已经能收看上百个电视频道，下一步，在技术上加以调整，这些家庭就能率先享用互联网信息了。

通过信息化建设，西藏农牧民的生活品质将缩短与城市的差别，在物质、精神文化产品享受、人际交往沟通等方面会更加对等，将成为我们所构想的社会主义新农村。要实现这一目标，根本的难点还在于农牧民自身素质和文化的提高，只有他们具备了相应的技术知识，才能更好地利用互联网信息。目前，互联网本身的建设和延伸，是提高农牧民文化素质的手段之一。基于这样互相制约、互相促进的关系，乡村互联网建设推进的步伐会加快，在不久的将来，靠近城市的乡村会成为第一批能上网的乡村。

5.3 期待：融合、弘扬与突破

无论是电视这单一媒体加大覆盖、扩展和深化传播内容，还是通过“三网融合”进入受众生活中，让受众收看到更加丰富的视频节目，都要面对“内容为王”的传播语境。

电视落户农牧民家庭，提升了受众的思想深度，扩展了他们的视野，培养了他们更高的审美情趣，受众对电视的要求也越来越高。西藏电视媒体的内容直接影响着西藏乡村受众对外界的认识。面对多家电视频道“百花齐放”的多种节目类型，西藏本地的电视节目内容却显得单薄，表达方式显得拘谨、陈旧，日渐不能满足接受水平不断提高的受众需求。在上一章节中，我在短期内的改进方式中已经分析了相关的一些问题，在长远的发展中需有一些深挖和突破，这是本地电视媒体下一个阶段改进的目标。

5.3.1　电视需改变农牧民的“他者”心态

有一句广告词说，“心有多大舞台就有多大”，“心”的大小某种程度上取决于认知的深浅、宽窄。认知是对作用于人的感觉器官的外界事物进行信息加工的过程，它包括感觉、知觉、记忆、思维等心理现象。培养认知很大程度要依赖于教育和见闻。西藏农牧民空间迁移能力弱，很多人不但没有去过其他省区，连去拉萨的机会都是有限的，他们对外面世界的认知主要靠电视传递的声画信息。丰富的荧屏内容让他们见识到千里之外的景色、不同的生活方式、不一样的思维形态。但观看这些内容的时候，他们常常会认为看他人的生活是和自己没有关系的，自己是局外人。

依照人类文化学的研究，文化差异和弱势民族心态都是产生“他者”心态的原因。

改革开放后，对农牧区发展全方位的提升涉及政治、经济、文化、教育等多方面。始终保持“他者”心态是由于在民族心理上没有实现恰当的转变，过于固守自我意识和本土观念。对此不加以改善，就很难让一个民族真正融入大家庭的概念中，也难以让一个民族真正突破地域的局限走出去，实现超越发展。

改变乡村受众“他者”心态虽然要经过政治、经济、文化多方面的交融才能起到质的变化，但是观念上离不开媒体的作用。西藏本土的电视频道是本地受众观念形塑的主角，它的内容品质影响着其受众的视野。

当5·12地震、奥运会、舟曲泥石流、房限、反腐等主流话题出现在国内其他电视频道时，每一个省台都用较多时段加以报道，并联系自己省区的关联点加以深解，西藏本地媒体只是用很短的时间报道了一两个专题，基本脱离了需要“共同关注”的报道话题，依然沿袭着自己固有的方式说着既定的话题。

媒体“漠不关心”的态度必然会影响受众的态度。在大多农牧民受众的思维中，那些没有发生在自己生活中的事情就是无关的，很少谈及。

缺少宏观和广阔视野的报道内容是未能很好实施民族团结、融合传播的表现。民族融合和团结的宣传被简单定义在生活中互相帮助、省市间经济上互相支援等选题上了，未能体现出整个西藏的发展实际上是中国发展洪流中的一股激流这样的状况，也没能站在西藏各民族和兄弟民族需要同呼吸、共命运的高度进行传播。

民族特性和文化之间必定是有差异的，但也不乏相同之处，共同主体中的各种问题更是大家共同要面对的，平衡异同内容报道量是一个技术性的工作，既要审度大局势，也要加深自我认知。关注评述省外的大事，并让自己的受众移情于此，也是一个媒体报道水平和能力的体现。要让农牧区受众逐渐脱离本位意识，更好地融入社会和国家的发展洪流中，有更开阔的视野，有更博大的胸襟，也能关注、帮扶其他民族、其他地区的发展，这与媒体的话语设置、引导教育不无关系。

2013年中央电视台的一位专业人士担任了西藏电视台台长这一职务，眼下，西藏卫视年广告收入已上亿，如何实现“走出区门、走向世界”的理想，把自己锻造成为大气的媒体还需逐步提升软硬件质量。

5.3.2 乡村民间记忆的保存和弘扬

目前，西藏城镇化率已经达到了25%，下一个目标是向30%推进[①]。城市化一路高歌猛进，改变了乡村的面貌，让农牧民生活于现代化的便利中，同时，它也让无数存于乡间的文化遗产、民间记忆加速消亡。对于保存有价值的民间文化，有着影像传播优势的电视媒体无法推托自己的职责。

在社会的剧烈变革中，如若失去文化根基，我们的精神将陷入无落点的隐痛中。电视在民间记忆的保存和发扬中能做什么呢?

在以往的节目中，我们见过一些民间记忆承载者，他们是某种技艺的保存者。但他们的出现或是应某些演出的需求，或是表达对政府实施的传承人工作保护的赞誉，很少有系列节目完整地保存他们的特殊技艺。电视媒体能够提供给他们的常态生存空间也不曾开辟出来——如曲艺是中华民族的精粹，电视屏幕中有曲艺者的生存空间(如中央电视台的戏曲频道)，曲艺表演者在民间的经营项目也拓展了存续空间。而藏戏、说唱艺术、热巴、弦子这些藏族民间文化的精粹却逐渐消失在人们视野中，年节时才能和想念他们的观众见上一面。

如何弘扬民族文化? 不能仅靠一年一两台晚会来实现，况且很多民族文化不能靠歌舞的展现，而是有更复杂的工序，如绘画、建筑艺术等。这些文化艺术传承也不能靠新闻的零碎报道。

而今，给民间文化提供展示空间的多为风情节目，缺乏系统性和文化深度。要真正将民间文化传播打造成电视内容的特色板块，需要重新认识民间的记忆，并加以专业策划。

同时，我们也要看到，对民间记忆的保存和发扬不仅仅是藏族地区电视媒体需要思考的问题，也是所有少数民族地区电视工作者应该思考的问题。文化多样性是我们国家的魅力所在，这样的魅力要有持续性须给民族文化腾挪出更大的展示空间。

目前，非物质文化遗产的申报和审批工作在西藏持续开展，借这样的好

---

① 数据来源：西藏自治区“十二五”期间国民经济和社会发展纲要。

时机,我相信仅对非遗项目进行系统拍摄、展示就是对民间记忆的保存和发扬。

5.3.3 电视舆论监督功能的实现

西藏电视媒体多年的传播重点在于舆论引导,这一点也是极其显著和成功的。在此节中提及的舆论监督与第五章中"对负面事件的关注"有一定的差别。我认为对负面事件的关注,短期内电视媒体适度放开就可以实现,而此处提及的舆论监督是未来实现的目标,是更高一级的舆论监督,即每天针对政府公务和公权力实施的监督。

民众的意愿是政府能以开放的、正确的态度面对舆论监督,让媒体能实施舆论监督。适当的舆论监督有利于保证社会良性运作,能让政策执行更加透亮。

我之所以一再强调这一话题的原因是,网络发挥的功能已经越来越大,即使是电视媒体不播报的内容,网络上也会流传多个版本。相比于网络信息,电视媒体的公信度更高。在网络时代,如若电视总是不能实现舆论监督功能,随着社会的发展,民众民主意识的提高,网络会成为监督的另一信息场域,而电视无疑会在这方面失去人心。

随着农牧民物质水平和文化素养的提高,他们终究会开始使用网络表达他们的意见。现阶段,电视需开辟出这样的话语空间,为社会稳定、经济发展作出努力。唯有这样,我们的社会也才会更美好,西藏的发展才能更迅速。

结 语

在学界和业内广泛讨论新媒体技术运用下，传统媒体如何博得一席之地时，西藏乡村依然是电视独大，农牧民更多时候面对的是电视单向传播营造出来的媒介环境。

在西藏乡村的每一个家庭中，电视潜移默化地影响着人们的婚恋观、衣着方式，甚至为家庭经济的发展提供决策性指导。当一位藏东的农民看到后藏乡村广泛使用农机设备开始耕作的信息时，他会思考这样的生产方式是否适用于他的生活环境，如果适用，他会专注于如何获得农机设备的信息，并将此作为阶段性的目标来实现，当他作出这样的决定时，他早就是电视新闻节目的忠实粉丝了；当一位后藏乡村的女性鼓足勇气拒绝家庭的安排，不愿同时嫁给几个兄弟时，她已经看过多部爱情片子，有了追求人生幸福的概念；在父母赞许的眼光中，着迷于动画片的孩子们说着流利的汉语相互交流时，西藏乡村的未来必定是信息来源渠道更多，人们的思想更加开放，藏族同胞更易于与其他兄弟民族沟通。

短期内，电视在西藏乡村的重要位置无法替代，1996 年第一次农村经济工作会议就明确提出农村信息化的概念和建设方向①，电视在西藏乡村的普及和推广，毋庸置疑是乡村现代化、信息化的重要环节。乡村的综合传播条件决定了目前的西藏乡村信息传播阶段性的建设目标是完成电视的广泛覆盖，在落实覆盖问题的同时，节目内容改进、话语表达形式都需要根据不同

① 《全国农村经济信息工作会议在京召开》，《农业图书情报学刊》1996 年第 4 期。

频道(节目)的定位加以明确。

作为西藏的主流媒体,西藏电视台的传播要兼顾境外观众、国内其他地区的观众和西藏本地的观众,不仅需要树立西藏的形象,展示西藏沧海桑田的巨大变化和西藏人民的幸福生活,还要展现西藏壮美的山河和独特的民风民俗,同时也要担负舆论引导和新知识创新扩散的功能。多类别传播对象和多重宣传任务使得西藏电视台的确在节目定位上更为复杂。为了更好地服务广大藏族受众,1999 年西藏电视台藏语卫视上星分频播出,西藏地区的农牧民观众可以收看到本地的两个电视频道,对农牧区实施信息传播的基础条件更加坚实。

面对相对静止、偏远的西藏乡村,传播覆盖面不断扩大的西藏电视媒体有责任和义务用更恰当的传播内容和形式为农牧民提供更多的经济生产信息,减少乡村贫困和城乡信息鸿沟,提供更多的精神文化产品,满足农牧民的精神需求,促进农村政治和乡村治理。一切传播过程应该注重沟通,聆听农牧民的心声,认真对待他们的节目需求,由此,就得改变惯用已久的“宣传体”,重视受众的反馈。要较为清醒地认识到,即使是农牧民受众已具备了基本的媒介素养,随着社会发展、生活进步,他们对电视媒体传播必然会提出更高的要求,为满足这些要求,无疑需要传播工作者加倍努力。

农牧民亲切地称“锅盖”为“党中央”,是这样一个小而可爱的设备联结了政府和他们的生活。从某种程度来说,在他们眼里,通过“锅盖”传输来的电视信息是政府的代言人,他们的困惑和愿望是否能在电视中有所反映,意味着政府是不是了解他们的生活。念及高山峡谷和茫茫草原上目光热切的观众,就不能不对西藏电视媒体寄予更高的希望。

“技术是把双刃剑”“现代化既能带来进步也能带来社会病理”——早在上世纪就有大量的著述论证电视对人们生活产生的种种负面影响,这样的观点一直也都存在。对于电视进入西藏乡村也不乏争议,但我认为,说电视传播对西藏而言是“民族同化”“文化灭亡”,无疑是荒诞言论。在全球信息化的进程中,不论是谁,不管是出于何种目的,都没有权力阻断一个努力发展的民族融入时代进步的潮流中。电视在西藏传播的三十年,给西藏带去的是繁荣与进步,对西藏发展的促进和推动十分显著,值得深入研究,研究的目的是便于在已取得的成绩上再实现突破，推动西藏的持续发展。

我在前人研究的理论上，通过实证调查，尽可能地展示电视对西藏乡村的影响和重要性，并从电视管理、生产的角度提出了一些建议。我在绪言中已提及，对于西藏乡村的媒体研究从文本和节目生产角度的研究比较多，而从受众改变的角度的研究比较少，我从确定课题研究方向之时就不断遭遇各种缺乏参考资料的问题，为了解决这些问题，我采用了更接近于社会学和人类学研究的田野法，深入到青稞地和牛毛帐篷中，获取第一手的资料。这是我研究电视媒体传播效果的初级阶段，在现在的起点上，通过未来的学习和钻研，我希望更透彻理解和阐述一些在此研究中浅尝辄止却需深究的部分。

在后续的研究中，我还将有所拓展：

1. 采用更为科学的实证研究法。我作为藏族人，在研究中没有语言、风俗等隔阂，易于获取第一手资料，要尽可能发挥优势，加快速度解决从实践领域转入研究领域后积累不足的问题，将现象研究提升到理论的高度来操作，包括采用更合理、科学的研究方法。

理论和实践相结合的问题也是我在学习和调研中思考较多的问题。在整个学习阶段，我常常面临的学术氛围是“学必西方、言必经典”，虽然拓展了思维，开阔了眼界，但带来了“不接地气”的困惑。西藏现阶段的发展有其独特性，无法照套其他地域的模式。我现阶段所做的研究样本收集和基础积累的工作只能是为以后的研究打一个“底色”，尽可能在学习经典的基础上敏锐且前瞻地探询一些问题。

2. 关注更多的农牧区发展问题。西藏与印度接壤的边界就有近 2000 公里，散落在边界上的村庄面对的信息环境更为复杂，我所研究的电视在西藏乡村的作用是普遍情况，但在复杂的边境乡村中信息传播还有更多的内容需要探讨。

3. 研究信息传播对宗教认知的影响。宗教认知现在依然是影响受众生活的核心内容，源于宗教的问题也是和电视内容冲突最多的问题，影响民族间交流、认同的也是宗教问题。我的文本中“电视对宗教生活的影响”这一部分更多是观察和少量的访谈，未能更深入调查和交流。问卷中涉及宗教的部分因某些特殊的原因不得不放弃。对西藏媒体的研究若是在宗教影响上未进行深入阐述是不完全的,也是未触及根本的。

4. 重视新媒体在西藏农牧区的发展。“上网”这个词对很多青年农牧民来说已经不是一个陌生的词语了,农牧民青年使用智能手机上网的普及速度之快、人数之多,是我在2014年调研中极为惊讶的一点。而西藏的大部分传统媒体都还没有在网络传播上拓展,更别说媒介平台的交互传播。眼前,作为传播效果最好的电视媒体如何与网络联动,这已经成为一个不能不关注的课题。

电视媒介对西藏乡村的影响既是一个热点问题,也是一个重点问题。一些致力于少数民族社会发展和传播研究的学者行进在研究的路上,不断给少数民族地区的发展开辟新思路、提供智力支持。我希望能加盟这个队伍,能为家乡发展献计出力是无比荣耀的。

附录 1　在藏调查地点图

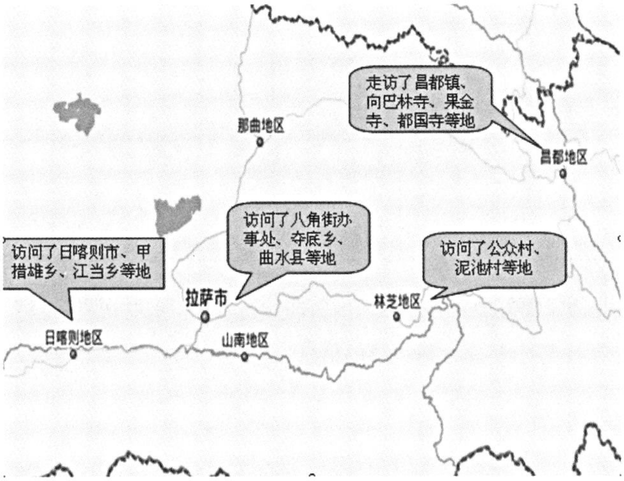

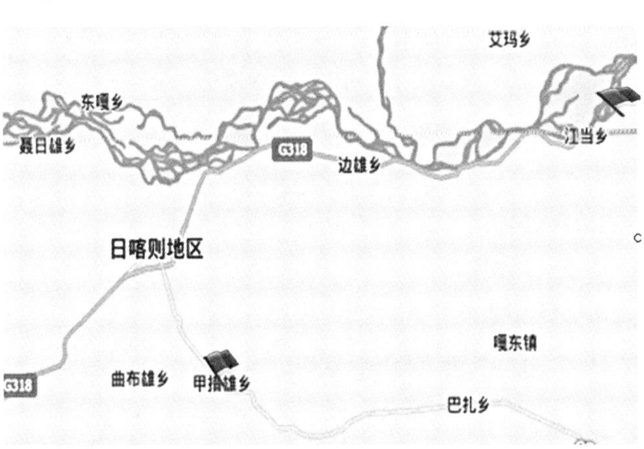

日喀则地区调查村落的地理位置图：标注红旗的甲措雄乡和江当乡，地纳村在甲措雄乡所在地。

附录 2　调查问卷

问 卷 编 号：

受众调查问卷(西藏地区使用)

调查员______________	问卷填写时间
审核员______________	西藏自治区________市________区(县)

此调查只是为了更好地了解西藏地区新闻传播事业发展状况，调查结果仅作学术研究和政策制定参考，不会透露被访人员的信息。

调查内容(第一部分)

A1. 民族：1 藏(　　)，2 汉(　　)，3 其他(　　)

A2. 文化程度：

1. 小学文化程度以下(　　)　　2. 初中文化程度(　　)

3. 高中、中专或中技(　　)　　4. 大专以上(　　)

A3. 藏语听说能力：

1. 能听、说拉萨藏语(　　)

2. 能听懂不会说拉萨藏语(　　)

3. 基本上能听懂拉萨藏语(　　)

4. 听不懂拉萨藏语但能听懂其他地区藏语(　　)

A4. 汉语听说能力：

1. 汉语听说都很好(　　)

2. 能全部听懂但不怎么会说(　　)

3. 能基本上听懂(　　)

调查内容(第二部分)

B1. 您家有收音机吗(答"没有"者跳过第二部分问题,从第三部分问题开始回答)

1. 没有(　　)　　2. 有(　　)

B2. 您家是从什么时候开始有收音机的(没有者不答)

1. 1970—1975 年(　　)　　2. 1976—1980 年(　　)

3. 1981—1990 年(　　)　　4. 1990—2000 年 (　　)

5. 2000 年以后(　　)　　6. 其他 (　　)

B3. 您和您的家人听广播节目吗(答"不听者"从第三部分问题开始回答)

1. 不听(　　)　　2. 听(　　)

B4. 一般什么时候听

1. 干农活时(　　)　　2. 放牧时(　　)

3. 停电时(　　)　　4. 干家务时(　　)

5. 其他(　　)

B5. 您都听些什么广播节目(可多选)

1. 藏语新闻(　　)　　2. 汉语新闻(　　)

3. 藏语歌曲(　　)　　4. 藏戏(　　)

5. 其他(　　)

调查内容(第三部分)

C1. 您家里有几台电视机(只选一项)

1. 0 台(　　)　2. 1 台(　　)　3. 2 台(　　)　4. 2 台以上(　　)

C2. 您家有第一台电视机是什么时候 (没有者不答)

1. 1985 年之前(　　)　　2. 1986— 1990 年(　　)

3. 1991—1995 年(　　)　　4. 1996—2000 年(　　)

5. 2000 年后(　　)　　6. 其他

C3. 您家的电视是否能收到有线电视节目(含数字电视)

1. 能(　　)　　2. 不能(　　)

C4. 您家的电视机可以收看到多少个电视频道

1. 5—10 个(　　)　　2. 11—20 个(　　)

3. 21—40 个(　　)　　4. 40 个以上(　　)

C5. 您每天看电视节目的时间

1. 8:00—11:30(　　)　　2. 11:30—14:00(　　)

3. 14:00—17:00(　　)　　4. 17:00—19:00(　　)

5. 19:00—22:00(　　)　　6. 其他

C6. 您一般看哪种语言的电视节目

1. 只看藏语节目(　　)

2. 藏汉语节目都看,大部分时间看藏语节目(　　)

3. 藏汉语节目都看,大部分时间看汉语节目(　　)

4. 其他(　　)

上一题答"3. 藏汉语节目都看,大部分时间看汉语节目"者从 C7 开始回答

上一题答案选 1、2 者从 D1 开始回答

C7. 您有固定收看的汉语节目吗

1. 没有(　　)　　2. 有(　　)会经常看__________

C8. 下面哪类汉语节目是您喜欢看的(喜欢为"1",不喜欢为"2"在数字上打钩,最多选三项)

序号	节目类	态　度	序号	节目类	态　度
1	法制节目(如《以案说法》《警方热线》)	1　2	9	医药类(如《中华医药》《健康之路》)	1　2
2	评论节目(如《焦点访谈》《新闻视点》)	1　2	10	讲授类(如《百家讲坛》)	1　2
3	自然类(如《探秘自然》《动物世界》)	1　2	11	体育类(如球赛、汽车赛等)	1　2
4	新闻类(如《朝闻天下》《午间直通车》)	1　2	12	农业类(如《致富技术》《每日农经》)	1　2
5	经济类节目(如《今日观察》《生财有道》)	1　2	13	纪录类(如《历史传奇》《发现之路》)	1　2
6	老人节目(如《夕阳红》)	1　2	14	娱乐类(如《快乐大本营》《想唱就唱》)	1　2
7	征婚类(如《非诚勿扰》)	1　2	15	曲艺类(如《曲艺杂谈》、相声等)	1　2
8	旅游类(如《西藏诱惑》《玩转地球》)	1　2	16	汇演类(如《同一首歌》《心连心》)	1　2

C9. 您的家人会和您一起看汉语节目吗

1. 经常(　　)　2. 偶尔(　　)　3. 很少(　　)　4. 从不(　　)

C10. 你们会讨论汉语节目中的内容吗

1. 经常(　　)　2. 偶尔(　　)　3. 很少(　　)　4. 从不(　　)

C11. 你们看汉语频道中的电视连续剧的原因是什么(可多选)

1. 是藏语频道中没有播出过的(　　)

2. 是比较新的连续剧(　　)

3. 内容很精彩(　　)

4. 其他(　　)

C12. 您很少看藏语节目的原因是

1. 听不懂(　　)　2. 新闻信息少(　　)

3. 影视剧新片少(　　)　4. 民生新闻少(　　)

5. 娱乐节目少(　　)　4. 其他(　　)

C13. 您觉得西藏电视台汉语卫视应该增加哪一类的节目

1. 国际新闻(　　)　2. 国内新闻(　　)

3. 西藏民生新闻(　　)　4. 文艺节目(　　)

5. 农牧业生产知识(　　)　6. 老年人节目(　　)

7. 医药常识(　　)　8. 青少年教育节目(　　)

9 法制节目(　　)　10. 其他(　　)

调查内容(第四部分)

D1. 请按喜欢程度的顺序,将下面西藏电视台的藏语电视节目的序号填入横线中(填 5 个选项即可)

1.《西藏新闻联播》______　2.《大千世界》______

3.《飞天旋韵》______　4.《午间新闻》______

5.《午间天气预报》______　6.《午间综述》______

7.《新闻视点》______　8.《故事园地》______

9.《每周艺苑》______　10.《荧屏导视》______

11.《农牧天地》______　12.《明灯》______

13.《对话》______

D2. 您的家里人喜欢看的节目是(可多选):

<table>
<tr><td colspan="8">1.《西藏新闻联播》2.《大千世界》3.《飞天旋韵》4.《午间新闻》5.《午间天气预报》6.《午间综述》7.《新闻视点》8.《故事园地》9.《每周艺苑》10.《荧屏导视》11.《农牧天地》12.《明灯》13.《对话》</td></tr>
<tr><td>a</td><td>父亲</td><td></td><td>d</td><td>儿子</td><td></td><td rowspan="3">备注</td><td rowspan="3"></td></tr>
<tr><td>b</td><td>母亲</td><td></td><td>e</td><td>女儿</td><td></td></tr>
<tr><td>c</td><td>配偶</td><td></td><td>f</td><td>其他</td><td></td></tr>
</table>

D3. 以上藏语节目中的内容您都能听懂吗

1. 全能听懂(　　)　　2. 大部分能听懂(　　)

3. 少部分能听懂(　　)　　4. 完全听不懂(　　)

D4. 听不懂的原因是什么

1. 听不懂拉萨藏语(　　)　　2. 听不懂书面语(　　)

3. 不明白藏语的新词(　　)　　4. 不理解说的内容(　　)

5. 其他(　　)

D5. 您觉得下面哪一类的节目您想看却没有频道或节目量太少

1. 青少年教育节目(　　)　　2. 老年人节目(　　)

3. 医药常识(　　)　　4. 农牧业生产知识(　　)

5. 本地文艺节目(　　)　　6. 西藏民生新闻(　　)

7. 西藏的经济新闻(　　)　　8. 其他(　　)

D6. 现在电视节目中播出的农牧业生产知识对你们有帮助吗

1. 有(　　)　　2. 基本没有(　　)

3. 没有(　　)　　4. 其他(　　)

D7. 藏语农牧业生产知识的电视节目在哪些方面需要改进

1. 节目数量太少(　　)

2. 指出了农村、牧区的问题,但是缺乏针对性指导意见(　　)

3. 节目内容在西藏农牧区用处不大(　　)　4. 其他(　　)

D8. 您认为藏语节目的主持人在主持节目时一定要穿藏装吗

1. 一定要穿藏装(　　)　　2. 可以偶尔不穿(　　)

3. 可以偶尔穿(　　)　　4. 无所谓(　　)

D9. 请根据您的喜好给以下类型藏语电视剧不同的评价

神话及古典作品	如:《封神演义》《西游记》《水浒》《济公》	5 非常喜欢 4 很喜欢 3 一般 2 不喜欢 1 讨厌
历史剧	如:《班禅东行》《布达拉宫秘史》《茶马古道》	5 非常喜欢 4 很喜欢 3 一般 2 不喜欢 1 讨厌
藏族现代题材剧	如:《西藏警察》《康定情歌》	5 非常喜欢 4 很喜欢 3 一般 2 不喜欢 1 讨厌
古装剧	如:《孙子兵法》《大明宫词》	5 非常喜欢 4 很喜欢 3 一般 2 不喜欢 1 讨厌
近代中国剧	如:《橘子红了》	5 非常喜欢 4 很喜欢 3 一般 2 不喜欢 1 讨厌
中国革命史剧	如:《童年邓小平》《亮剑》	5 非常喜欢 4 很喜欢 3 一般 2 不喜欢 1 讨厌
译制片	如:《女奴》《根》	5 非常喜欢 4 很喜欢 3 一般 2 不喜欢 1 讨厌
其他		

D10. 以下连续剧您看过哪些(“看过”在“1”列下打钩,“没有看过”在“2”列下打钩)

节 目	1	2	节 目	1	2	节 目	1	2	节 目	1	2
1.《封神演义》			11.《趟过男人河的女人》			21.《昨天的故事》			31.《闯关东》		
2.《茶马古道》			12.《布达拉宫秘史》			22.《东方 1949》			32.《亮剑》		
3.《康定情歌》			13.《一路格桑花》			23.《家事如天》			33.《金婚》		
4.《班禅东行》			14.《保密局的枪声》			24.《好爹好娘》			34.《潜伏》		
5.《孙子兵法》			15.《笑着活下去》			25.《闪闪红星》			35.《貂蝉》		
6.《大明宫词》			16.《西藏警察》			26.《烽火孤儿》			36.《情债》		
7.《橘子红了》			17.《家庭档案》			27.《新四军》			37.《女奴》		
8.《成吉思汗》			18.《女子监狱》			28.《西游记》			38.《水浒》		
9.《康定情歌》			19.《欢乐农家》			29.《蒋筑英》			39.《济公》		
10.《雪域天路》			20.《快乐生活》			30.《孔繁森》			40.《根》		

D11. 您看康巴语的电视节目吗

1. 看(　　)　　2. 不看(　　)

D12. 您都看康巴卫视的什么节目(回答“不看”者此题略过)

1. 新闻(　　)　　2. 电视剧(　　)

3. 评论节目(　　)　　4. 综艺节目(　　)

5. 其他(　　)

D13. 您看青海台的藏语节目吗

1. 看(　　)　　2. 不看(　　)

D14. 您都看青海卫视的哪些藏语节目(回答“不看”者此题略过)

1. 新闻(　　)　　2. 电视剧(　　)

3. 评论节目(　　)　　4. 综艺节目(　　)

5. 其他(　　)

调查内容(第五部分)

E1. 您和您周围的人中有谁会看报纸

1. 领导(如居委会主任、村长、书记等)

2. 致富能手　　3. 学校老师　　4. 其他

E2. 您周围看报的人都看些什么报纸

1.《人民日报》(　　)　　2.《西藏日报》(　　)

3.《拉萨晚报》(　　)　　4 .《西藏商报》(　　)

5. 其他(　　)

E3. 您或您的家人会上网吗(回答“不会”者跳过 E4)

1. 会(　　)　　2. 不会(　　)

E4. 上网是做什么

1. 看新闻(　　)　　2. 聊天(　　)

3. 玩游戏(　　)　　4. 其他(　　)

E5. 您一般从什么渠道了解以下信息(请在相应的渠道栏中打钩,可多选)

政策类别	1 电视节目	2 广播节目	3 报纸	4 网络	5 开会	6 聊天	7 其他
农村医疗政策							
安居工程信息							
致富信息							

E6. 您认为新闻里面说的事情都是真的吗

1. 全部是真的(　　)　　2. 大部分是真的(　　)

3. 少部分是真的(　　)　　4. 没有真的(　　)

5. 不清楚(　　)

E7. 藏语电视节目中的信息和您的生活关联大吗

1. 关联很大(　　)　　2. 有关联,但是不大(　　)

3. 基本没有关联(　　)　　4. 不清楚(　　)

以下各题所有被访者都需要回答

F1. 您知道下面的领导职务都是谁在担任吗

1. 国家主席(　　)　　2. 国务院总理(　　)

3. 西藏自治区党委书记(　　)　　4. 西藏自治区政府主席(　　)

5. 西藏自治区人大常委会主任(　　)6. 西藏自治区政协主席(　　)

F2. 您知道我们国家有多少个民族吗

1. 55 个(　　)　　2. 56 个(　　)

3. 57 个(　　)　　4. 58 个(　　)

5. 59 个(　　)

F3. 您知道我国国歌的第一句歌词是什么吗

1. 从来都没有救世主　　2. 东方红太阳升

3. 起来,不愿做奴隶的人们　　4. 不知道

5. 其他

F4. 您知道西藏民主改革的时间吗

1. 1951 年(　　)　　2. 1952 年(　　)

3. 1959 年(　　)　　4. 1961 年(　　)

5. 不知道(　　)　　6. 其他(　　)

F5. 您有其他民族的朋友吗

1. 有(　　)　　2. 没有(　　)

F6. 在您生活中汉族人给您留下哪些印象(可多选,在对应的"是""否"栏中打钩,最多选三项)

序号	1	2	3	4	5	6	7	8	9	10	11	12
印象	聪明	勤劳	善良	真诚	助人为乐	能吃苦	傲慢	不够实在	不好接触	自私	有钱	其他
是 1												
否 2												

F7. 您觉得下面哪几个词能代表我们藏族的特点(在对应栏中打钩,最多可选三项)

1	2	3	4	5	6	7	8	9	10	11	12	13
聪明	勤劳	善良	真诚	助人为乐	单纯	好学	喜欢喝酒	懒散	贪玩	不够努力	容易满足	其他

G1. 您知道达赖喇嘛现在生活在哪

1. 美国（　　）　　2. 印度（　　）

3. 达兰萨拉（　　）　　4. 不知道（　　）

G2. 您家有达赖喇嘛的像章吗

1. 有（　　）　　2. 没有（　　）

3. 不回答（　　）

G3. 您家里有佛龛吗

1. 有（　　）　　2. 没有（　　）

G4. 您平时转经吗

1. 每天转经（　　）

2. 经常转经，偶尔有事停一下（　　）

3. 遇到好日子才转经（　　）

4. 其他（　　）

G5. 您转经的原因是什么（可多选）

1. 单纯信仰佛教（　　）

2. 信教，也为了锻炼身体（　　）

3. 信教，也为了和老朋友聊天、喝茶（　　）

4. 其他（　　）

G6. 您一般多长时间去一趟寺庙

1. 每个月都会去（　　）　　2. 有宗教节日时才去（　　）

3. 家里有事时才去（　　）　　4. 其他（　　）

G7. 您或您的家人有没有去过外地朝佛？都去过哪些地方

1. 没有去过　　2. 去过的地方

G8. 您觉得信佛有什么好处（可选 3 项）

1. 今生积德（　　）　　2. 增长福报（　　）

3. 与人为善（　　）　　4. 逢凶化吉（　　）

5. 离苦得乐（　　）　　6. 来世幸福（　　）

7. 其他（　　）

G9. 您相信来世吗

1. 信，一定有来世（　　）　　2. 很难说，将信将疑（　　）

3. 不相信，没有来世（　　）　　4. 其他（　　）

H1. 现在你们家的生活中面临的最大困难是哪方面的

1. 家庭收入低(　　)　　2. 老人就医难(　　)

3. 孩子读书难(　　)　　4. 孩子就业难(　　)

5. 住房条件差(　　)　　6. 其他(　　)

H2. 如果您和家人生活中有什么问题需要反映，你们一般是怎么办的

1. 找上级领导解决(　　)　　2. 找媒体人说(　　)

3. 找亲戚帮忙(　　)　　4. 忍着不说(　　)

5. 其他(　　)

H3. 您家的老人平时生病了怎么处理（多选）

1. 不管是什么病，马上去医院(　　)　2. 病情加重了才去医院(　　)

3. 自己买药吃(　　)　　4. 去寺庙朝佛祈祷(　　)

5. 其他：

H4. 您家有人生病了你们会去寺庙祈祷或占卜吗

1. 会(　　)　　2. 不会(　　)

3. 不好说(　　)

H5. 你们这里老年人平常有些什么样的文娱活动

1. 转经(　　)　　2. 打麻将(　　)

3. 打骰子(　　)　　4. 老人在一起聊天(　　)

5. 看电视(　　)　　6. 其他(　　)

H6. 你们家庭日常主要开销有哪些

1. 饮食用品(　　)　　2. 孩子读书(　　)

3. 还房贷(　　)　　4. 医药开销(　　)

5. 其他

H7. 您家平时都是到哪里买菜

1. 家附近的小菜店(　　)　　2. 农贸市场(　　)

3. 超市(　　)　　4. 其他(　　)

H8. 您家多长时间买一次酥油、牛肉？买多大量

品　名	月消耗量	月购买次数
酥　油	1. 1—2 斤 2. 2—3 斤 3. 3 斤以上 4. 其他	1. 1 次 2. 2 次 3. 3 次 4. 其他
牦牛肉	1. 1—5 斤 2. 5—8 斤 3. 8 斤以上 4. 其他	2. 1 次 2. 2 次 3. 3 次 4. 其他

H9. 您家都有哪些家用电器

1. 电视机(　　)　　2. 冰箱(　　)
3. 洗衣机(　　)　　4. 微波炉(　　)
5. 收音机(　　)　　6. 取暖器(　　)
7. 电饭煲(　　)　　8. 电磁炉(　　)
9. 抽油烟机(　　)　　10. DVD 机(　　)
11. 电脑(　　)　　12. 其他(　　)

H10. 您家的孩子读书方便吗

1. 非常方便,孩子自己去学校(　　)
2. 还可以,偶尔要家人接送(　　)
3. 不方便,完全靠家人接送(　　)
4. 其他(　　)

H11. 您希望您的孩子能到其他发达省份去读书吗

1. 希望(　　)　　2. 不希望(　　)
3. 在哪读都一样(　　)

H12. 您觉得到外面去打工是改善生活的一个好选择吗

1. 是个好选择,能挣不少钱(　　)
2. 不是个好选择,不如在家里想想办法(　　)
3. 家里实在没有路子了才考虑去打工(　　)
4. 如果还年轻,去打工还可以(　　)
5. 其他(　　)

H13. 您周围的人到外面打工通常干的工作是:

1. 建筑工地工作(　　)　　2. 种植业方面的工作(　　)
3. 城市清洁工一类的工作(　　)　　4. 蹬三轮车(　　)
5. 做小买卖(　　)　　6. 在餐厅做工(　　)
7. 其他(　　)

H14. 您希望通过什么途径得到用工信息

1. 广播电视节目(　　)　　2. 报纸(　　)
3. 网络(　　)　　4. 布告栏(　　)
5. 居委会或村干部口头通知(　　)　6. 其他(　　)

H15. 您觉得和政府沟通有哪些渠道

1. 政府的热线电话(　　)　　2. 写信(　　)

3. 发邮件(　　)　　4. 通过媒体沟通(　　)

5. 其他(　　)

H16. 您觉得您现在的生活幸福吗

1. 幸福(　　)　　2. 一般(　　)

3. 不幸福(　　)　　4. 不好说(　　)

基本信息

性别:男(　　)　　女(　　)　　年龄________岁

职业:

居住地:

您的平均月收入:(　　　)元(无收入者请填"0")

主要参考文献

〔英〕安德鲁·古德温、加里·惠内尔编著，魏礼庆、王丽丽译：《电视的真相》，中央编译出版社 2001 年版。

〔美〕新闻自由委员会著，展江等译：《一个自由而负责的新闻界》，中国人民大学出版社 2004 年版。

〔美〕柯克·约翰逊著，展明辉、张金玺译：《电视与乡村社会变迁》，中国人民大学出版社 2005 年版。

〔美〕丹尼尔·C. 哈林、〔意〕保罗·曼奇尼著，陈娟、展江等译：《比较媒介体制》，中国人民大学出版社 2012 年版。

〔美〕伊莱休·卡茨等编，常江译：《媒介研究经典文本解读》，北京大学出版社 2011 年版。

〔美〕尼尔·波兹曼著：《娱乐至死，童年的消逝》，广西师范大学出版社 2009 年版。

〔美〕梅·戈尔斯坦著，杜永彬译：《喇嘛王国的覆灭》，中国藏学出版社 2005 年版。

恰白·次旦平措、诺章·吴坚、平措次仁著，陈庆英、格桑益西、何宗英、许德存译：《西藏通史——松石宝串》，西藏古籍出版社 2004 年版。

陈力丹：《精神交往论：马克思恩格斯的传播观》，开明出版社 1993 年版。

张小平：《民族宣传散论》，中国藏学出版社 2005 年版。

白润生主编：《中国少数民族新闻传播通史》，中央民族大学出版社 2008 年版。

周德仓：《西藏新闻传播史》，中央民族大学出版社 2005 年版。

益西拉姆：《中国西北地区少数民族大众传播与民族文化》，兰州大学出版社 2002 年版。

段鹏：《国家形象建构中的传播策略》，中国传媒大学出版社 2007 年版。

王德海主编：《农村发展传播学》，中国农业大学出版社 2012 年版。

裘正义：《大众媒介传播与中国乡村发展》，群言出版社 1993 版。

王文长:《西藏乡村的出路:经营乡村》,《中国藏学》2006 年第 2 期。

索林:《西藏现代化与主体素质的提高》,《西藏研究》1996 年第 4 期。

索林:《西藏社会制度的跨域与主体的选择》,《中国藏学》1995 年第 3 期。

格勒、扎呷:《近十年来藏族社会形态研究概述》,《西藏研究》1996 年第 2 期。

致 谢

据说,西藏日喀则是地球上观看银河的最佳地点。八月,银河中繁星闪耀,与村庄中的灯光交相辉映——村庄中只有窗户中透出电视变换的光线,寂静极了。就在这样的夜里,我和导师谈论着白天拜访的村民,被他们生活的热情感染,也被他们讲述的生活故事打动。

一个个假期,导师和我们徒步走进一个个村子,聆听村民的歌声和他们的伤心事。行走中,我们致力于拿到一手的材料,触碰真实的西藏乡村生活。

有朋友说,对于其他省份的人来说,出国容易进藏难。而导师的假期不是去国外,而是和我们一起吃着烧牛粪煮出来的土豆、忍受着缺氧的头痛——在藏乡的一幕幕场景时常浮现在我脑海中。我不能不说,当本书快要告一个段落时,我心中最感谢的人就是我的导师:她的为人、她的品格、她的治学态度都是我的榜样,而她对西藏问题的深刻认识更是让我肃然起敬。在她的指引下,我开始了一件似乎在我生命中不大敢想的事情——到人民大学读博。于我而言,这仿佛是站在台阶上伸手触摸最美的一颗果子:我是一个最为普通的藏家女子,是旧西藏庄园仆人的后代,而我现在竟然可以带着父母的希冀,走这么远。这让我感慨万分!我在心底里感谢导师的引导，没有她，这一步只是梦想！

我还要感谢所有中国人民大学新闻学院的老师，正是你们的课程给我打开了一扇扇知识的窗口，让我感受到思想的魅力，迸发出为家乡发展使把劲的动力。你们所不知道的是，你们偶然说过的一句话、提到的一个观点就会变成绚丽的火花，照亮我们的灵魂。

感谢我挚爱的亲朋好友——在许多艰险的道路上，你们的车辆总是在前面开道，不畏落石；在方言的解读上，才华横溢的你们总是自告奋勇地充当起“地陪”；在每一个艰难的坑坎面前，我都能听到富含勇气的鼓励、能握到温暖有力的双手。深感得到的太多了，唯有抽丝般回报。

知识无止境，我要在生命终止前不停地探索和寻找。我深深眷恋着家乡，我在每一步的前行中，都能闻到广袤草原、巍峨山川散发的泥土气息，听到它们深情的召唤——这样的努力是为了给您献上最美的花，只愿一切会更好。

图书在版编目(CIP)数据

电视与西藏乡村社会变迁/泽玉著.
—北京:中国传媒大学出版社,2015.8
[媒介与社会书系(第三辑)]
ISBN 978-7-5657-1062-9

Ⅰ.①电…
Ⅱ.①泽…
Ⅲ.①电视—影响—乡村—社会生活—研究—西藏
Ⅳ.①D669

中国版本图书馆 CIP 数据核字（2014）第 149080 号

媒介与社会书系(第三辑)
电视与西藏乡村社会变迁

著　　者　泽　玉
策划编辑　范明懿
责任编辑　曾婧娴
封面设计　众为设计
责任印制　曹　辉
出 版 人　王巧林

出版发行　中国传媒大学出版社
社　　址　北京市朝阳区定福庄东街 1 号　邮编:100024
电　　话　86—10—65450528　65450532　传真:65779405
网　　址　http://www.cucp.com.cn
经　　销　全国新华书店

印　　刷　北京艺堂印刷有限公司
开　　本　710mm×1000mm　1/16
印　　张　16
版　　次　2015 年 8 月第 1 版　　2015 年 8 月第 1 次印刷

书　　号　ISBN 978-7-5657-1062-9/D·1062　　定　　价　58.00 元